ALLIANCE DES MAISONS D'ÉDUCATION CHRÉTIENNE

CICÉRON

EXTRAITS

DES

ŒUVRES MORALES

ET PHILOSOPHIQUES

PARIS
LIBRAIRIE CH. POUSSIELGUE
RUE CASSETTE, 15

1898

ALLIANCE DES MAISONS D'ÉDUCATION CHRÉTIENNE

CICÉRON

EXTRAITS
DES
ŒUVRES MORALES
ET PHILOSOPHIQUES

ÉDITION CLASSIQUE

PAR

M. L'ABBÉ E. BERTRAND
ANCIEN ÉLÈVE DE L'ÉCOLE DES CARMES
LICENCIÉ ÈS LETTRES
PRÉFET DES ÉTUDES A L'INSTITUTION NOTRE-DAME, A RETHEL

PARIS
LIBRAIRIE CH. POUSSIELGUE
RUE CASSETTE, 15

1898

PROPRIÉTÉ DE :

DU MÊME AUTEUR

CICÉRON. — Extraits des Traités de rhétorique. Édition classique. Gr. in-18 cartonné, titre doré......... 2 fr.

XÉNOPHON. — Extraits de la Cyropédie : Liv. I, ch. III; liv. VI, ch. IV; liv. VII, ch. III. Édition classique avec une introduction, des notes et un lexique. 2e édition. Gr. in-18 cartonné................................... 1 fr.

ALLIANCE DES MAISONS D'ÉDUCATION CHRÉTIENNE

CICÉRON

EXTRAITS
DES
ŒUVRES MORALES ET PHILOSOPHIQUES

ÉDITION CLASSIQUE

PAR

M. L'ABBÉ E. BERTRAND
ANCIEN ÉLÈVE DE L'ÉCOLE DES CARMES
LICENCIÉ ÈS LETTRES
PRÉFET DES ÉTUDES A L'INSTITUTION NOTRE-DAME, A RETHEL

PARIS
LIBRAIRIE CH. POUSSIELGUE
RUE CASSETTE, 15

1898

PROPRIÉTÉ DE :

DU MÊME AUTEUR

CICÉRON. — Extraits des Traités de rhétorique. Édition classique. Gr. in-18 cartonné, titre doré......... 2 fr.

XÉNOPHON. — Extraits de la Cyropédie : Liv. I, ch. III; liv. VI, ch. IV; liv. VII, ch. III. Édition classique avec une introduction, des notes et un lexique. 2e édition. Gr. in-18 cartonné.. 1 fr.

AVERTISSEMENT

Les morceaux qui composent ces *Extraits des Œuvres morales et philosophiques* de Cicéron, ont été réunis pour répondre aux exigences du nouveau programme du baccalauréat. Il a semblé bon au Conseil supérieur de l'Instruction publique d'exiger des élèves de rhétorique une connaissance plus complète des ouvrages de Cicéron, et à côté des traités de rhétorique, de la correspondance et des discours du grand orateur, il a voulu voir figurer les ouvrages philosophiques d'un écrivain qui, s'il n'a pas en philosophie d'idées fort originales, a du moins le mérite d'avoir transmis au monde moderne les plus belles pages de la sagesse antique. Les professeurs de Faculté n'avaient pas attendu d'ailleurs les nouveaux programmes pour montrer combien cette partie des œuvres de Cicéron avait pour eux d'attraits : c'est là, en effet, qu'ils allaient le plus souvent chercher les textes qu'ils donnaient à traduire à l'examen écrit, et plus du tiers de ces *Extraits* ont été ainsi donnés en versions dans les diverses Facultés.

Dans le choix des morceaux, empruntés à tous les traités philosophiques de Cicéron, sauf au *Timée* [1], on n'a jamais perdu de vue l'utilité des élèves auxquels ce recueil était destiné : c'est ainsi qu'on a laissé de côté tout ce qui n'est qu'érudition pure et discussions subtiles, toutes les pages qui exigent des connaissances philosophiques assez développées et qui seraient sans intérêt pour un élève de rhétorique. Les grands sytèmes de la philosophie antique, l'Épicurisme, le Stoïcisme, le Péripatétisme, la doctrine académique avec ses variations y ont sans doute leur place et s'y trouvent exposés avec leurs points principaux, mais on a fait une place plus large à ces questions vitales, d'un intérêt plus général et qui constituent le fond même de toute philosophie, l'existence de Dieu, la spiritualité de l'âme, la vie future, etc. A

1. V. Introd., p. VIII, n. 1.

côté de ces pages élevées, qui sont, pour ainsi dire, l'expression impersonnelle de la morale antique, il en est d'autres, où l'âme de Cicéron avec ses aspirations, ses souffrances, ses goûts se montrent davantage. Ici, c'est l'homme d'État, qui expose ses vues sur le gouvernement des peuples et invite le sage à prendre la direction des affaires publiques, le citoyen, qui gémit sur la perte de la liberté, sur la tyrannie où l'on tient sa patrie, le Romain, qui vante l'administration de son pays et montre les causes de la grandeur de Rome; là, c'est le philosophe, qui défend les écrits où il expose les doctrines grecques, et excite ses concitoyens à se livrer à ces études nouvelles, le critique, qui passe en revue les historiens de son pays, le poète, qui chante les charmes de la petite patrie, ou se sent profondément ému en traversant les lieux célèbres.

Des analyses brèves et précises, placées au début de chaque livre ou reliant entre eux les différents morceaux, conservent à chaque ouvrage sa physionomie propre [1]. Des notes littéraires, philosophiques, historiques, géographiques et philologiques permettent de saisir toute la pensée de Cicéron, un peu flottante à première vue, et de comprendre les allusions aux événements politiques, aux lois, aux usages et à la vie même de l'auteur. Une notice permet de se rendre compte de la carrière philosophique de Cicéron et de la valeur des ouvrages où il a mis les doctrines grecques à la portée de ses concitoyens.

Puisse ce travail servir aux élèves de rhétorique, non seulement à la préparation d'un examen que des programmes plus étendus rendent plus difficile, mais surtout à leur formation intellectuelle et morale : puissent-ils devenir meilleurs et plus fermes en lisant ces pensées élevées, exprimées avec une éloquence convaincue par un des représentants les plus autorisés de la sagesse antique; que les hésitations mêmes d'un des plus nobles esprits des temps anciens leur fassent comprendre toute l'insuffisance de la raison humaine laissée à elle-même et la grandeur du bienfait que Dieu a accordé au monde, en lui donnant par la Révélation chrétienne la solution des problèmes que la sagesse païenne n'avait su résoudre.

E. BERTRAND.

1. Sauf en quelques endroits, fort rares du reste, on a suivi partout le texte de l'édition C. F. W. Mueller.

INTRODUCTION

NOTICE SUR LES OUVRAGES PHILOSOPHIQUES DE CICÉRON

§ I. La Philosophie à Rome avant Cicéron

1. Commencements de la philosophie à Rome. — Les Romains furent longtemps sans philosophie. Ils aimaient, sans doute, comme Appius Claudius (*Carmen de moribus*) et Caton (*Præcepta ad filium*), à réduire en maximes de conduite les leçons que leur offrait l'expérience de la vie; mais leur esprit pratique les éloignait de ces spéculations hasardeuses, si chères à l'imagination grecque, où ils ne voyaient qu'une perte de temps; et leur attachement aux traditions des ancêtres leur inspirait une vive répulsion pour toutes ces doctrines nouvelles d'importation étrangère.

Il semble bien qu'Ennius ait été le premier initiateur des Romains à la philosophie grecque avec son *Épicharme* et son *Evhémère*, poèmes assez superficiels dans leur apparente hardiesse[1]. Pacuvius et Accius offrent aussi dans leurs tragédies quelques reflets des doctrines grecques. Mais le caractère raisonneur et un peu sceptique, que la philosophie prit dès le début, la mit en opposition avec les mœurs et la religion, et elle fut combattue à outrance. En 181, les livres de Numa, qu'on venait de découvrir, furent brûlés, parce qu'on les soupçonnait de contenir quelque chose des doctrines pythagoriciennes. En 173, les deux philosophes épicuriens Alcéos et Philiscos furent priés de quitter Rome, et en 161, le préteur urbain reçut l'ordre d'expulser les rhéteurs et les philosophes.

1. L'*Épicharme* est une explication pythagoricienne de la nature, où les dieux sont représentés comme les personnifications des diverses forces physiques. Dans l'*Evhémère*, explication rationaliste de la mythologie et de la religion, les dieux apparaissent comme des hommes très puissants, que l'imagination populaire a divinisés.

2. Ambassade de Carnéade. — Peu d'années après se place l'ambassade de Carnéade à Rome. Condamnés à une amende, à la suite d'une contestation avec la petite ville d'Orope, les Athéniens en appelèrent aux Romains, et députèrent chez eux les chefs de leurs trois grandes écoles philosophiques, l'académicien Carnéade, le stoïcien Diogène, et le péripatéticien Critolaos. Le Sénat avait l'habitude de faire attendre les solliciteurs étrangers. Les philosophes grecs occupèrent leurs loisirs forcés à faire des conférences, qui plurent beaucoup à la jeunesse romaine. Carnéade surtout obtint un succès extraordinaire en soutenant tour à tour les opinions les plus contraires devant les esprits étonnés des Romains. Caton, le vieux Quirite, hostile à toute influence étrangère et pour qui Socrate n'était qu'un radoteur rebelle aux lois de son pays, s'inquiéta, fit expédier vivement les affaires et obligea les trois philosophes à quitter Rome.

3. Progrès de la philosophie dans la haute société de Rome.— Mais il était trop tard : l'impression produite par Carnéade sur la jeune génération avait été trop profonde; on se mit à étudier la philosophie et bientôt les leçons d'un philosophe grec devinrent le complément nécessaire d'une bonne éducation; toutes les doctrines issues de Socrate trouvèrent des disciples dans la société aristocratique. Le stoïcien Panétius fut admis dans la compagnie de Scipion Émilien et de Lélius, et la doctrine du Portique avec sa morale austère et ses tendances pratiques fit de rapides progrès, surtout chez les jurisconsultes (Tubéron, Rufus, les Scévola), qui prisaient avant tout les principes de sa dialectique. La doctrine académique, plus flottante, plut davantage aux orateurs (Aurélius Cotta, L. Lucullus), à cause de son *probabilisme*, qui s'accorde mieux avec les nécessités des luttes oratoires. M. Pison, M. Licinius Crassus s'adonnèrent au péripatétisme. Des érudits, comme Nigidius Figulus, étudièrent le pythagoricisme. Mais la doctrine qui rencontra le plus d'adeptes, fut l'épicurisme, que recommandaient sa clarté, son relâchement et son indulgence; système très propre à fournir aux incrédules des arguments scientifiques, et aux libertins des prétextes commodes, délivrant les ambitieux de tout scrupule et servant d'excuse à la paresse de ceux qui, à cette époque troublée, fuyaient, comme Atticus, les luttes politiques pour jouir plus à leur aise des douceurs de la vie privée.

4. Place de la philosophie dans la littérature latine avant Cicéron. — Toutefois ces diverses doctrines n'avaient pas encore laissé de traces profondes dans la littérature : les Romains allaient étudier la philosophie grecque à Athènes, ou bien attachaient à leurs personnes quelque philosophe grec, avec qui ils disputaient sur les doctrines des maîtres dans la langue même où elles avaient été conçues, mais ils ne s'entretenaient pas encore de théories philosophiques dans leur propre langue, et en dehors des deux poèmes d'Ennius, de quelques passages des tragiques, la philosophie n'avait pas encore été traitée en latin. Les *Ménippées*, où Térentius Varron cherche à vulgariser les doctrines des philosophes grecs, le beau poème, où Lucrèce expose la physique d'Épicure, sont contemporains des écrits de Cicéron; seul, un Épicurien, Amafinius, avait écrit en latin des ouvrages qui avaient eu un grand succès. L'opinion publique d'ailleurs était toujours contre la philosophie. Comme au temps de Plaute, le mot *philosophari* a encore le sens de *méditer un mauvais coup*, Lucrèce est obligé de voiler ses leçons sous le miel doré de la poésie, Varron, d'imaginer des *Saturæ*, genre dont le peuple était fort amateur, et de mêler à son exposition des plaisanteries qui l'amusent. Cicéron est le premier qui ose affronter directement l'hostilité du public et faire franchement connaître aux Romains la philosophie grecque.

§ II. Carrière philosophique de Cicéron

1. Première période. — *Formation philosophique de Cicéron.* Ce n'est pas dans le désir de trouver une solution aux grands problèmes qui inquiètent l'humanité, que Cicéron a abordé la philosophie. Sans doute son esprit universel, naturellement curieux, devait trouver une grande satisfaction dans l'étude des questions philosophiques; mais c'est moins pour elles-mêmes qu'il s'y applique, au début de sa carrière, que pour se préparer à l'art oratoire. Ce n'est pas des règles de conduite qu'il demande aux philosophes grecs, mais des idées faciles à développer, des lieux communs sur la justice, la fortune, l'humanité, qu'il pourra un jour introduire dans ses plaidoyers; la philosophie n'est guère pour lui qu'une grande maîtresse d'ampleur oratoire (*De Or.*, III, §§ 63 et s.) C'est même ce qui l'inclina vers la doctrine académique, dont le *probabilisme* convient très bien à l'avocat, qui a besoin de changer souvent de points de vue, et qui, appelé à soutenir le pour et le contre, ne doit se tenir absolument captif d'aucune vérité.

C'est en entendant Philon de Larisse, le chef de l'Académie, (88) que Cicéron se sentit pris d'une ardeur incroyable pour la philosophie. Athènes avait fait un traité d'alliance avec

Mithridate; les partisans des Romains, obligés de quitter la ville, se réfugièrent à Rome : Philon était avec eux, et la jeunesse romaine éprouva pour le nouveau chef de l'Académie l'enthousiasme que Carnéade avait inspiré autrefois à ses pères. Cicéron connaissait déjà l'Épicurien Phèdre et l'appréciait comme un philosophe vraiment digne de ce nom; mais les doctrines d'Épicure ne l'avaient pas satisfait; et tout en continuant à voir en lui un homme de bien, plein d'affabilité, il se livra tout entier à l'enseignement de Philon, qui lui apprit l'art de disserter sur chaque question de deux manières opposées et de découvrir les arguments probables.

L'année suivante (87), le Stoïcien Diodote, qui vécut et mourut chez lui, devenait son ami et lui enseignait les secrets de cette dialectique stoïcienne qui n'est qu'une éloquence en raccourci (*Orat.*, § 113). En même temps Cicéron lisait les œuvres des grands philosophes grecs et s'exerçait à traduire quelques-uns de leurs livres, assouplissant son style au contact de leur pensée et de leur phrase[1]. Gorgias, Aristote, Eschine le Socratique, Théophraste sont cités dans le *De Inventione*.

Dans son voyage en Grèce (79-78), entrepris un an après le plaidoyer pour Roscius d'Amérie, pour fortifier sa santé et achever son éducation oratoire (*Brutus*, § 314), il continua son éducation philosophique. Il suivit à Athènes les leçons d'Antiochus d'Ascalon, qui, persuadé qu'Arcésilas et Carnéade avaient fait dévier les doctrines de Platon vers le scepticisme, avait abandonné le système de la vraisemblance et cherchait à unir dans une sorte d'éclectisme les idées de Platon, d'Aristote et du Stoïcisme. Phèdre, qu'il avait connu à Rome, et le chef même de l'Épicurisme, Zénon, le comptèrent aussi au nombre de leurs auditeurs. A Rhodes, à son retour d'Asie (78), il entendit le célèbre disciple de Panétius, Posidonius d'Apamée, qu'il appelle le plus grand des Stoïciens, et qui lui donna une connaissance complète des doctrines de sa secte. C'est ainsi que Cicéron, tout en cherchant à perfectionner son talent oratoire et à se rendre capable de donner aux questions plus d'ampleur et d'élévation, acqué-

1. C'est l'époque où il traduisit l'*Économique* de Xénophon, et le *Protagoras* de Platon, et probablement aussi le *Timée* du même philosophe, traduction qu'il revit plus tard et publia après les *Académiques*, comme l'indique la préface dont il la fit précéder. On n'a point cru utile de faire des extraits à ces traductions, d'ailleurs fort larges.

rait une connaissance complète de la philosophie de son temps et se mettait à même d'en faire une exposition éloquente, si un jour la carrière oratoire venait à se fermer pour lui.

2. **Deuxième période.** — ***Les traités politiques.*** — C'est en 54 qu'il écrivit son premier ouvrage de philosophie : le *De Re Publica*. Forcé de quitter l'Italie après la loi de Clodius, qui condamnait à l'exil celui qui avait fait périr sans condamnation un citoyen romain (58), Cicéron, qui avait fait mettre à mort sans jugement les complices de Catilina, avait vu sa maison du Palatin brûlée, ainsi que ses villas de Tusculum et de Formies, et ses biens livrés au pillage. Rappelé l'année suivante, il avait traversé l'Italie en triomphe, et de retour à Rome, après dix-sept mois d'absence, il avait espéré un moment jouer un grand rôle dans les affaires de l'État. Mais les triumvirs étaient tout-puissants : Cicéron comprit qu'il n'avait pas autre chose à faire qu'à ménager un pouvoir supérieur aux lois. Si ses succès au barreau étaient toujours aussi importants, il sentait bien qu'il n'avait plus la même autorité au Sénat : on s'y était même montré parcimonieux à son égard dans l'estimation des pertes qu'il avait subies. Tout en continuant à assister aux séances et à prendre part aux affaires de l'État (*De Div.* II, § 3), il aimait à se retirer dans ses villas de Cumes et de Pompéï. Là, il cherchait dans l'étude une distraction et un aliment à son activité d'esprit, lisant Platon et Aristote, ou bien se plaisait à évoquer par la pensée les temps d'autrefois, ces époques où, à distance, tout lui paraissait admirable, parce que tout lui semblait s'être passé conformément aux traditions et aux lois. C'est de ces études philosophiques et de ces méditations que sortit le *De Re Publica*.

En présence des dangers qui menaçaient la République, voyant le jeu des institutions si souvent arrêté et si profondément troublé, il conçut le projet de défendre la vieille constitution romaine en lui donnant un fondement philosophique, et chercha à faire renaître chez les Romains l'amour et le respect de ces institutions qui leur avaient assuré la conquête du monde. Il venait de publier le *De Oratore*, il voulut montrer « que, si l'homme éloquent avait eu le droit d'enseigner l'art dont il avait donné tant de modèles, l'homme d'État avait aussi quelques pensées et quelques leçons à léguer à la postérité[1]. »

Dans ce livre, Cicéron doit beaucoup à ses devanciers.

1. *Œuvres complètes de Cicéron publiées en français*, par J. V. LECLERC, t. XXII, p. 3.

Platon lui a donné l'idée du traité, bon nombre de pensées sur l'immortalité, la Providence, le rôle de la justice dans un État, les causes qui amènent la corruption des diverses formes de gouvernement, et le *Songe de Scipion* correspond au *Récit d'Er l'Arménien*; à Aristote, Cicéron emprunte la plupart de ses définitions, tous les caractères qui distinguent les unes des autres les différentes formes de gouvernement; comme lui, il donne la préférence à un régime mixte et tempéré, mélange savamment dosé de monarchie, d'aristocratie et de démocratie; comme Polybe, il voit dans la constitution romaine la cause de la prospérité de Rome. Mais toutes ces thèses empruntées aux philosophes grecs n'empêchent pas le *De Re Publica* d'être fort original : Cicéron le marque en effet fortement de son empreinte personnelle. Son ouvrage n'est pas une étude de spéculation pure, pleine d'utopies et sans aucun fondement dans la réalité, comme celle de Platon; ce n'est pas non plus une œuvre sévèrement scientifique, comme la *Politique* d'Aristote : il sait se tenir très près des faits et rapporte tous les principes abstraits à l'explication philosophique de la République romaine, de cette œuvre immense à laquelle ont contribué les lumières de plusieurs siècles. Ce n'est pas un pur théoricien, c'est aussi un historien, un magistrat et un patriote.

C'est d'après les mêmes principes qu'il composa le *De Legibus* aussitôt après la publication du *De Re Publica*. Après avoir tracé dans la *République* le plan d'une cité idéale, Platon avait écrit les *Lois*, ramenant l'idée qu'il se faisait d'un État à des proportions plus naturelles et plus réalisables en ce monde. Cicéron voulut lui aussi avoir son *De Legibus* à côté de son *De Re Publica* et exposer dans un traité particulier la législation positive du gouvernement dont il venait de donner la théorie. Dans ce nouvel ouvrage, il passe en revue toute l'organisation romaine, les attributions des magistrats, les lois existantes, les expliquant et les commentant en historien et en homme d'État, les rattachant à un principe métaphysique et montrant, comme le dit un personnage du dialogue, *combien les lois romaines s'adaptent bien à la nature*. Le *De Legibus*, comme le *De Re Publica*, n'est pas autre chose que « la constitution romaine interprétée à la lumière de la philosophie[1] » par un citoyen instruit dans la philosophie grecque, qui voudrait ramener les esprits et les cœurs au respect et à l'amour d'institutions qui ont fait dans le passé la grandeur de la patrie.

1. R. Pichon, *Histoire de la littérature latine*, p. 224.

3. **Troisième période.** — ***Ouvrages de philosophie et de morale.*** — Mais les temps ont marché. Envoyé en Cilicie (51), Cicéron, après avoir mérité dans son gouvernement les honneurs d'un triomphe dont il fut privé par les malheurs des temps, était rentré en Italie, « tombant, comme il le dit lui-même, au milieu des flammes de la guerre civile » (49). Après de vaines tentatives de conciliation et de longues hésitations, il avait suivi non sans répugnance le parti de Pompée. César avait été vainqueur à Pharsale (48), et Cicéron avait attendu longtemps à Brindes l'autorisation de rentrer à Rome (47). Suspect aux Pompéiens comme aux Césariens, attristé par les malheurs de la République et par des chagrins domestiques, il s'enferma dans la retraite avec ses livres, « ses vieux amis », leur demandant sinon de le consoler, du moins de le distraire, et entre le *Brutus* et l'*Orator*, il composa les *Paradoxes* (46), sorte de jeu d'esprit où il se plait à montrer à Brutus, le partisan acharné de l'atticisme, que les doctrines stoïciennes qui choquent le plus l'opinion, sont susceptibles de recevoir un développement oratoire.

La même année, il était obligé de se séparer après trente-trois années de mariage de sa femme Terentia, qui s'entendait avec son intendant pour le voler. Il épousait peu après une jeune fille, dont il était le tuteur, mais qui ne put s'entendre avec Tullia, sa fille chérie. Ruinée et maltraitée par Cornélius Dolabella, qu'elle avait épousé en troisièmes noces, celle-ci avait dû se retirer chez son père, où elle mourut bientôt après à trente-et-un ans. Cicéron ne se consola jamais de cette mort : il répudia sa jeune femme, qui n'avait pu cacher sa joie, et au fond de sa villa d'Asture, essaya d'échapper à sa douleur en demandant aux philosophes tous les adoucissements qu'ils pouvaient lui fournir, et en rédigeant cette fameuse *Consolation*, aujourd'hui perdue, où il rassemblait tous les arguments employés jusque-là pour alléger les chagrins et les deuils.

Ramené à la philosophie par les malheurs des temps et ses peines domestiques, Cicéron s'adonna de plus en plus à l'étude de toutes ces questions, qui n'avaient jusqu'alors été traitées que par des Grecs. Il ne voulut pas laisser à la Grèce le monopole de la phliosophie et, luttant contre les préjugés de ses concitoyens et les difficultés de sa langue maternelle, il multiplia ces ouvrages qui, tout en lui apportant des consolations et des forces, devaient ajouter une province à l'empire de la littérature romaine et donner à son nom une nouvelle illustration.

Il commença par l'*Hortensius*, que nous n'avons plus, véritable préface des ouvrages qui allaient suivre, où il combat les préjugés des Romains contre la philosophie, leur en recommande l'étude et encourage d'autres écrivains à le suivre dans cette voie. Il aborde ensuite les grands problèmes de la connaissance dans les *Académiques* (45), du bien et du mal dans le *De Finibus bonorum et malorum* (45) et dans les *Tusculanes* (44), de la nature de la divinité dans le *De Natura Deorum* (44), le *De Divinatione* (44) et le *De Fato* (44). Mais ce qui l'attire surtout, c'est le côté pratique de la philosophie. Cette tendance se remarque déjà dans les *Tusculanes*, elle est plus accentuée encore dans le *De Senectute* (44), le *De Amicitia* (44) et surtout le *De Officiis* (44), où, s'adressant à tous les Romains dans la personne de son fils Marcus, il essaye de donner à ses contemporains une direction morale, un enseignement essentiellement pratique. Le *De Gloria* et le *De Virtutibus*, écrits à la même époque et aujourd'hui perdus, étaient inspirés par les mêmes sentiments. Ce que Cicéron demande alors à la philosophie; c'est un soutien pour bien vivre et pour bien mourir. C'est au milieu d'aussi nobles études que la mort vint le surprendre. Abandonné par Octave à la vengeance d'Antoine, il fut assassiné le 7 décembre 43 : sa mort fut digne des pensées qui occupèrent la fin de sa vie; il avait vraiment trouvé dans la philosophie ce qu'il lui avait demandé, le mépris de la mort et la force de bien mourir.

§ III. La Philosophie de Cicéron

1. Valeur théorique de la philosophie de Cicéron. — Ce qui frappe tout d'abord dans les œuvres philosophiques de Cicéron, c'est le manque de vues nouvelles. Sans voir en lui avec Momsen un vulgaire compilateur, qui composa en deux mois toute une bibliothèque philosophique, il faut bien reconnaitre que Cicéron n'a rien créé. Il n'a rien d'un Platon, d'un Aristote, d'un Descartes ou d'un Kant : il cherche seulement comment les autres ont résolu les graves questions de la philosophie, et c'est plutôt aux auteurs de second ordre qu'aux grands maitres qu'il s'adresse. On ne peut dire qu'il ait pénétré profondément les théories de Platon et d'Aristote. Il a d'ailleurs composé trop vite, semblant souvent, comme le dit Zeller, avoir en mains un ouvrage qu'il suivait fidèlement.

Au manque de vues nouvelles se joint chez lui l'absence

d'un fonds systématique bien enchaîné. Il puise à toutes les sources, à toutes les écoles : il n'y a guère que l'Épicurisme qu'il rejette en bloc et dont il se plaît à combattre partout les faiblesses et les contradictions. Il s'est fait comme une sorte d'éclectisme raisonné, dans lequel la philosophie de Platon, les théories d'Aristote et les doctrines stoïciennes se mêlent perpétuellement, parfois sans trop s'accorder. Cicéron se flatte d'ailleurs de ne suivre aucune secte, de vivre au jour le jour, *nos in diem vivimus*, n'acceptant que ce qui lui paraît vraisemblable pour le moment. S'il relevait d'une école, ce serait de la Nouvelle Académie, dont le *probabilisme*, qui présente tant d'affinité avec son caractère irrésolu, l'a séduit dès sa jeunesse. Une pareille doctrine ne peut avoir des principes bien fermes, aussi est-il bien difficile de donner un résumé de ce qu'admet Cicéron.

Il semble bien qu'il croit à l'existence d'un Dieu unique, incorporel, gouvernant tous les êtres par sa Providence, mouvant toutes choses, et doué lui-même d'un mouvement éternel; mais il est des endroits de son œuvre où il paraît le confondre avec l'éther stoïcien. Il est d'ailleurs malaisé de discerner dans les dialogues où il traite de la nature des dieux, pour lequel des interlocuteurs il tient. Il croit encore à la spiritualité de l'âme, à sa liberté, qu'il défend contre le fatalisme stoïcien, mais il est moins affirmatif sur son immortalité : tantôt il regarde la mort comme un complet anéantissement, tantôt il déclare que rien ne lui arrachera sa croyance à une vie future. Il professe d'ailleurs en logique que le faux se voit plus aisément que le vrai et que nous n'atteignons d'ordinaire que le vraisemblable. Il n'y a guère qu'en morale où ses affirmations sont plus nettes, plus tranchées. S'il reste indécis sur la question du souverain bien entre le Stoïcisme et le Péripatétisme, s'il ne définit pas ce que c'est que le devoir, il donne du moins à la justice une base solide, en la faisant reposer sur l'essence de la raison humaine, sur sa ressemblance avec la raison divine, sur la nature même des choses, et nous enseigne qu'en tout il faut rechercher l'honnête. Le caractère pratique du Romain et son patriotisme le sauvent en morale d'un scepticisme « qui causerait trop de ruines. »

2. **Valeur historique des ouvrages philosophiques de Cicéron.** — Ce n'est ni par l'originalité des idées, ni par l'unité de vues, ni par la fermeté des convictions, que valent les ouvrages philosophiques de Cicéron. On a nié aussi leur valeur historique : on a dit que Cicéron n'avait pas eu le temps de s'assimiler toutes les doctrines qu'il expose, pour avoir

pu en donner un résumé exact. Le reproche ne manque pas de justesse : on rencontre en effet chez lui bien des erreurs et des confusions. La rédaction de ses ouvrages a été trop rapide pour qu'il n'en soit pas ainsi. Sans doute il était très jeune encore quand il a commencé à étudier la philosophie : il a lu les écrits de Xénophon, les principaux dialogues de Platon, une partie des ouvrages d'Aristote; Philon et Antiochus lui ont fait connaitre les doctrines de l'Ancienne et de la Nouvelle Académie; Phèdre et Zénon, l'Épicurisme, Diodote le Stoïcisme. Mais il ne faut pas oublier qu'il songeait avant tout à devenir un grand orateur, et que ces exposés rapides des doctrines les plus diverses, ces discussions subtiles des chefs d'école, où il se plaisait, étaient pour lui plutôt une diversion à ses occupations ou à ses chagrins qu'un moyen d'acquérir des connaissances très précises. Sans doute il faut tenir compte des précieux renseignements qu'il nous donne sur des philosophies dont presque toutes les œuvres ont péri, mais ce n'est qu'avec précaution qu'on peut employer les données qu'il nous fournit pour l'histoire de la philosophie.

3. Valeur morale de la philosophie de Cicéron. — Ces traités philosophiques de Cicéron n'en ont pas moins rendu un immense service à la civilisation. Au Moyen Age, à la Renaissance surtout, l'exposition si séduisante de ces doctrines, qui nous paraissent aujourd'hui superficielles, furent pour les hommes qui ne pouvaient lire Platon et Aristote, d'une incontestable utilité. Ils y trouvaient rassemblé tout ce que l'antiquité avait imaginé de plus noble et de plus grand. Cicéron fut vraiment à cette époque, comme le dit M. Duruy, « l'éducateur du genre humain. »

Il est encore l'un des maitres que nous aimons le mieux : il vante la vertu, flétrit le vice et blâme ces amitiés coupables ou égoïstes, et oppose aux plaisirs grossiers, à l'intérêt sordide, l'honnêteté et le dévouement; il est capable de rendre le courage aux heures critiques et de montrer le chemin de l'honneur à ceux qui hésitent. Il entrevoit parfois les relations du ciel avec la terre et arrive à mépriser la gloire humaine. Ne se fût-il élevé qu'en imagination au-dessus des préjugés vulgaires et de ce qui flatte la frivole ambition des hommes, qu'il aurait droit à notre estime. Il lui faut savoir gré d'avoir élargi l'idéal ancien : sans sacrifier les intérêts de la patrie, il a proclamé les droits généraux de l'humanité. Il a osé dire « qu'une fourberie utile à l'État n'en est pas moins une fourberie et, ce qui eût scandalisé les Marcellus et les Fulvius, que ce qu'il y a de plus humain dans l'homme, ce n'est pas le courage, mais la bonté.[1] » Il a bien mérité de la philosophie en accréditant à Rome les idées de fraternité universelle, que le christianisme devait asseoir sur une base autrement solide, et en vulgarisant tous ces préceptes de sagesse que saint Augustin ne craint pas d'appeler la préface humaine de l'Évangile.

§ IV. Valeur littéraire des ouvrages philosophiques de Cicéron

Tous les ouvrages philosophiques de Cicéron, si l'on excepte les *Paradoxa* et le *De Officiis*, sont des dialogues. Cicéron a voulu en même temps imiter Platon et Aristote, éviter la sécheresse d'un exposé systématique, donner à son œuvre plus de vie et de variété et mettre sous le patronage de Romains illustres des doctrines peu familières à ses concitoyens. C'était leur donner à la fois plus d'intérêt et plus d'autorité.

Mais il y a loin des écrits philosophiques de Cicéron aux dialogues de Platon. Le philosophe grec avait fait dans sa jeunesse un essai de tragédie, il vivait dans un milieu sur lequel les représentations théâtrales exerçaient une grande influence; les Sophistes procédaient par demandes et par réponses, et Socrate enseignait en causant. Par inclination, par contagion, par dessein prémédité de lutter contre ses adversaires en se servant de leurs armes, ou par fidélité à la méthode de son maître, Platon eut recours à la forme dialoguée. Mais ses dialogues sont de véritables drames : la mise en scène, l'agencement des épisodes, la peinture des caractères et des passions, le développement des idées par le discours alterné, la préparation du dénouement, une action vive, tout s'y trouve. Il y a des comédies comme le *Gorgias* et le *Protagoras*, des tragédies comme le *Criton* et le *Phédon*. L'exposition d'*Électre* ne donne pas une impression plus nette que le début du *Phèdre*. Chaque acteur a son allure propre, connue par l'histoire : il est vivant, réel; quand on l'a vu agir, quand on l'a entendu parler, on ne l'oublie plus; les comparses eux-mêmes ont une individualité distincte : Socrate domine, mais il n'annihile personne, ses discours ne font pas oublier qu'il a des auditeurs. On a vraiment l'illusion de la vie.

Les dialogues philosophiques de Cicéron n'offrent ni cette variété ni cette intensité de vie. Le dialogue n'est pour lui

1. R. Pichon, *Histoire de la littérature latine*, p. 233.

qu'un cadre commode. Cicéron ébauche bien une mise en scène, mais elle tient à peine au sujet, et on n'y pense plus dans le courant du dialogue ; les personnages n'ont pas de caractères précis, ils n'ont même pas de physionomie distincte comme ceux du *De Oratore;* on aurait pu les désigner comme ceux des *Tusculanes* par les mots *Magister* et *Auditor;* chacun d'eux représente un système qu'il expose à son tour. Nulle part on n'a l'impression de la vie réelle : ce ne sont souvent que des séries d'interminables conférences, coupées par ci par là d'une réflexion qui amène un développement nouveau : on pérore, on disserte, on ne sait ni discuter ni causer. L'intention didactique apparait trop. Cicéron est resté orateur, il n'a pas été poète.

La suite de la discussion n'est pas non plus toujours très nette. Cicéron revient souvent sur ce qu'il a dit et il entremêle son exposition de digressions sur le passé et le présent de Rome, le plus souvent fort intéressantes, mais aussi fort longues. Les idées toutefois sont clairement exprimées et malgré la nécessité où il fut de se servir d'une langue rebelle à l'analyse abstraite et manquant des termes servant à rendre les notions purement rationnelles, sa phrase reste lumineuse et élégante. Nulle part on ne rencontre d'abstractions difficiles à pénétrer, et partout des exemples et des anecdotes, où Cicéron déploie tout son talent de conteur, font saisir la pensée et reposent l'esprit. Le cœur lui aussi se laisse prendre à bien des endroits de ces ouvrages, car il y règne souvent une chaleur communicative à laquelle il est difficile de résister : on applaudit avec Cicéron à la grandeur de Rome, on partage ses afflictions et ses peines, on ressent les émotions qu'il a ressenties lui-même en présence des grandes idées qui ont occupé son esprit, et on devient meilleur en sa compagnie à la suite de Platon et des Stoïciens. Bien des pages de son œuvre philosophique sont pleines d'un enthousiasme sincère, d'une admiration passionnée et peuvent rivaliser avec les plus beaux morceaux de ses plaidoyers et de ses harangues.

CICÉRON

EXTRAITS

DES

ŒUVRES MORALES ET PHILOSOPHIQUES

DE RE PUBLICA

La République (*De Re publica libri sex ad Atticum*) est le premier en date des ouvrages philosophiques de Cicéron. Commencé en 54, peu de temps après le retour de l'exil, ce traité fut publié en 51, au moment où Cicéron partait pour son gouvernement de Cilicie. (V. Introd., p. IX.) Il reprit et modifia plusieurs fois son ouvrage : de neuf livres il le réduisit à six; il avait voulu aussi tout d'abord n'y faire intervenir que des personnages déjà morts; on lui représenta que ses théories auraient plus d'autorité s'il prenait lui-même la parole, à cause des grandes choses auxquelles il avait pris part dans la République : il résolut alors de se mettre en scène avec son frère Quintus; mais il revint bientôt à son premier dessein, et supposa un entretien tenu par Scipion Émilien et quelques-uns de ses amis, pendant les Féries latines de l'année 129, peu de temps après la mort de Ti. Gracchus, « à cette heure critique où le vainqueur de Carthage changeait les formules des prières adressées aux dieux, leur demandant non pas d'accroître la félicité du peuple romain, mais de la conserver[1]. »

Ce traité, pour lequel Cicéron eut toujours une prédilection singulière et qui fut favorablement accueilli à Rome, se perdit dans le cours des âges, et au commencement de ce siècle en

1. MERLET. *Études littéraires sur les grands classiques latins*, p. 71.

dehors du *Songe de Scipion* conservé par Macrobe, philosophe platonicien du ve siècle, on ne possédait que quelques fragments assez courts conservés par des grammairiens et des Pères de l'Église, surtout par Lactance et saint Augustin. Mais en 1822, le cardinal Maï en retrouva une partie importante dans un palimpseste du Vatican, où le texte de Cicéron avait fait place au *Commentaire de saint Augustin sur les Psaumes*. Nous possédons à peu près le tiers de l'ouvrage primitif, la plus grande partie du livre premier, une portion considérable du deuxième, des fragments assez importants du troisième, quelques morceaux du quatrième et du cinquième, et dans le sixième le *Songe de Scipion*.

Le premier livre traite des différentes formes de gouvernement et conclut en donnant la préférence à l'union harmonieuse de la monarchie, de l'aristocratie et de la démocratie, telle qu'on peut la voir dans le gouvernement de Rome; le deuxième est l'exposé et l'apologie de la constitution romaine; le troisième étudiait les rapports de la morale et de la politique; le quatrième et le cinquième, autant qu'on peut le conjecturer, parlaient, l'un de la famille et des mœurs privées, l'autre des tribunaux et de l'homme d'État; dans le sixième, Cicéron établissait sans doute l'influence des idées religieuses sur la direction d'un État et le bonheur des sociétés, et proclamant hautement la loi du dévouement qui sacrifie tout à l'État, montrait que la récompense qui attend les âmes généreuses est au-dessus de tout ce que peut procurer la vie d'ici-bas.

LIVRE I

Le livre premier commence par un préambule, où Cicéron, parlant en son propre nom, fait l'apologie de la vie politique et s'élève contre ceux qui veulent tenir le sage éloigné des affaires publiques. Pour lui, la vertu n'est rien, si elle n'est active, et son activité la plus glorieuse se montre dans le gouvernement des États : le législateur l'emporte sur le philosophe (2-3).

I

Les législateurs et les philosophes

II. — 2. Nihil dicitur[1] a philosophis, quod quidem recte honesteque dicatur, quod *non* ab iis partum confirmatumque sit a quibus civitatibus jura discripta[2] sunt. Unde enim pietas[3] aut a quibus religio? unde jus aut gentium[4] aut hoc ipsum civile quod dicitur? unde justitia[5], fides, æquitas? unde pudor, continentia, fuga turpitudinis, appetentia laudis et honestatis? unde in laboribus et periculis fortitudo? Nempe ab iis qui hæc disciplinis informata[6] alia moribus confirmarunt, sanxerunt autem alia legibus. 3. Quin etiam Xenocraten[7] ferunt, nobilem in primis phi-

II. — 1. *Nihil dicitur*... etc., rien n'est dit par les philosophes, du moins de juste et d'honnête, qui... La restriction s'explique, car ailleurs Cicéron dit qu'il n'est pas de sottise qui n'ait été soutenue par un philosophe. — *Dicatur* est au subj. comme verbe d'une proposition relative servant à restreindre une énonciation générale à une catégorie déterminée (V. Ragon, *Gr. lat.*, 506). — *Partum*, mis au jour; *confirmatum*, rendu durable, réalisé. L'exagération est manifeste : les législateurs se sont inspirés des moralistes.

2. *Jura discribere*, donner des lois; *jus* désigne le droit écrit (*scribere*) qui définit et délimite les droits (*jura*) de chacun (*dis*).

3. *Pietas*, la piété; *religio*, le culte.

4. *Jus gentium*, le droit naturel commun à tous les peuples. — *Jus civile*, le droit écrit, réglant les rapports des citoyens entre eux; il repose sur la décision des citoyens et est applicable aux seuls citoyens. — *Hoc* : pron. de la 1re pers. — *Ipsum* oppose le droit particulier des Romains au *jus gentium*.

5. *Justitia*, la justice, le respect de la loi. — *Fides*, la bonne foi, la confiance. — *Æquitas*, l'équité, qui consiste à traiter les autres comme nos égaux (cf. *æquus*), comme nous voudrions être traités, en suivant les principes de la loi naturelle.

6. *Disciplinis informata*, esquissées dans les leçons des sages. — *Moribus* (les habitudes, les coutumes, par opposition à *legibus*, les lois écrites) *confirmarunt*, ont fait passer dans les mœurs. — *Sanxerunt alia legibus*, ont donné aux autres la sanction des lois.

7. Xénocrate de Chalcédoine (ive siècle), successeur de Speusippe, le neveu de Platon, à la tête de l'Académie (v. p. 64,

losophum, cum quæreretur ex eo quid assequerentur ejus discipuli, respondisse[8], ut id sua sponte facerent quod cogerentur facere legibus. Ergo ille civis, qui id cogit[9] omnes imperio legumque pœna quod vix paucis persuadere oratione philosophi possunt, etiam iis qui illa disputant ipsis est præferendus doctoribus. Quæ est enim istorum[10] oratio tam exquisita, quæ sit anteponenda bene constitutæ civitati publico jure et moribus? Equidem quem ad modum

Urbes magnas atque imperiosas[11],

ut appellat Ennius[12], viculis et castellis præferendas puto, sic eos qui his urbibus consilio[13] atque auctoritate præsunt, iis qui omnis negotii publici expertes sint, longe duco sapientia ipsa[14] esse anteponendos. Et quoniam maxime rapimur ad opes augendas generis humani, studemusque nostris consiliis et laboribus tutiorem et opulentiorem[15] vitam hominum reddere, et ad hanc voluptatem ipsius naturæ stimulis incitamur, teneamus eum cursum[16] qui semper fuit optimi cujusque, neque ea signa audiamus, quæ recep-

n. 10), est célèbre par la pureté de sa morale.

8. Après *respondisse*, s.-e. *eos id assequi*.

9. *Id cogit*, oblige à cela. — *Illa disputant*, exposent ces doctrines. *Disputare* est le terme ordinairement employé pour désigner l'exposition d'une vérité. — *Præferendus* : Aristote au contraire place la philosophie au-dessus de la politique, parce que l'application des principes ne peut se faire qu'après la théorie.

10. *Istorum* = *doctorum*. — *Bene constitutæ*, etc., bien réglé (prospère) par le droit public et par les traditions.

11. *Imperiosas*, dominatrices.

12. Q. Ennius, né à Rudies (Calabre) en 239, mort en 169, est surtout connu pour son poème épique en 18 livres, intitulé *Annales*, où l'on trouve pour la première fois l'hexamètre latin; il y racontait l'histoire traditionnelle de Rome depuis l'arrivée d'Énée en Italie jusqu'à son temps. Il a écrit encore des *saturæ*, des *palliatæ* et des *prætextæ*. Soldat en Sardaigne pendant la première guerre punique, il fut amené à Rome par Caton l'Ancien et devint l'ami du premier Africain.

13. *Consilio*, sagesse pratique, conseils. — *Auctoritate*, autorité morale, influence.

14. *Sapientia ipsa*, litt. : même au *seul* point de vue de la sagesse.

15. *Opulentiorem*, litt. : mieux fournie en ressources de tout genre.

16. *Teneamus cursum*, suivons sans dévier la route. — *Optimi cujusque*, de tout honnête homme (V. RAGON, *G. lat.*, 369).

tui canunt[17], ut eos etiam revocent qui jam processerint.

II

Le sage doit se mêler aux affaires publiques

Il ne faut pas se laisser arrêter par les fatigues et les dangers de la vie politique. Pour lui, il est heureux d'avoir exposé sa vie pour sauver la République (7). L'indifférence d'ailleurs n'est pas autre chose qu'ingratitude et injustice envers la patrie (8), et l'horreur même d'obéir à des méchants, fait un devoir au sage d'accepter le gouvernement des peuples (9).

IV. — 7..... salvam[1] esse consulatu abiens in contione, populo Romano idem jurante, juravissem, facile injuriarum[2] omnium compensarem curam[3] et molestiam. Quamquam[4] nostri casus plus honoris habuerant quam laboris, neque tantum molestiæ quantum gloriæ, majoremque lætitiam ex desiderio[5] bonorum percepimus quam ex lætitia improborum dolorem. Sed si aliter accidisset, qui[6] possem queri ? cum mihi nihil improviso nec gravius quam exspectavissem[7], pro tantis meis factis evenisset. Is enim fueram, cui cum[8] liceret aut majores ex otio[9] fructus capere quam

17. *Signa quæ receptui canunt*, le signal de la retraite. — *Ea... ut*, tel que.

IV. — 1. Suppléez *modo*, pourvu que. Cicéron fait allusion ici à ce qui s'est passé au moment où il quittait le consulat ; il s'apprêtait, selon l'usage, à vanter ses services dans un discours prononcé devant le peuple assemblé (*in contione*), quand un tribun, Metellus Nepos, lui interdit la parole, sous le prétexte que, pendant son consulat, il avait fait mettre à mort des citoyens romains sans les entendre. Cicéron demanda seulement à prêter serment, mais au lieu de prononcer la formule officielle, il jura aux applaudissements de l'assemblée qu'il avait sauvé Rome et la République.

2. *Injuriarum*, les injustices dont Cicéron fut victime après avoir combattu Catilina : son exil, la destruction de sa maison...

3. *Compensarem curam...*, je me trouverais dédommagé des chagrins cuisants.

4. *Quamquam = et tamen*. — *Nostri casus*, nos malheurs.

5. *Desiderio*, regrets.

6. *Qui = quomodo*.

7. Entendez *quam id quod exspectavissem*.

8. *Cui cum = qui, cum mihi*. Entendez *is fueram qui* (tel que je), *cum mihi liceret aut... capere, aut si quid... subire, non dubitaverim...*

9. *Otio*, loisir, temps passé loin des affaires.

ceteris propter variam suavitatem studiorum in quibus a pueritia vixeram, aut si quid accideret acerbius[10] universis, non præcipuam, sed parem cum ceteris fortunæ condicionem subire, non dubitaverim[11] me gravissimis tempestatibus ac pæne fulminibus ipsis obvium ferre conservandorum civium causa, meisque propriis periculis parere[12] commune reliquis otium. 8. Neque enim hac nos patria lege genuit aut educavit ut[13] nulla quasi alimenta exspectaret a nobis, ac, tantum modo nostris ipsa commodis serviens[14], tutum perfugium otio nostro suppeditaret et tranquillum[15] ad quietem locum, sed ut plurimas et maximas nostri animi[16], ingenii, consilii partes ipsa sibi ad utilitatem suam pigneraretur, tantumque nobis in nostrum privatum usum, quantum ipsi superesse posset, remitteret.

V. — 9. Jam[1] illa perfugia, quæ sumunt sibi ad excusationem, quo facilius otio perfruantur, certe minime sunt audienda, cum ita dicunt, accedere ad rem publicam[2] plerumque homines nulla re bona dignos, cum quibus comparari sordidum, confligere autem, multitudine præsertim

10. *Acerbius*, litt. : de trop aigre, de trop dur. — *Universis*, à tous les citoyens pris ensemble. — *Non præcipuam fortunæ condicionem subire*, ne pas prendre aux calamités (publiques) une part prépondérante.
11. *Dubitaverim* a pour sujet *qui* contenu dans *cui* (V. p. 5, n. 8). — *Pæne*, pour ainsi dire.
12. *Parere*, faire naître, donner. — *Otium*, la tranquillité.
13. *Hac lege... ut*, à la condition que. — *Quasi* amène la métaphore *alimenta* (cf. τροφεῖα), un salaire, une rémunération alimentaire.
14. *Serviens*, se rendant l'esclave. — *Ipsa*, d'elle-même. — *Otio*, repos, absence d'occupation.
15. *Tranquillum*, litt. : transparent, serein ; ici, tranquille. — *Quies*, repos, absence d'activité. — *Sed ut* s'oppose à *non hac lege ut nulla*...
16. *Animi*, l'âme avec toutes ses facultés ; *ingenii*, l'intelligence naturelle ; *consilii*, la sagesse, la raison instruite par l'expérience. — *Partes*, les facultés (Cf. τὰ μέρη τῆς ψυχῆς). — *Sibi pignerari*, hypothéquer. — *Tantumque quantum ipsi superesse posset*, seulement ce qu'elle aurait en trop. — *Remitteret*, laisserait.

V. — 1. *Jam*, et puis. — *Perfugia*, prétextes (où l'on se réfugie). — *Minime*, pas du tout. — *Ita*, comme il suit.
2. *Accedere ad rem publicam*, aborder l'administration des affaires publiques. — *Nulla re bona dignos*, tout à fait méprisable. — Après *sordidum*, s.-e. *sit*, c'est une honte. — *Confligere*, lutter avec. — *Miserum*, déplorable.

incitata, miserum et periculosum sit; quam ob rem neque sapientis esse accipere habenas[3], cum insanos atque indomitos impetus vulgi cohibere non possit, neque liberi[4] cum impuris atque immanibus adversariis decertantem vel contumeliarum verbera subire vel exspectare sapienti non ferendas injurias; proinde quasi[5] bonis et fortibus et magno animo præditis ulla sit ad rem publicam adeundi causa justior, quam ne pareant[6] improbis neve ab isdem lacerari rem publicam patiantur, cum ipsi auxilium ferre, si cupiant, non queant.

Cicéron expose alors le sujet de son ouvrage : il ne parlera point en son propre nom, mais rapportera une conversation qui eut lieu en 129 entre Scipion Émilien (v. p. 29, n. 1) et quelques-uns de ses amis et qui lui a été racontée à Smyrne, dans sa jeunesse, par P. Rutilius Rufus, un des interlocuteurs. Lieutenant de Scévola le Grand Pontife, en Asie, après avoir été consul en 105, celui-ci s'était attiré la haine des publicains en réprimant leurs brigandages : il fut accusé par eux de concussion, et comme ils appartenaient à la classe des chevaliers en possession de rendre la justice depuis la loi *Sempronia* (122), il fut condamné à l'exil. Rappelé à Rome par Sylla, il ne voulut jamais quitter Smyrne, pour « ne rien faire contre les lois de sa patrie. »

Q. Ælius Tubéron, neveu par sa mère du vainqueur de Carthage, vient trouver son oncle dès le matin, et la conversation s'engage sur un phénomène de parhélie qui venait d'avoir lieu. Arrivent alors successivement L. Furius Philus (v. p. 223, n. 9), P. Rutilius Rufus, Lélius le Sage (v. p. 86, n. 11), Sp. Mummius, le frère du vainqueur de Corinthe, les deux gendres de Lélius, C. Fannius (v. p. 37, n. 11) et Q. Mucius Scévola l'*Augure*, consul en 107 et jurisconsulte éminent, qui dirigea dans ses dernières années les premières études juridiques de Cicéron, et M'. Manilius (v. p. 29, n. 1). Au cours de la conversation, qui se continue sur l'astronomie, Scipion fait de la science l'éloge suivant (26-28) :

3. *Accipere habenas*, prendre en main les rênes de l'État.

4. *Neque liberi* s'oppose à *neque sapientis*. — *Decertantem* : apposition au sujet non exprimé de *subire* (V. Ragon, *G. lat.*, 380). — *Contumeliarum verbera*, les traits de l'insulte. — *Injurias*, les traitements injustes.

5. *Proinde quasi*, comme si.

6. *Quam ne pareant... neve...*, que la crainte d'obéir... et de...— *Cum* ipsi *non queant*, attendu qu'ils ne peuvent, *laissés à eux-mêmes, sans avoir en main le pouvoir*.

III

Éloge de la science

XVII. — 26. « Quid aut præclarum putet in rebus humanis, qui hæc deorum regna[1] perspexerit, aut diuturnum, qui cognoverit quid sit æternum, aut gloriosum, qui viderit quam parva sit terra primum universa[2], deinde ea pars ejus quam homines incolant; quamque[3] nos, in exigua ejus parte affixi, plurimis ignotissimi gentibus, speremus tamen nostrum nomen volitare et vagari latissime? 27. Agros vero et ædificia et pecudes, et immensum argenti pondus atque auri, qui bona nec putare nec appellare soleat[4], quod earum rerum videatur ei levis fructus, exiguus usus, incertus dominatus, sæpe etiam tæterrimorum[5] hominum immensa possessio, quam est hic[6] fortunatus putandus! cui soli vere liceat omnia non Quiritium, sed sapientium jure[7] pro suis vindicare, nec civili nexo, sed communi lege naturæ, quæ vetat ullam rem esse cujusquam, nisi ejus qui tractare et uti sciat; qui imperia consulatusque nostros in necessariis, non in expetendis rebus, muneris fungendi gratia[8] subeundos, non præmiorum aut gloriæ causa appetendos putet;

XVII. — 1. *Hæc deorum regna*, ces espaces où règnent les dieux, le ciel.

2. *Universa*, prise dans son ensemble.

3. *Quam* modifie *exigua*. — *Affixi* (litt. : attachés, collés) s'oppose à *volitare et vagari latissime*.

4. *Qui soleat = qui talis est ut soleat*. — *Fructus*, jouissance. — *Levis*, frivole. — *Dominatus*, la possession.

5. Construisez : (*quod earum rerum*) *immensa possessio est tæterrimorum hominum* (génitif de propriété).

6. *Hic*, i. e. *qui soleat*.

7. *Quiritium jure*, le droit particulier des Quirites (*jus civile*, v. p. 3, n. 4). — *Pro suis vindicare*, revendiquer comme sa propriété. — *Civili nexo*, le droit civil qui lie les citoyens d'un même État.

8. *Muneris fungendi gratia*, pour accomplir un devoir. — *Fungor*, *fruor*, *utor* et *potior* qui se construisent avec l'ablatif ont l'adjectif verbal en *dus* (inusité au nomin.), parce qu'anciennement ils se construisaient avec l'accus. (V. Ragon, *G. lat.*, 297, Remarque I).

qui denique, ut Africanum[9] avum meum scribit Cato[10] solitum esse dicere, possit idem de se prædicare, numquam se plus agere quam nihil cum ageret, numquam minus solum esse quam cum solus esset. 28. Quis enim putare vere potest plus egisse Dionysium[11] tum cum omnia moliendo[12] eripuerit civibus suis libertatem, quam ejus civem Archimedem[13], cum istam ipsam sphæram, nihil cum agere[14]

9. Le premier Scipion l'Africain, le vainqueur d'Annibal à Zama, le père de celui qui adopta un fils de Paul-Émile, Scipion Émilien.

10. M. Porcius Caton (l'Ancien ou le Censeur), né en 234 à Tusculum, mort en 149. Soldat, puis tribun militaire pendant la première guerre punique, il suivit en Sicile comme questeur le premier Africain; consul en 195, il obtint à son retour d'Espagne les honneurs du triomphe, se signala ensuite en Thrace et sur le Danube, puis en Grèce. Censeur en 184, malgré l'opposition du parti aristocratique, il montra une extrême sévérité. On sait avec quelle ardeur il s'opposa aux progrès de l'hellénisme à Rome (V. Introd., p. VI) et demanda la destruction de Carthage. Sa prodigieuse activité embrassa le cercle presque tout entier des connaissances humaines à cette époque; outre les ouvrages écrits pour son fils, il laissa plus de 150 discours, un ouvrage historique en sept livres, *les Origines* (v. p. 37, n. 8), dont il ne reste que quelques fragments, un *De Re rustica*, et des commentaires sur le droit civil et sur l'art militaire.

11. Denys l'Ancien, tyran de Syracuse de 406 à 368. Cicéron le considérait comme le type du tyran soupçonneux et cruel (V. *Tusculanes*, v, §§ 57 et suiv.). Il rendit presque à la Sicile son indépendance, enrichit Syracuse, augmenta sa flotte et son armée, et protégea les lettres et les arts. On dit qu'il fit vendre comme esclave Platon, qu'il avait appelé auprès de lui, et dont la franchise l'avait offensé. Il cultiva lui-même la poésie et obtint une fois le prix de la tragédie à Athènes; il serait mort, paraît-il, de la joie qu'il en ressentit; peut-être fut-il empoisonné par son fils.

12. Le gérondif-ablatif non précédé d'une préposition peut être suivi d'un accusatif, surtout si cet accusasif est, comme ici, un adjectif ou un pronom neutre (V. RAGON, *G. lat.*, 386, Rem. II).

13. Archimède, né à Syracuse (*ejus civem*, concitoyen de Denys) en 287, tué par un soldat, lors de la prise de cette ville par Marcellus en 214, pendant qu'il se livrait à des calculs, est un des plus grands mathématiciens de l'antiquité. Ses inventions mécaniques déjouèrent longtemps les efforts des Romains pendant le siège de Syracuse. Il s'était beaucoup occupé d'astromomie et avait construit une sphère, à laquelle Cicéron fait ici allusion, où se trouvaient reproduits tous les mouvements célestes.

14. Pour les Romains, ne pas s'occuper des affaires publiques, c'était ne rien faire; c'est ce qu'ils entendent par le mot *otium*.

videretur, effecerit? Quis autem[15] non magis solos esse, qui in foro turbaque quicum colloqui libeat non habeant, quam qui nullo arbitro vel secum ipsi loquantur, vel quasi doctissimorum hominum in concilio adsint, cum eorum inventis scriptisque se oblectent? Quis vero divitiorem quemquam putet quam eum cui nihil desit quod quidem natura desideret[16]; aut potentiorem quam illum qui omnia quæ expetat consequatur; aut beatiorem quam qui sit omni perturbatione animi liberatus; aut firmiore fortuna[17] quam qui ea possideat quæ secum, ut aiunt, vel e naufragio possit efferre? Quod autem imperium, qui magistratus, quod regnum potest esse præstantius quam despicientem[18] omnia humana, et inferiora sapientia ducentem, nihil umquam nisi sempiternum et divinum animo volutare? cui persuasum sit appellari ceteros homines esse solos eos[19] qui essent politi propriis humanitatis artibus? »

Tout en reconnaissant les charmes des sciences spéculatives, Lélius trouve qu'il est des objets plus dignes de la curiosité de ceux qui l'entourent, et il engage Scipion à leur dire quel est le meilleur gouvernement. Celui-ci défère à son désir; et, après avoir défini ce que c'est que l'État, il distingue trois espèces de gouvernement (41-43) :

IV

Des différentes formes de gouvernement

XXVI. — 41. « Omnis res publica consilio quodam[1] regenda est, ut diuturna sit. Id autem consilium primum semper ad eam causam referendum est, quæ causa genuit

15. S.-e. *putare potest*. — *Quicum* (= *quocum*) *colloqui libeat*, à qui ils parlassent volontiers.
16. *Desideret*, réclame.
17. *Firmiore fortuna*, plus affermi dans son bonheur. — *Ea quæ...*, des choses telles que...
18. *Despicientem* et *ducentem* se rapportent au sujet de *volutare* s.-e. — *Sapientia* : abl., compl. du compar. *inferiora*.
19. *Esse solos eos*, ceux-là seuls l'être réellement. — *Qui essent politi*, etc.. qui ont cultivé leur esprit en se livrant à ces études qui sont l'attribut de l'humanité. Le plus-que-parfait est amené par le parfait *persuasum sit* (V. Ragon, *G. lat.*, 458, Remarques I et II).

XXVI. — 1. *Consilio quodam*, un gouvernement.

civitatem[2]. 42. Deinde aut uni tribuendum est aut delectis quibusdam aut suscipiendum est multitudini atque omnibus. Quare cum penes unum est omnium summa rerum[3], regem illum unum vocamus et regnum ejus rei publicæ statum. Cum autem est penes delectos, tum illa civitas optimatium arbitrio regi dicitur. Illa autem est civitas[4] popularis (sic enim appellant), in qua in populo sunt omnia. Atque horum trium generum quodvis, si teneat[5] illud vinclum quod primum homines inter se rei publicæ societate devinxit, non perfectum illud quidem neque mea sententia optimum *est*, sed tolerabile tamen; ut aliud alio possit esse præstantius[6]. Nam vel rex æquus ac sapiens, vel delecti ac principes cives, vel ipse populus, quamquam id[7] est minime probandum, tamen nullis interjectis iniquitatibus aut cupiditatibus, posse videtur aliquo esse non incerto statu.

XXVII. — 43. « Sed et in regnis[1] nimis expertes sunt ceteri communis juris et consilii; et in optimatium dominatu vix particeps libertatis potest esse multitudo, cum omni consilio communi ac potestate careat; et cum omnia per populum gerantur, quamvis[2] justum atque moderatum,

2. *Ad eam causam... quæ*, etc., doit être en rapport avec la cause qui a produit la cité. L'ordre politique est donc subordonné à l'ordre civil, et un gouvernement n'existe que pour faire respecter les droits de chacun et veiller aux intérêts de la communauté.

3. *Omnium summa rerum*, le pouvoir. — *Ejus rei publicæ statum*, cette forme de gouvernement. — *Optimatium arbitrio regi*, c'est une aristocratie.

4. *Civitas*, état social.

5. *Si teneat*, s'il est fidèle à. — *Primum*, à l'origine.

6. *Ut aliud alio possit esse præstantius*, de sorte que l'une de ces formes de gouvernement peut l'emporter sur les deux autres.

7. *Id = civitas popularis*. Scipion est de l'avis de Cinna : « Le pire des États, c'est l'État populaire. » *Cinna*, II, 1. — *Interjectis*, se jetant à la traverse. — *Aliquo esse non incerto statu*, ne pas être incapable de durée.

XXVII. — 1. *Regnis*, les monarchies. — *Ceteri*, les citoyens (autres que le roi). — *Communis juris et consilii*, au droit public et au gouvernement. — *Consilio communi ac potestate careat*, est exclu du gouvernement et du pouvoir.

2. *Quamvis*, quelque... que. — *Æquabilitas... iniqua* : jeu de mots intraduisible ; *æquus* signifie à la fois *égal* et *juste*. — *Dignitatis*, mérite personnel.

tamen ipsa æquabilitas est iniqua, cum habet nullos gradus dignitatis. »

Scipion montre alors que ces trois pouvoirs dégénèrent facilement, la monarchie en tyrannie, l'aristocratie en oligarchie despotique, la démocratie en anarchie. Puis il se demande quelle est la meilleure de ces trois formes de gouvernement : il expose d'abord les arguments des partisans de la démocratie, puis les raisons qui militent en faveur de l'aristocratie, ce qui lui donne l'occasion de développer l'idée suivante (51-53) :

V

Le gouvernement appartient aux plus dignes

XXXIV. — 51. « Certe in optimorum consiliis posita est civitatium salus, præsertim cum hoc natura tulerit, non solum ut[1] summi virtute et animo præessent imbecillioribus, sed ut hi etiam parere summis velint. Verum hunc optimum statum[2] pravis hominum opinionibus eversum esse dicunt, qui ignoratione virtutis, quæ cum in paucis est, tum[3] a paucis judicatur et cernitur, opulentos homines et copiosos[4], tum genere nobili natos esse optimos putant. Hoc errore vulgi cum rem publicam opes paucorum[5], non virtutes, tenere cœperunt, nomen illi principes optimatium mordicus tenent, re autem carent. Nam divitiæ, nomen, opes vacuæ consilio[6] et vivendi atque aliis imperandi

XXXIV. — 1. *Hoc... ut*, ceci... à savoir que.

2. *Hunc optimum statum*, cette aristocratie (naturelle) qui est excellente. — *Eversum*, complètement détruite. — *Dicunt*, on dit. — *Ignoratione virtutis*, méconnaissant le mérite.

3. *Cum... tum*, non seulement... mais encore. Ne pas confondre avec *tum... tum* (V. Ragon, *G. lat.*, 514).

4. *Opulentos et copiosos*, puissants et riches. — *Tum*, et.

5. *Opes paucorum*, un petit nombre, grâces aux ressources dont il dispose : crédit, fortune, naissance. — *Rem publicam tenent*, ont en mains le pouvoir. — *Illi principes*, ces gens qui sont les premiers de la cité. — *Nomen mordicus tenent optimatium*, persistent (litt. : ne veulent pas en démordre) à se faire appeler les meilleurs citoyens. — *Re carent*, ne le sont point (litt. : manquent de la réalité).

6. *Vacuæ consilio*, etc... où ne

modo dedecoris plenæ sunt et insolentis superbiæ; nec ulla deformior species est civitatis quam illa in qua opulentissimi[7] optimi putantur. 52. Virtute vero gubernante rem publicam, quid potest esse præclarius? cum is, qui imperat aliis, servit ipse nulli cupiditati; cum quas ad res cives instituit et vocat, eas omnes complexus est ipse, nec leges imponit populo quibus ipse non pareat, sed suam vitam, ut legem, præfert suis civibus. Qui si unus satis omnia consequi[8] posset, nihil opus esset pluribus: si universi videre optimum et in eo consentire possent, nemo delectos principes quæreret. Difficultas ineundi consilii[9] rem a rege ad plures, error et temeritas populorum a multitudine ad paucos transtulit. Sic inter infirmitatem[10] unius temeritatemque multorum medium optimates possederunt locum, quo nihil potest esse moderatius: quibus[11] rem publicam tuentibus beatissimos esse populos necesse est, vacuos omni cura et cogitatione, aliis permisso otio suo, quibus id[12] tuendum est, neque committendum ut sua commoda populus neglegi a principibus putet. 53. Nam æquabilitas quidem juris[13], quam amplexantur liberi populi, neque servari potest: (ipsi enim populi, quamvis soluti effrenatique sint, præcipue multis multa tribuunt, et est in ipsis magnus delectus hominum et dignitatum), eaque quæ[14] appellatur æquabilitas, iniquissima est. Cum enim par

se montre ni la sagesse, ni la modération dans la manière de vivre, ni dans l'exercice de l'autorité.

7. *Opulentissimi* est sujet de *putantur*; *optimi* en est l'attribut.

8. *Satis omnia consequi*, embrasser tout suffisamment dans sa compétence. — *Universi* : v. p. 3, n. 2. — *In eo* (*optimo*) *consentire*, être unanimes à le faire.

9. *Difficultas ineundi consilii*, la difficulté d'aviser à tout. — *Rem*, l'autorité. — *Error et temeritas*, l'habitude de s'égarer et d'agir à la légère.

10. *Infirmitatem*, l'impuissance. — *Temeritatem*, la légèreté. — *Optimates*, les nobles (litt. : les meilleurs).

11. *Quibus* a pour antécédent *optimates*. — *Tuentibus*, gouvernant (litt. : ayant l'œil à).

12. *Id* = *otium*, leur repos. — *Commitendum* a aussi *quibus* pour compl.

13. *Æquabilitas juris*, l'égalité absolue. — *Quamvis soluti effrenatique sint*, si dégagés qu'ils soient de tout frein.

14. *Eaque quæ* (attraction pour *id quod*) s'oppose à *neque servari*. — Sur *iniquissima*, v. p. 11, XXVII, n. 2.

habetur[15] honos summis et infimis, qui[16] sint in omni populo necesse est, ipsa æquitas iniquissima est : quod in iis civitatibus quæ ab optimis reguntur, accidere non potest. »

Scipion reconnaît ensuite la supériorité de la monarchie, mais toutes ces formes de gouvernement lui paraissent défectueuses à cause des inconvénients qu'elles entraînent : la démocratie, par exemple, conduit à l'anarchie, si bien décrite par Platon (66-67). Celle-ci amène à sa suite la tyrannie qui provoque une nouvelle révolution ; aussi préfère-t-il une constitution mixte où les trois pouvoirs se tempèrent les uns les autres (68-69).

VI

La démagogie jugée par Platon

XLIII. — 66. « Cum, inquit[1], inexplebiles populi fauces « exaruerunt libertatis siti, malisque usus ille ministris non « modice temperatam, sed nimis meracam libertatem sitiens « hausit, tum magistratus et principes, nisi valde lenes[2] et « remissi sint, et large sibi libertatem ministrent, insequi« tur[3], insimulat, arguit ; præpotentes, reges, tyrannos vocat. « 67. Eos[4], qui pareant principibus, agitari ab eo populo, et « servos voluntarios appellari ; eos autem, qui in magistratu[5] « privatorum similes esse velint eosque privatos, qui efficiant « ne quid inter privatum et magistratum differat, ferunt lau-

15. *Habetur*, est accordé.
16. Constr. : *qui necesse est (ut) sint*... — *Quod*, ce qui.
XLIII. — 1. S.-e. *Plato* (Cf. *Républ.*, VIII, ch. XIV et suiv.) Il compare ici la liberté à un vin pur (*non modice temperatam*, non sagement mélangé d'eau, *nimis meracam*) que de perfides échansons (*ministri*) versent à un peuple altéré et insatiable jusqu'à l'enivrer.
2. *Lenes*, complaisants. — *Remissi*, relâchés, mous, faibles. — *Large*, à pleines coupes.
3. *Insequitur*, s'attaque à ; *insimulat*, accuse ; *arguit*, donne des preuves. — *Præpotentes*, puissants, dominateurs.
4. *Eos*. A partir de ce mot, les phrases sont au style indirect ; de là, les subjonctifs *pareant*, *velint*, etc. — *Agitari*, être pourchassé, outragé. — *Servos voluntarios* (ἐθελοδούλους), amis de la servitude.
5. *Qui in magistratu*, qui sont magistrats. — *Velint*, consentent.

« dibus et mactant[6] honoribus, ut necesse sit in ejus modi « re publica plena libertatis esse omnia; ut et privata domus « omnis vacet dominatione[7], et hoc malum usque ad bestias « perveniat; denique ut pater filium metuat, filius patrem « neglegat[8]; absit omnis pudor, ut plane liberi sint; nihil « intersit, civis sit an peregrinus[9]; magister ut dicipulos « metuat et iis blandiatur, spernantque discipuli magistros; « adulescentes ut senum sibi pondus assumant[10], senes autem « ad ludum adulescentium descendant, ne sint iis odiosi et « graves; ex quo fit ut etiam servi se liberius gerant, uxores « eodem jure sint quo[11] viri; inque tanta libertate canes « etiam et equi, aselli denique[12] liberi sic incurrant, ut iis « de via decedendum sit. Ergo ex hac infinita licencia hæc « summa cogitur[13], ut ita fastidiosæ mollesque mentes eva- « dant civium, ut, si minima vis adhibeatur imperii, irascan- « tur et perferre nequeant; ex quo leges quoque incipiunt « neglegere, ut plane sine ullo domino sint. »

VII

La meilleure forme de gouvernement

XLIV. — 68. « Ut ex nimia potentia principum[1] oritur interitus principum, sic hunc nimis liberum populum

6. *Mactant*, comblent (litt. : accroissent). — *Ut*, de sorte que. — *Libertatis*, l'esprit de liberté.

7. *Vacet dominatione*, est sans autorité.

8. *Neglegat*, considère comme quantité négligeable. — *Pudor*, respect. — *Ut plane liberi sint*, afin d'être bien libres (dépend de *absit*).

9. *Peregrinus*, un étranger (μέτοικος, l'étranger domicilié à Athènes et n'y ayant pas droit de cité).

10. *Pondus assumant*, s'attribuent l'autorité. — *Odiosi* (ἀηδεῖς), désagréables; *graves* (δεσποτικοί), gênants, à charge.

11. *Eodem jure esse quo*, avoir les mêmes droits que. — *Viri*, leurs maris.

12. *Denique*, pour en finir. — *Iis de via decedendum est*, il faut leur céder le passage.

13. *Hæc summa cogitur*, découle nécessairement ce point capital. — *Fastidiosæ mollesque*, difficiles à satisfaire (chatouilleux) et impressionnables. — *Si minima vis adhibeatur imperii*, à la moindre apparence de contrainte. — *Plane*, absolument.

XLIV. — 1. *Principum*, de l'aristocratie.

libertas ipsa servitute afficit. Sic omnia nimia[2], cum vel in tempestate vel in agris vel in corporibus lætiora fuerunt, in contraria fere convertuntur, maximeque *id* in rebus publicis evenit, nimiaque illa libertas et populis et privatis in nimiam servitutem cadit. Itaque ex hac maxima libertate tyrannus gignitur et illa injustissima et durissima servitus. Ex hoc enim populo indomito vel potius immani deligitur aliqui[3] plerumque dux contra illos principes afflictos jam et depulsos loco audax, impurus, consectans proterve[4] bene sæpe de re publica meritos, populo gratificans et aliena et sua; cui quia privato[5] sunt oppositi timores, dantur imperia et ea continuantur; præsidiis etiam, ut Athenis Pisistratus[6], sæpiuntur[7]; postremo, a quibus producti sunt, exsistunt eorum ipsorum tyranni. Quos si boni[8] oppresserunt, ut sæpe fit, recreatur civitas; sin audaces, fit illa factio, genus aliud tyrannorum, eademque[9] oritur etiam ex illo sæpe optimatium præclaro statu, cum ipsos principes aliqua pravitas de via deflexit. Sic tamquam pilam[10] rapiunt inter se rei publicæ statum tyranni ab regibus, ab iis autem principes aut populi, a quibus aut

2. *Omnia nimia*, tout excès. — *Tempestate*, la température. — *Fere*, généralement. — *In rebus publicis*, dans les gouvernements.

3. *Aliqui* est adjectif (V. Ragon, *G. lat.*, 103, Rem. II). — *Principes*, les chefs de l'aristocratie. — *Afflictos*, terrassés. — *Loco depulsos*, renversés.

4. *Consectans proterve*, persécuteur insolent de... — *Gratificans*, prodiguant.

5. *Privato*, s'il reste simple particulier. — *Sunt oppositi timores*, est exposé à des dangers. — *Continuantur*, on les lui perpétue (comme à César).

6. Pisistrate, qui s'était mis à la tête du parti démocratique à Athènes, parut un jour à l'assemblée tout ensanglanté, disant qu'il venait d'échapper à un attentat; on lui donna aussitôt une garde avec laquelle il se rendit maître d'Athènes. Pendant sa tyrannie (561-527) il fit fleurir l'industrie, l'agriculture, les lettres et les arts.

7. *Sæpiuntur*. Anacoluthe : Cicéron passe du singulier au pluriel. — *A quibus producti sunt*, qui les a mis en avant.

8. *Boni*, les bons citoyens. — *Recreatur*, renaît. — Après *audaces* (les méchants pleins d'audace) s.-e. *oppresserunt*. — *Illa factio*, cette funeste oligarchie.

9. *Eademque* (*factio*), une faction du même genre. — *Illo optimatium præclaro statu*, de ce régime si beau de l'aristocratie.

10. *Tamquam pilam*, comme une balle (V. p. 160, n. 10). — *Rei publicæ statum*, le gouvernement. — *Tenetur*, se maintient.

factiones aut tyranni, nec diutius umquam tenetur idem rei publicæ modus.

XLV. — 69. Quod ita cum sit, *ex* tribus primis generibus longe præstat mea sententia regium; regio autem ipsi præstabit id quod erit æquatum et temperatum[1] ex tribus optimis rerum publicarum modis. Placet enim esse quiddam in re publica præstans[2] et regale; esse aliud auctoritati principum impartitum ac tributum; esse quasdam res servatas judicio voluntatique multitudinis. Hæc constitutio primum habet æquabilitatem quandam magnam[3], qua carere diutius vix possunt liberi; deinde firmitudinem[4], quod et illa prima facile in contraria vitia convertuntur, ut exsistat ex rege dominus, ex optimatibus factio, ex populo turba et confusio, quodque[5] ipsa genera generibus sæpe commutantur novis; hoc in hac juncta moderateque permixta conformatione rei publicæ non ferme sine magnis principum vitiis evenit. Non est enim causa conversionis, ubi in suo quisque est gradu[6] firmiter collocatus et non subest, quo præcipitet ac decidat. »

XLV. — 1. *Quod erit æquatum et temperatum*, où se mêleront dans un juste équilibre.

2. *Præstans*, de supérieur. — *Impartiri*, donner une part; *tribuere*, donner une chose qui paraît juste. — *Servatas*, réservées à.

3. *Quandam magnam*, vraiment grande. Joint à un adj., *quidam* marque ordinairement le degré de la qualité dont on parle et se traduit par *vraiment*, *tout à fait* (V. BACON, *G. lat.*, 308, Rem.)

4. *Firmitudinem* (*habet*), etc. elle est durable. — *Quod et*, premièrement parce que. — *Illa prima*, les trois premières formes dont il a été parlé, la monarchie, l'aristocratie, la démocratie. — *Ut*, de sorte que. — *Turba et confusio*, désordre et anarchie.

5. *Quodque*, deuxièmement parce que... Chacune des formes de gouvernement est remplacée non seulement par un régime qui la transforme en la dénaturant, comme on vient de le voir, mais encore par les autres formes qui en diffèrent complètement, comme par exemple la monarchie par l'aristocratie, et un pareil changement (*hoc*) ne pourra plus arriver, lorsque ces trois formes coexisteront en même temps et se feront contrepoids (*juncta moderateque permixta*). — *Non ferme sine... evenit*, n'arrive guère sans...

6. *In suo gradu*, à sa place. — *Firmiter*, de façon à s'y maintenir. — *Non subest* a pour sujet l'incidente qui suit : et qu'il n'y a rien où...

Le type de ce gouvernement tempéré se trouve réalisé dans la constitution romaine, dont l'étude fera l'objet du livre second.

LIVRE II

La constitution de Rome n'est pas, comme celle de Sparte, l'œuvre d'un seul homme : les générations successives y ont coopéré tour à tour. Scipion parcourra donc l'ordre des temps. Il commence par la fondation de Rome et montre combien Romulus a été heureux dans le choix de l'emplacement de Rome à quelque distance de la mer, rassemblant ainsi les avantages des villes maritimes sans en avoir les nombreux inconvénients (6-8).

I

Inconvénients des villes maritimes

III. — 6. « Terra continens[1] adventus hostium non modo exspectatos, sed etiam repentinos multis indiciis et quasi fragore quodam et sonitu ipso ante denuntiat ; neque vero quisquam potest hostis advolare[2] terra, quin eum non modo esse, sed etiam quis et unde sit, scire possimus. Maritimus vero ille et navalis[3] hostis ante adesse potest, quam quisquam venturum esse suspicari queat, nec vero, cum venit, præ se fert aut qui sit aut unde veniat aut etiam quid velit ; denique ne nota quidem ulla, pacatus an hostis sit, discerni ac judicari potest.

IV. — 7. Est autem maritimis urbibus etiam quædam

III. — 1. *Terra continens*, la terre ferme. — *Fragore quodam*, une sorte de craquement ; *sonitu*, un bruit.

2. *Advolare*, arriver rapidement.

3. *Maritimus et navalis*, qui arrive par mer sur des vaisseaux. — *Vero*, réellement. — *Nota*, compl. indir. de *discerni* et de *judicari*. — (*Utrum*) *paccatus an hostis sit*, s'il a des intentions pacifiques ou hostiles. On peut rapprocher de ce qui est dit ici les descentes des Sarrasins sur les côtes de la Méditerranée.

corruptela ac demutatio[1] morum; admiscentur enim novis sermonibus ac disciplinis et importantur non merces solum adventiciæ, sed etiam mores, ut nihil possit in patriis institutis manere integrum. Jam qui incolunt eas urbes, non hærent in suis sedibus[2], sed volucri semper spe et cogitatione rapiuntur a domo longius, atque etiam cum manent corpore, animo tamen exsulant et vagantur. Nec vero ulla res magis labefactatam diu et Carthaginem[3] et Corinthum pervertit aliquando quam hic error[4] ac dissipatio civium, quod mercandi cupiditate et navigandi et agrorum et armorum cultum reliquerant. 8. Multa etiam ad luxuriam invitamenta perniciosa civitatibus suppeditantur mari, quæ vel capiuntur vel importantur[5]; atque habet etiam amœnitas ipsa[6] vel sumptuosas vel desidiosas illecebras multas cupiditatum. »

Après avoir parlé de la fondation de Rome, Scipion passe successivement en revue les règnes de Romulus, de Numa, de Tullus Hostilius, d'Ancus Martius, de Tarquin l'Ancien, de Servius Tullius et arrive à Tarquin le Superbe avec lequel la monarchie dégénère en tyrannie (45-48).

IV. — 1. *Demutatio*, altération. — *Admiscentur* a pour sujet *urbes maritimæ*. — *Disciplinis*, habitudes.

2. *Sedibus*, foyers. — *Volucri spe et cogitatione*, par la mobilité de leurs espérances et de leurs pensées. — *Exsulant et vagantur*, ils s'expatrient et courent le monde.

3. Située sur la côte nord de l'Afrique, à la hauteur du détroit où la mer Méditerranée se partage en deux bassins, non loin du cap Bon, Carthage hérita de la puissance commerciale de Tyr, sa métropole. Elle fut détruite par Scipion Émilien à la fin de la troisième guerre punique, en 146. Relevée par Jules César, elle devint la ville la plus florissante de l'Afrique et fut brûlée en 698 par les Arabes. — Corinthe, assise entre la mer Ionienne et la mer Égée, sur l'isthme qui unit le Péloponèse à l'Hellade, possédait d'immenses richesses amassées par le commerce, et contenait une foule d'objets d'art qui furent transportés à Rome ou brûlés, lors du sac de cette ville par Mummius, en 146.

4. *Error*, vie errante. — *Dissipatio*, dispersion, éparpillement. Ces idées ne s'accordent guère avec nos idées modernes qui font de la navigation, du commerce et de la colonisation, une des principales sources de la prospérité nationale.

5. *Vel capiuntur vel importantur*, sont le fruit de la victoire ou sont importés par le commerce.

6. *Ipsa*, à elle seule. — *Vel sumptuosas*, etc., donne le goût d'une vie fastueuse ou molle.

II

Avec Tarquin le Superbe, la royauté devient tyrannie

XXV. — 45. « Rex ille[1] primum optimi regis cæde maculatus integra mente[2] non erat, et cum metueret ipse pœnam sceleris sui summam, metui se volebat; deinde victoriis divitiisque subnixus exsultabat insolentia[3] neque suos mores regere poterat neque suorum libidines.

XXVI. — 47. « Videtisne igitur, ut de rege dominus exstiterit, uniusque vitio genus rei publicæ ex bono in deterrimum conversum sit? Hic est enim dominus populi, quem Græci tyrannum vocant; nam regem illum volunt esse, qui consulit ut parens populo, conservatque eos quibus est præpositus, quam optima[1] in condicione vivendi; sane bonum, ut dixi, rei publicæ genus, sed tamen inclinatum et quasi pronum ad perniciosissimum statum. 48. Simul atque enim se inflexit hic rex in dominatum injustiorem, fit continuo tyrannus, quo neque tætrius neque fœdius nec dis hominibusque invisius animal ullum cogitari potest; qui quamquam figura est hominis, morum tamen immanitate vastissimas[2] vincit beluas. Quis enim hunc hominem rite[3] dixerit, qui sibi cum suis civibus, qui denique cum

XXV. — 1. Tarquin le Superbe, petit-fils de Tarquin l'Ancien, après avoir fait tuer Servius Tullius (*optimi regis cæde maculatus*), s'empara du pouvoir et abolit les lois que celui-ci avait établies en faveur de l'égalité devant la loi. Chassé par Brutus après l'outrage fait par son fils à Lucrèce (509), il suscita des ennemis à Rome, mais ne put reprendre le pouvoir.

2. *Integra mente*, sain d'esprit.

3. *Exsultabat insolentia*, il ne connaissait plus de frein à son insolence.

XXVI. — 1. *Quam optima*, la meilleure possible (v. Ragon, *G. lat.*, 342). — *Sane bonum*, tout à fait digne d'éloge. — *Inclinatum*..., etc., se trouve sur une pente fort rapide et singulièrement dangereuse. — *Pronum* est pris métaphoriquement, de là *quasi*.

2. *Vastissimas*, les plus monstrueuses.

3. *Rite*, à bon droit. — *Juris communionem* (communauté de

omni hominum genere nullam juris communionem, nullam humanitatis societatem velit? »

Scipion poursuit le cours de l'histoire de Rome en relevant au fur et à mesure les concessions faites par l'aristocratie. (Son récit ne nous a été conservé que jusqu'à la tyrannie des décemvirs.) Il termine son exposé en affirmant que la justice est le fondement le plus solide des États. Cette pensée sera examinée dans le livre troisième.

LIVRE III

Ce livre, qui commence la deuxième journée du dialogue, était précédé d'un préambule où Cicéron parlait de la grandeur et de la misère de l'âme humaine, et où il faisait l'éloge de la raison. Puis le dialogue continuait sur cette question : « Peut-on gouverner sans injustice? » Philus (v. p. 223, n. 9), se faisant, pour un instant, l'avocat d'une cause à laquelle il ne croyait pas, soutenait que ce qui constitue le droit, c'est la loi, et qu'il n'y a pas de droit naturel (13-16).

I

Objections contre l'existence du droit naturel

VIII. — 13... « Jus civile[1] est aliquod, naturale nullum; nam si esset, ut calida et frigida, ut amara et dulcia, sic essent justa et injusta eadem omnibus.

IX. — 14. « Nunc autem, si quis illo Pacuviano[1] « invehens alitum anguium curru », multas et varias gentes et

droits) répond à *civibus*; *humanitatis societatem* (communauté de nature) répond à *hominum genere*.

VIII.—1. *Jus civile*, le droit positif (v. p. 3, n. 4). L'argumentation de Philus se trouve résumée dans ces mots de Pascal : « Vérité en deçà des Pyrénées, erreur au delà. » Mais de ce que dans l'application d'un principe juste, on en vienne à des erreurs, cela ne démontre en rien la fausseté du principe.

IX.— 1. *Illo Pacuviano*..., etc.,

urbes despicere[2] et oculis collustrare possit, videat primum in illa incorrupta maxime gente Ægyptiorum, quæ plurimorum sæculorum et eventorum memoriam litteris continet, bovem quandam[3] putari deum, quem Apim Ægyptii nominant, multaque alia portenta[4] apud eosdem et cujusque generis beluas numero consecratas deorum; deinde Græciæ[5], sicut apud nos, delubra magnifica humanis consecrata simulacris, quæ Persæ nefaria putaverunt, eamque unam ob causam Xerxes[6] inflammari Atheniensium fana[7] jussisse dicitur, quod deos, quorum domus esset omnis hic mundus, inclusos parietibus contineri nefas esse duceret. 15. Post[8] autem cum Persis et Philippus, qui cogitavit, et Alexander, qui gessit, hanc bellandi causam inferebat[9] quod vellet Græciæ fana punire; quæ ne refi-

porté sur le char attelé de dragons de Pacuvius.—Pacuvius, fils d'une sœur d'Ennius, né à Brindes vers 220, mort en 132, a composé des tragédies où il fait preuve de goût et de culture : il n'en reste que quelques fragments.

2. *Despicere* : au propre, contempler d'en haut, voir à ses pieds. — *Litteris*, archives.

3. Le bœuf Apis devait être noir, avoir sur le front une tache blanche triangulaire, sur le dos la figure d'un aigle, sur la langue l'aile d'un scarabée; les poils de sa queue devaient être doubles. On disait qu'il naissait d'un éclair descendu du ciel.

4. *Portenta*, êtres monstrueux, comme le sphinx, lion à tête d'homme. Horus avait une tête d'épervier; Thot, une tête d'ibis; Anubis, une tête de chacal; Ibis, une tête de vache, etc. —*Beluas* : par ex. : le lion, le crocodile, la musaraigne, le chat; à la mort d'un chat, on se rasait les sourcils.

5. *Græciæ = in Græcia* : cet emploi du locatif pour les noms de pays est tout à fait exceptionnel. — *Humanis simulacris*, à des dieux de forme humaine.

6. Xercès, successeur de Darius Ier en 433, l'auteur de la seconde guerre médique, qui fut battu à Salamine et assassiné en 472 par Artaban, capitaine de ses gardes.

7. *Fanum* se dit proprement de tout lieu consacré pour la construction d'un temple, que cette construction ait eu lieu ou non; *delubrum* désigne l'endroit où l'on plaçait la statue de la divinité; ainsi, dans le Capitole, il y avait trois *delubra* (sanctuaires), celui de Junon, celui de Jupiter et celui de Minerve.

8. *Post*, dans la suite. — Après *cogitavit* et *gessit*, s.-e. *bellum*. Philippe, roi de Macédoine (360-336), après avoir conquis la Grèce malgré l'éloquence de Démosthène, aurait cherché à renverser l'empire des Perses, s'il n'avait été assassiné à Édesse à 47 ans. Son projet fut exécuté par son fils, Alexandre le Grand.

9. *Inferebat*, mettait en avant. — *Vellet*, subjonctif du style indirect. — *Punire*, venger.

cienda quidem Graii putaverunt, ut esset posteris ante os documentum Persarum sceleris sempiternum. Quam multi, ut Tauri[10] in Axino, ut rex Ægypti Busiris, ut Galli, ut Pœni, homines immolare et pium et dis immortalibus gratissimum esse duxerunt !

« Vitæ vero instituta[11] sic distant ut Cretes et Ætoli latrocinari honestum putent ; Lacedæmonii suos omnes agros esse dictitarint quos spiculo possent attingere. Athenienses jurare etiam publice solebant omnem suam esse terram quæ oleam frugesve ferret ; Galli turpe esse ducunt frumentum manu quærere[12], itaque armati alienos agros demetunt ; 16. nos vero justissimi homines, qui Transalpinas[13] gentes oleam et vitem serere non sinimus, quo pluris sint nostra oliveta nostræque vineæ ; quod cum faciamus, prudenter facere dicimur, juste[14] non dicimur, ut intellegatis discrepare ab æquitate sapientiam. »

II

Il y a un droit naturel

De la réponse faite par Lélius à Philus, Lactance nous a gardé le passage suivant (33) :

XXII. — 33. « Est vera lex recta, ratio naturæ congruens, diffusa in omnes, constans, sempiterna ; quæ vocet ad offi-

10. *Tauri* : les habitants de la Tauride (auj. la Crimée) sur le Pont-Euxin (*in Axino*, auj. la mer Noire) immolaient aux dieux les étrangers qui abordaient sur leur territoire (V. Euripide, *Iphigénie en Tauride*). — Busiris, voulant faire cesser une famine, aurait immolé des victimes humaines jusqu'au moment où Hercule l'aurait tué.

11. *Vitæ instituta*, les principes auxquels obéissent les peuples. — *Cretes*, les habitants de la Crète, île située au sud de la Grèce. — *Ætoli*, les Etoliens, peuple de l'Hellade, à l'est de l'Acarnanie et à l'ouest de la Doride. — Les Lacédémoniens habitaient au sud-est du Péloponèse. — *Suas dictitarint*, ont proclamé hautement comme leur appartenant. — *Spiculo*, trait.

12. *Manu quærere*, se procurer par le travail.

13. *Transalpinas*, d'au delà des Alpes. — *Serere*, planter. — *Quo pluris sint*, afin que soient d'un meilleur rapport...

14. S.-e. *facere*.

cium jubendo[1], vetando a fraude deterreat; quæ tamen neque probos frustra jubet aut vetat, nec improbos jubendo aut vetando movet. Huic legi nec obrogari[2] fas est; neque derogari ex hac aliquid licet, neque tota abrogari potest; nec vero[3] aut per senatum aut per populum solvi hac lege possumus; neque est quærendus explanator[4] aut interpres ejus alius; nec erit alia lex Romæ, alia Athenis, alia nunc, alia posthac; sed et omnes gentes et omni tempore una lex et sempiterna et immutabilis continebit[5], unusque[6] erit communis quasi magister et imperator omnium deus, ille legis hujus inventor[7], disceptator, lator; cui qui non parebit, ipse se fugiet[8], ac, naturam hominis aspernatus, hoc ipso luet maximas pœnas, etiamsi cetera supplicia, quæ putantur, effugerit. »

LIVRE IV

De ce livre consacré probablement aux mœurs et à l'éducation, il ne nous reste guère que ce fragment sur la comédie (11-12) :

XXII. — 1. *Jubendo*. C'est l'*impératif catégorique* de Kant. — *Fraude*, l'injustice.

2. *Rogare*, proposer une loi au peuple; *obrogare*, présenter une loi opposée à une loi préexistante qu'elle fait disparaître; *derogare*, présenter une loi qui retranche quelque chose à une loi déjà existante; *abrogare*, supprimer une loi.

3. *Vero*, vraiment. — *Solvi*, être délié de l'obligation d'obéir à une loi, comme Sylla le fut par un décret du peuple.

4. *Explanator*, quelqu'un qui développe; *interpres*, quelqu'un qui interprète, qui explique le sens. — *Ejus*, s.-c. *legis*. — *Alius*, autre que nous-même.

5. *Continebit*, enserrera, obligera.

6. Constr. : *deusque, ille legis...* etc., *erit unus quasi magister* (le maître qui dirige par ses principes) *et imperator* (le roi qui a le pouvoir de commander et de punir) *communis omnium*.

7. *Inventor*, l'auteur; *disceptator*, celui qui prononce souverainement sur une chose; *lator*, celui qui fait passer une loi.

8. *Ipse se fugiet* (se reniera luimême) est expliqué par *naturam hominis aspernatus* (renonçant à la nature humaine.) — *Hoc ipso*, par cela seul. — *Quæ putantur*, à l'existence desquelles on croit.

I

De la comédie

X. — 11. « Numquam comœdiæ, nisi consuetudo[1] vitæ pateretur, probare sua theatris flagitia potuissent. *Et Græci quidem antiquiores*[2] *vitiosæ suæ opinionis*[3] *quandam convenientiam servaverunt, apud quos fuit etiam lege concessum ut, quod vellet comœdia, de quo vellet, nominatim diceret. Itaque sicut in iisdem libris loquitur Africanus* : Quem illa non attigit, vel potius quem non vexavit ? cui pepercit ? Esto, populares homines[4] improbos, in re publica seditiosos, Cleonem, Cleophontem, Hyperbolum læsit. Patiamur, *inquit*, etsi ejus modi cives a censore[5] melius est quam a poeta notari ; sed Periclen[6], cum jam suæ civitati maxima auctoritate plurimos annos

X. — 1. *Consuetudo vitæ*, l'état des mœurs. — *Probare*, faire approuver. — *Flagitia*, ses infamies ; il est des plaisanteries et même des scènes de la comédie ancienne qui sont plus que grossières. — *Theatris*, les spectateurs (Cf. θεᾶσθαι).

2. *Antiquiores*, d'autrefois, du temps de la comédie ancienne. Cette comédie, représentée par Aristophane, n'est pas seulement fantaisiste et bouffonne jusqu'à l'obscénité, elle est encore politique et personnelle : elle traite toutes les questions à l'ordre du jour et attaque les gens en les nommant (*nominatim*) et en les représentant sur la scène.

3. *Vitiosæ suæ*, etc., agirent conformément à leur préjugé.

4. *Populares homines*, des démagogues. Cléon, qui succéda à Périclès à la tête du parti démocratique, fut attaqué plusieurs fois par Aristophane, en particulier dans *les Chevaliers*, où il le montre supplanté auprès du vieux Démos, personnage allégorique qui représente le peuple, par un charcutier qui a su le flatter mieux que lui. — Cléophon et Hyperbolus sont deux démagogues dont l'un fut condamné à mort par le parti aristocratique en 405, et l'autre frappé d'ostracisme en 420.

5. Les *censeurs*, chargés de la revue des chevaliers et du choix du sénat, excluaient de ces deux ordres ceux qui étaient indignes d'en faire partie : ils pouvaient punir les actes qu'ils jugeaient contraires à la moralité ou à l'ordre public, en notant d'infamie (*notari*) ceux qui en étaient les auteurs.

6. Périclès (494-429), chef du parti démocratique à Athènes, dirigea, à partir de l'exil de Cimon (460), toutes les affaires intérieures et extérieures de la République, grâce à son éloquence

domi et belli præfuisset, violari[7] versibus et eos agi in scæna non plus decuit quam si Plautus[8], *inquit*, noster voluisset aut Nævius Publio et Cnæo Scipioni[9] aut Cæcilius[10] Marco Catoni male dicere. 12. *Deinde paulo post* : Nostræ, *inquit*, contra[11], XII Tabulæ, cum perpaucas res capite[12] sanxissent, in his hanc quoque sanciendam putaverunt, si quis occentavisset[13], sive carmen condidisset, quod infamiam faceret flagitiumve alteri. Præclare ; judiciis enim magistratuum, disceptationibus legitimis[14] pro-

supérieure, qui lui donna un très grand ascendant sur le peuple (*maxima auctoritate*).

7. *Violari*, être souillé, attaqué. — *Eos = versus*. — *Agi*, être joués (Cf. *actor*). — *Scæna*, la scène : chez les Grecs, la σκηνή était, non pas ce que nous appelons la scène, mais le mur du fond, qui représentait d'ordinaire un palais ou une *tente*.

8. Plaute (T. Maccius Plautus), né à Sassina en Ombrie vers 254, fut réduit par la pauvreté à travailler comme valet dans une troupe de comédiens, puis comme manœuvre dans un moulin. Il nous reste de lui vingt comédies, parmi lesquelles l'*Aulularia*, l'*Amphitryon*, les *Ménechmes* et le *Rudens* sont les plus connues. Ce sont toutes des *palliatæ*, qui se distinguent par la vivacité du dialogue, par un comique saisissant et naturel et par beaucoup de verve. — Cn. Nævius, natif de Campanie, composa un poème épique en vers saturniens sur la première guerre punique, des *saturæ*, des *prætextæ* et des *palliatæ*. La hardiesse avec laquelle il attaqua de grands personnages lui valut d'abord la prison, puis l'exil, où il mourut à Utique vers l'an 199.

9. Publius Cornélius Scipion, consul en 218, qui fut vaincu sur le Tessin et sur la Trébie, est le père du premier Africain ; l'autre, consul en 222, est son oncle ; ils furent tués tous les deux en Espagne en 212, à un mois de distance.

10. Statius Cæcilius, né dans la Gaule Cisalpine, mort en 168, fut amené à Rome comme prisonnier de guerre vers l'an 200. Cicéron le plaçait au premier rang des comiques latins tout en lui reprochant de mal écrire. — Sur M. Caton, v. p. 9, n. 10, et p. 37, n. 9.

11. *Contra*, par opposition aux Grecs. — Les *Douze Tables*, publiées en 450 par les Décemvirs, étaient un code divisé en douze chapitres, où l'on retrouvait réunis assez confusément les principes généraux du droit, des dispositions légales particulières aux Romains et les règles de la procédure. Elles restèrent jusqu'à la fin de l'empire le fondement respecté des notions sur le juste et l'injuste.

12. *Capite*, la peine de mort.

13. *Occentavisset*, chanter des vers injurieux contre quelqu'un. — *Quod infamiam faceret flagitiumve*, diffamatoire ou outrageant.

14. *Disceptationibus legitimis*, aux débats réguliers. — *Propositam*, soumise à... — *Probrum audire*, être en butte à l'injure.

positam vitam, non poetarum ingeniis, habere debemus, nec probrum audire nisi ea lege ut respondere liceat et judicio defendere. *Hæc ex Ciceronis quarto de re publica libro ad verbum*[15] *excerpenda arbitratus sum, non nullis propter faciliorem intellectum vel prætermissis vel paululum commutatis. Dicit deinde alia et sic concludit hunc locum, ut ostendat* veteribus displicuisse Romanis vel laudari quemquam in scæna vivum hominem vel vituperari. »

LIVRE V

Ce livre, par lequel commence la troisième journée du dialogue, commençait par un prologue où Cicéron vantait les vertus antiques (1-2).

I

Rome doit sa grandeur à ses mœurs

I. — 1. *Ipse*[1] *Tullius non Scipionis nec cujusquam alterius, sed suo sermone loquens*[2] *in principio quinti libri commemorato prius Ennii*[3] *poetæ versu quo dixerat :*

Moribus antiquis res stat Romana virisque;

quem quidem ille[4] versum, *inquit*, vel brevitate vel veritate tamquam ex oraculo mihi quodam esse effatus videtur. Nam neque viri, nisi ita morata civitas fuisset[5], neque

— *Ea lege ut*, v. p. 6, n. 13. — *Judicio defendere*, se défendre en justice.

15. *Ad verbum*, à la lettre (V. S. Augustin, *Cité de Dieu*, II, 9).

I. — 1. C'est saint Augustin qui parle (*Cité de Dieu*, II, 21.)

2. *Suo sermone loquens*, parlant en son propre nom (*ipse* en personne).

3. Sur Ennius, v. p. 4, n. 12. Le vers cité est tiré des *Annales*.

4. *Ille* = *Ennius*. — *Brevitate*, concision.

5. *Ita morata fuisset*, n'avait eu ces mœurs. — *Tenere*, maintenir.

mores, nisi hi viri præfuissent, aut fundare aut tam diu tenere potuissent tantam et tam fuse lateque imperantem rem publicam. Itaque ante nostram memoriam[6] et mos ipse patrius præstantes viros adhibebat, et veterem morem ac majorum instituta retinebant excellentes viri. 2. Nostra vero ætas cum rem publicam sicut picturam accepisset egregiam, sed jam evanescentem vetustate[7], non modo eam coloribus iisdem quibus fuerat, renovare neglexit, sed ne id quidem curavit ut formam saltem ejus et extrema tamquam lineamenta servaret. Quid enim manet ex antiquis moribus, quibus ille[8] dixit rem stare Romanam? quos ita oblivione obsoletos videmus, ut non modo non colantur, sed jam ignorentur. Nam de viris quid dicam? Mores enim ipsi interierunt virorum penuria, cujus tanti mali non modo reddenda ratio nobis[9], sed etiam tamquam reis capitis quodam modo dicenda causa est. Nostris enim vitiis[10], non casu aliquo, rem publicam verbo retinemus, re ipsa vero jam pridem amisimus.

Le dialogue roulait, semble-t-il, sur le pouvoir judiciaire, les vertus et les devoirs du véritable homme d'État.

LIVRE VI

Il ne nous reste guère de ce livre que le *Songe de Scipion*. La *République* de Platon se termine par un récit, où un Arménien, nommé Er, rappelé à la vie, expose les peines et les récompenses

6. *Nostram memoriam*, notre époque. — *Præstantes viros adhibebat*, formait ces hommes supérieurs. — *Retinebant*, perpétuaient.

7. *Evanescentem vetustate*, commençant à vieillir. — *Renovare*, rendre son éclat à. — *Formam*, le dessin, l'esquisse. — *Extrema lineamenta*, les contours.

8. *Ille* = *Ennius*. — *Stare*, subsister.

9. *Reddenda ratio nobis*, nous sommes responsables. — *Tamquam reis capitis*, comme si nous étions accusés d'un crime capital. — *Dicere causam*, plaider sa cause.

10. *Nostris vitiis*, par suite de nos vices. — *Verbo*, en apparence.

dont il a été le témoin dans l'autre monde. Cicéron, pour exciter l'homme d'État à mépriser les dangers, suppose un songe de Scipion Émilien, dans lequel le premier Africain lui apparaissant (9-10) montre que la vertu a une récompense bien supérieure à la gloire périssable de la terre : la contemplation des mystères de la nature (16-29).

I

Début du songe de Scipion

IX. — 9. « Cum in Africam venissem [1] M'. Manilio consuli ad quartam legionem [2] tribunus, ut scitis, militum [3], nihil mihi fuit potius [4] quam ut Masinissam [5] convenirem regem, familiæ nostræ justis de causis amicissimum. Ad quem ut veni, complexus me senex collacrimavit aliquantoque post suspexit ad cælum et : « Grates, inquit, tibi « ago, summe Sol, vobisque, reliqui Cælites [6], quod, ante-

I. — 1. Scipion Émilien, qui parle ici, est le fils de Paul-Émile, (v. p. 107, n. 12.) Adopté par le fils du premier Africain, il en prit le nom qu'il illustra de nouveau par la prise de Carthage et celle de Numance. C'était un esprit très cultivé, à l'éloquence de grand seigneur, pleine de noblesse, avec des répliques vibrantes. — M'. Manilius, consul en 149, l'un des interlocuteurs de ce dialogue et jurisconsulte éminent, dirigea le commencement de la troisième guerre punique.

2. Originairement le mot *legio* (cf. *legere*) désigna la levée entière des fantassins ; il devint le nom de l'unité tactique des Romains, lorsque la levée donna annuellement quatre légions au lieu d'une. L'infanterie de la légion fut portée à 5000 hommes pendant une partie de la seconde guerre punique. Trois cents cavaliers étaient attachés à la légion.

3. Les tribuns militaires étaient au nombre de six par légion ; ils commandaient la légion tour à tour, deux ensemble, pendant deux mois, en alternant chaque jour entre eux ; les autres, en attendant que leur tour revînt, servaient d'aides-de-camp au général.

4. *Nihil mihi fuit potius quam*, je n'eus rien de plus pressé que...

5. Masinissa, roi de Numidie, fut d'abord l'allié des Carthaginois en Espagne ; mais un de ses neveux, fait prisonnier, ayant été renvoyé sans rançon par le premier Africain, il passa du côté des Romains et se lia avec leur chef, qui après Zama le mit en possession des États de Syphax. Il mourut peu de temps après l'entrevue dont il est question ici, en 148, à l'âge de 92 ans, avant la prise de Carthage par Scipion Émilien.

6. *Cælites*, astres du ciel. Comme les Perses, auxquels Salluste les rattache, les Numides adoraient les astres.

« quam ex hac vita migro[7], conspicio in meo regno et his « tectis[8] P. Cornelium Scipionem, cujus ego nomine ipso « recreor; itaque numquam ex animo meo discedit illius « optimi atque invictissimi viri[9] memoria. » Deinde ego illum de suo regno, ille me de nostra re publica percontatus est, multisque verbis ultro citroque habitis ille nobis consumptus est dies.

X. — 10. « Post autem apparatu regio accepti[1], sermonem in multam noctem produximus, cum senex nihil nisi de Africano loqueretur omniaque ejus non facta solum, sed etiam dicta meminisset. Deinde, ut cubitum discessimus, me et de via fessum, et qui ad multam noctem vigilassem, artior quam solebat somnus complexus est. Hic mihi (credo equidem ex hoc quod eramus locuti; fit enim fere, ut cogitationes sermonesque nostri pariant aliquid in somno tale quale de Homero scribit Ennius[2], de quo videlicet[3] sæpissime vigilans solebat cogitare et loqui) Africanus se ostendit ea forma quæ mihi ex imagine ejus quam ex ipso erat notior[4]; quem ubi agnovi, equidem cohorrui[5], sed ille : « Ades, inquit, animo[6] et omitte timorem, Scipio, et, « quæ dicam, trade memoriæ. »

Il lui annonce qu'il détruira Carthage et Numance; puis, pour l'exciter à défendre la République, il lui montre le lieu réservé après la mort à ceux qui ont bien mérité de la patrie.

7. *Migro.* L'indicatif, parce que *antequam* marque ici un simple rapport de temps (avant le moment où).

8. A Cirtha (auj. Constantine), sa capitale.

9. Le premier Africain, dont le fils a adopté Scipion Émilien.

X. — 1. *Apparatu regio accepti,* après un repas d'une magnificence royale.

2. Ennius (v. p. 4, n. 12) racontait au début de ses *Annales* qu'Homère lui était apparu en songe : il se croyait du reste une nouvelle incarnation du poète grec.

3. *Videlicet,* apparemment.

4. Le premier Africain mourut en 183, la même année que Philopémen et Annibal; Scipion Émilien n'avait que deux ans.

5. *Cohorrui,* je frissonnai. Le mot *horror* marque très bien l'émotion religieuse que l'on ressent en présence d'une divinité ou d'un prodige.

6. *Ades animo,* rassure-toi.

II

Néant de la gloire humaine

XVI. — 16. « Omnia[1] mihi contemplanti præclara cetera et mirabilia videbantur. Erant autem eæ stellæ, quas numquam ex hoc loco[2] vidimus, et eæ magnitudines omnium, quas esse numquam suspicati sumus, ex quibus erat ea[3] minima, quæ ultima a cælo, citima *a* terris luce lucebat aliena. Stellarum autem globi terræ magnitudinem facile vincebant. Jam ipsa terra ita mihi parva visa est, ut me imperii nostri, quo quasi punctum ejus attingimus[4], pœniteret.

XIX. — 20. Tum Africanus : « Sentio, inquit, te sedem « etiam nunc hominum ac domum contemplari; quæ si tibi « parva, ut est, ita videtur, hæc cælestia semper spectato, « illa humana contemnito. Tu enim quam celebritatem ser« monis[1] hominum aut quam expetendam consequi gloriam « potes? Vides habitari[2] in terra raris et angustis in locis « et in ipsis quasi maculis, ubi habitatur, vastas solitudines « interjectas, eosque, qui incolunt terram, non modo inter« ruptos ita esse ut nihil inter ipsos ab aliis ad alios manare « possit; sed partim obliquos[3], partim transversos, partim « etiam adversos stare vobis; a quibus exspectare gloriam « certe nullam potestis.

XVI. — 1. *Omnia*, l'univers. — *Cetera*, tout (le reste, par opposition à ce qu'il a déjà dit avoir vu précédemment.)

2. *Ex hoc loco*, de la terre.

3. *Ea*, la lune, la plus éloignée du haut du ciel, la plus voisine (*citissima*, cf. *citra*, *citerior*) de la terre, et qui brille d'une lumière d'emprunt (*aliena*).

4. *Quo quasi punctum ejus attingimus*, litt. : par lequel nous en atteignons pour ainsi dire un point, qui en occupe un point. — *Me pœniteret*, j'avais honte.

XIX. — 1. *Celebritatem sermonis*, renommée.

2. *Habitari*, n'est habitée que...

3. *Obliquos*, dans une position oblique; *transversos*, à angle droit; *adversos*, en sens inverse (les antipodes). — *Vobis*, par rapport à vous.

XX. — 21. « Cernis autem eandem terram quasi quibus- « dam redimitam et circumdatam cingulis [1], e quibus duos, « maxime inter se diversos [2] et cœli verticibus ipsis ex utra- « que parte subnixos, obriguisse pruina vides; medium autem « illum et maximum solis ardore torreri. Duo sunt habita- « biles, quorum australis ille, in quo qui insistunt, adversa « vobis urgent vestigia [3], nihil ad vestrum genus; hic autem « alter subjectus aquiloni [4], quem incolitis, cerne quam tenui « vos parte contingat. Omnis enim terra, quæ colitur a vo- « bis, angustata verticibus [5], lateribus latior, parva quædam « insula est circumfusa illo mari, quod Atlanticum, quod « magnum, quem Oceanum appellatis in terris; qui tamen « tanto nomine [6] quam sit parvus, vides. 22. Ex his ipsis « cultis [7] notisque terris num aut tuum aut cujusquam nos- « trum nomen vel Caucasum [8] hunc, quem cernis, transcen- « dere potuit vel illum Gangen [9] tranatare? Quis in reliquis « orientis aut obeuntis [10] solis ultimis aut aquilonis austrive « partibus tuum nomen audiet? quibus amputatis, cernis pro- « fecto quantis in angustiis [11] vestra se gloria dilatari velit. « Ipsi autem, qui de nobis loquuntur, quam loquentur diu?

XXI. — 23. « Quin etiam si cupiat proles illa futurorum « hominum deinceps [1] laudes unius cujusque nostrum a patri- « bus acceptas posteris prodere, tamen propter eluviones « exustionesque terrarum [2], quas accidere tempore certo

XX. — 1. *Quasi quibusdam cingulis*, par des espèces de ceintures (les zones).

2. *Maxime inter se diversos*, extrêmes. — *Verticibus*, les pôles.

3. *Adversa... vestigia*, sont vos antipodes. — *Nihil ad...*, ne sont rien pour... On se figurait que la zone torride était non seulement inhabitée, mais encore infranchissable.

4. *Subjectus aquiloni*, septentrionale. — *Quam tenui vos parte contingat*, combien vous y tenez peu de place.

5. *Verticibus*, du Nord au Sud. — *Lateribus*, de l'Est à l'Ouest.

6. *Tanto nomine*, ablatif de qualific. : malgré ses noms pompeux.

7. *Cultis*, habitées.

8. Le Caucase, montagne située entre la mer Noire et la mer Caspienne, formait de ce côté la limite du monde connu.

9. Le Gange, fleuve sacré des Indiens, qui se jette dans le golfe du Bengale.

10. *Obeuntis* = *Occidentis*.

11. *Angustiis*, espace étroit.

XXI. — 1. *Deinceps*, dans la suite.

2. C'était une opinion reçue dans l'antiquité, surtout chez les

« necesse est, non modo æternam, sed ne diuturnam qui« dem[3] gloriam assequi possumus. Quid autem interest ab « iis[4], qui postea nascentur, sermonem fore de te, cum ab « iis nullus[5] fuerit, qui ante nati sunt? qui nec pauciores et certe meliores fuerunt viri.

XXIII. — 25. « Quocirca si reditum in hunc locum despe« raveris, in quo omnia sunt magnis et præstantibus viris[1], « quanti tandem est ista hominum gloria! Igitur alte spec« tare si voles atque hanc sedem et æternam domum con« tueri, neque te sermonibus vulgi dederis[2] nec in præmiis « humanis spem posueris rerum tuarum; suis te oportet « illecebris ipsa virtus trahat ad verum decus; quid de te alii « loquantur, ipsi videant[3]; sed loquentur tamen. Sermo « autem omnis ille et angustiis cingitur iis regionum, quas « vides, nec umquam de ullo perennis fuit, et obruitur homi« num interitu, et oblivione posteritatis exstinguitur. »

XXIV. — 26. « Quæ cum dixisset, « Ego vero, inquam, « Africane, siquidem bene meritis de patria quasi limes ad « cæli aditum patet, quamquam a pueritia vestigiis ingressus « patris[1] et tuis decori vestro non defui, nunc tamen tanto « præmio exposito enitar multo vigilantius. » Et ille : « Tu « vero enitere et sic habeto[2], non esse te mortalem, sed cor« pus hoc; nec enim tu is es quem forma ista[3] declarat, sed

Stoïciens, que le monde devait être en proie aux déluges (*eluviones*), comme celui de Deucalion, et aux embrasements (*exustiones*), comme celui de Phaéton.

3. *Non modo æternam, sed ne diuturnam quidem* = NON MODO *æternam*, SED ETIAM *diuturnam*... NON *possumus* (v. RAGON, *G. lat.*, 532, R).

4. *Ab iis* est compl. de *sermonem fore*.

5. S.-e. *sermo*.

XXIII. — 1. *Viris* : on voit ici combien la doctrine chrétienne est supérieure aux plus hautes conceptions des philosophes : le ciel n'est pas réservé aux grands personnages : il est la récompense de tous les hommes de bonne volonté.

2. *Neque... dedideris*, tu ne te laisseras pas prendre à. — *Spem rerum tuarum*, l'espérance de la fortune.

3. *Ipsi videant*, c'est leur affaire.

XXIV. — 1. Paul-Émile (v. p. 167, n. 12).

2. *Sic habeto*, sache que.

3. *Forma ista*, ta forme extérieure. — *Mens cujusque is* (tel) *est quisque*, c'est l'âme qui est l'homme.

« mens cujusque is est quisque, non ea figura, quæ digito « demonstrari potest.

XXVI. — 29. « Hanc tu exerce optimis in rebus! sunt « autem optimæ curæ de salute patriæ, quibus agitatus et « exercitatus animus velocius in hanc sedem et domum suam « pervolabit ; idque ocius faciet, si jam tum cum erit inclu« sus in corpore, eminebit foras, et, ea quæ extra erunt con« templans, quam maxime se a corpore abstrahet. Namque « eorum animi, qui se corporis voluptatibus dediderunt, « earumque se quasi ministros præbuerunt, impulsuque « libidinum voluptatibus obœdientium deorum et hominum « jura violaverunt, corporibus elapsi circum terram ipsam « volutantur[1] nec hunc in locum nisi multis exagitati sæculis « revertuntur. » Ille discessit ; ego somno solutus sum. »

XXVI. — 1. *Volutantur* : leurs penchants grossiers les empêchent de s'élever vers les sphères célestes, et ils roulent autour de la terre, expiant leurs fautes dans une sorte de purgatoire, avant de regagner le lieu d'où ils sont sortis, le ciel (*hunc locum*).

DE LEGIBUS

Commencé en 52, aussitôt la publication du *De Republica* (V. Intr., p. x), à l'époque du meurtre de Clodius par Milon, le *De Legibus* fut repris en 46, puis abandonné. Il ne fut pas publié avant la mort de Cicéron, peut-être même est-il resté inachevé. Des six livres qu'il devait probablement comprendre, les trois derniers sur le droit politique, sur le droit criminel et sur le droit civil, nous manquent. C'est une conversation tenue en 42 ou en 41 entre Cicéron, son frère Quintus (V. p. 45, n. 6) et Pomponius Atticus (V. p. 36, n. 1). Le *De Republica* était avant tout un éloge de la constitution romaine; le *De Legibus* n'est guère qu'un commentaire des lois de Rome : seul, le livre I, qui traite de la nature du droit, est philosophique; mais bientôt le disciple de Platon et de Chrysippe fait place au sénateur romain, à l'ancien consulaire : le livre II est l'exposé du droit religieux romain : le livre III fait connaître l'organisation des pouvoirs politiques à Rome.

LIVRE I

Cicéron se promène en compagnie de son frère Quintus et de son ami Pomponius Atticus dans les environs d'Arpinum, sur les bords du Fibrène. Soudain un chêne se présente à leurs yeux, dans lequel Atticus croit reconnaître celui sous lequel Marius vit un étonnant prodige : c'est du moins ce que raconte Cicéron dans le poème composé en l'honneur de son illustre compatriote. La conversation se trouve ainsi amenée sur la différence qui existe entre la vérité poétique et la vérité historique, et Atticus en prend occasion pour prier Cicéron de donner à Rome ce qui lui manque encore, une histoire digne d'elle (5-7).

I

Atticus engage Cicéron à écrire l'histoire

II. — 5. Att.[1]. « Postulatur a te jam diu vel flagitatur potius historia[2]. Sic enim putant, te illam tractante, effici posse ut in hoc etiam genere Græciæ nihil cedamus[3]. Atque ut audias quid ego ipse sentiam, non solum mihi videris eorum studiis[4], qui tuis litteris delectantur, sed etiam patriæ debere hoc munus, ut ea quæ salva per te est, per te eundem sit ornata. Abest[5] enim historia litteris nostris, ut et ipse intellego et ex te persæpe audio. Potes autem tu profecto satis facere in ea, quippe cum[6] sit opus, ut tibi quidem videri solet, unum hoc oratorium maxime. 6. Quam ob rem aggredere, quæsumus, et sume ad hanc rem tempus, quæ est a nostris hominibus adhuc aut ignorata aut relicta. Nam post annales pontificum maximorum[7],

I. — 1. T. Pomponius Atticus (109-32), de trois ans plus âgé que Cicéron, lui était attaché par les liens de la plus étroite amitié, comme le prouvent la volumineuse correspondance que Cicéron lui adressa, et les dialogues où il l'a introduit comme interlocuteur. Riche, habile, il sut, à une époque des plus troublées, vivre en dehors de tous les partis, sans pourtant vivre isolé. A vingt ans, au moment où commença la guerre entre Marius et Sylla, de peur de se compromettre par la fréquentation d'amis politiques qu'il avait à Rome dans tous les partis, il se retira à Athènes, où il demeura 23 ans (de là son surnom d'*Atticus*). Il mourut à 77 ans, respecté de tous les partis. Cornélius Nepos a écrit sa vie.

2. *Historia*, une histoire, un ouvrage historique.

3. Cette raison doit être excellente pour Cicéron, qui a écrit des ouvrages philosophiques pour que Rome ne fût pas inférieure à la Grèce à ce point de vue.

4. *Studiis*, désirs ardents. — *Litteris tuis*, tes ouvrages. — *Hoc munus*, ce devoir : non seulement on augmente les richesses de la littérature nationale, mais encore on fait valoir sa patrie. — *Per te* : allusion, comme on en trouve tant dans Cicéron, à la conjuration de Catilina. — *Ornata*, embellie, illustrée.

5. *Abest*, manque à. Dans le sens de *desum*, *absum* se construit souvent avec le datif.

6. *Quippe cum*, car. — *Unum* renforce le superlatif *maxime*. — *Oratorium* : les anciens et en particulier les Romains considéraient l'histoire comme une œuvre oratoire (v. Cic., *De Or.*, II, §§. 62-64.)

7. Pendant longtemps l'histoire ne consista qu'en de simples an-

quibus nihil potest esse jejunius, si aut ad Fabium[8] aut ad eum qui tibi semper in ore est, Catonem[9], aut ad Pisonem[10] aut ad Fannium[11] aut ad Vennonium[12] venias, quamquam ex his alius alio plus habet virium, tamen quid tam exile quam isti omnes? Fannii autem ætati conjunctus Antipater[13] paulo inflavit vehementius, habuitque vires agrestes ille quidem atque horridas[14] sine nitore ac pa-

nales, où étaient sèchement énumérés, année par année, les événements remarquables et en particulier les prodiges. Le *grand pontife* les consignait sur une table blanche, exposée sur le mur extérieur de sa maison pour que chacun pût en prendre connaissance. Ces annales, sous le nom d'*Annales Maximi*, formèrent une collection de quatre-vingts volumes, qui devint la source principale de l'histoire de Rome. Les parties anciennes, remontant à l'origine de la République, avaient été détruites dans l'incendie de Rome par les Gaulois en 390.

8. Q. Fabius Pictor, de l'illustre famille *Fabia*, le même qui fut envoyé, en 216, consulter l'oracle de Delphes après la bataille de Cannes, écrivit en grec, après la deuxième guerre punique, une histoire romaine qui allait d'Énée à son époque; on ne sait si les *Annales* en latin qui portaient son nom, étaient une rédaction latine du même ouvrage, due à lui ou à quelque autre écrivain, ou bien une œuvre entièrement différente.

9. Caton l'Ancien (v. p. 9, n. 10) est le premier qui ait donné dans ses *Origines* une œuvre historique écrite en latin; il y racontait les commencements de Rome et les origines des principales villes d'Italie et faisait l'histoire de la République jusqu'en 149. Il n'en reste que quelques fragments.

10. L. Capurnius Pison Frugi, consul en 133, l'un des adversaires acharnés de C. Gracchus et qui dut son surnom de *Frugi* (l'homme de bien) à ce qu'il présenta la première loi contre les concussionnaires, écrivit des *Annales* qui allaient d'Énée au moins à l'année 146. Son témoignage sur les faits dont il avait été témoin était regardé comme irrécusable, mais ses essais d'interprétation des anciennes légendes avait quelque chose de mesquin.

11. C. Fannius, consul en 122, et gendre de Lélius, écrivit des *Annales* où il ne parlait probablement que d'événements contemporains et où il inséra des discours.

12. Historien peu connu. — *Exile*, maigre.

13. L. Cælius Antipater, le maître de l'orateur Crassus, écrivit en 120 une histoire de la deuxième guerre punique dans un langage plus oratoire que celui de ses prédécesseurs. — *Paulo inflavit vehementius*, haussa un peu le ton.

14. *Vires agrestes atque horridas*, une certaine vigueur rude et inculte (au propre *agrestis* se dit des choses de la campagne; *horridus*, d'une chose rugueuse qui n'a pas encore reçu de poli). — *Sine nitore et palæstra*, sans éclat et sans art. (*Palæstra* signifie proprement la salle où, frotté d'huile (*nitore*), on se livrait à la lutte et aux exercices du corps).

læstra, sed tamen admonere reliquos potuit ut accuratius scriberent. Ecce autem successere huic belli [15] Clodius, Asellio : nihil ad [16] Cœlium, sed potius ad antiquorum languorem et inscitiam. 7. Nam quid Macrum [17] numerem? cujus loquacitas habet aliquid argutiarum, nec id tamen ex illa erudita Græcorum copia, sed ex librariolis Latinis ; in orationibus autem multa, sed inepta elatio [18], summa impudentia. Sisenna [19], ejus amicus, omnes adhuc nostros scriptores, nisi qui forte nondum ediderunt, de quibus existimare non possumus, facile superavit. Is tamen neque orator in numero vestro umquam est habitus et in historia puerile quiddam consectatur [20], ut unum Clitarchum neque præterea quemquam de Græcis legisse videatur, eum tamen velle dumtaxat [21] imitari; quem si assequi posset, aliquantum [22] ab optimo tamen abesset. Quare tuum est munus hoc, a te exspectatur. »

Cicéron s'excuse : le temps lui manque. Quintus lui conseille alors de se reposer des fatigues du barreau en donnant des consultations sur le droit. Cicéron fait remarquer que tous les jurisconsultes se perdent dans les détails et vont chercher les principes du droit dans l'édit du préteur ou dans la loi des Douze-Tables. Pour lui il veut les demander à la philosophie. L'obligation mo-

15. *Belli*, élégants. — Ce Clodius nous est inconnu ; Sempronius Asellion raconta les événements contemporains : il recherche les causes et se propose d'être utile, et s'élève ainsi au-dessus de ses prédécesseurs, bien qu'en dise Cicéron, qui se place trop au point de vue du style.

16. *Ad*, ayant rapport à. — *Languorem*, platitude ; *inscitiam*, l'ignorance.

17. C. Licinius Macer, père de l'orateur et poète Calvus, mort en 66, est un érudit fort consciencieux. — *Loquacitas*, bavardage. — *Aliquid argutiarum*, des choses ingénieuses. — *Ex illa erudita G. copia*, des savants trésors des Grecs. — *Ex librariolis*, des recueils chétifs.

18. *Multa, sed inepta elatio*, des élans nombreux, mais déplacés. — *Impudentia*, mauvais goût.

19. L. Cornelius Sisenna, mort en 67, un des défenseurs de Verrès, publia une histoire de son temps, remarquable par son style ampoulé et ses tendances romanesques. Clitarque, son modèle, est un de ces biographes d'Alexandre chez qui la fiction dépasse de beaucoup la vérité.

20. *Puerile quiddam consectatur*, il a quelque chose d'enfantin.

21. *Dumtaxat*, seulement. litt. : jusqu'à ce que cela touche à.

22. *Aliquantum*, à une certaine distance.

rale en effet est fondée sur la nature même de l'homme : elle ne résulte ni de la crainte des châtiments (40-41), ni des lois écrites qui changent avec lés peuples (42-44).

II

La vertu ne repose pas sur la crainte des châtiments

XIV. — 40. « Scelerum in homines atque in deos impietatum nulla expiatio est. Itaque pœnas luunt[1] non tam judiciis (quæ quondam nusquam erant ; hodie multifariam nulla sunt ; ubi sunt, tamen persæpe falsa sunt), sed eos[2] agitant insectanturque furiæ[3] non ardentibus tædis, sicut in fabulis, sed angore conscientiæ fraudisque cruciatu[4]. Quod si homines ab injuria pœna, non natura arcere deberet, quænam sollicitudo vexaret impios sublato suppliciorum metu ? quorum tamen nemo tam audax[5] umquam fuit, quin aut abnueret a se commissum esse facinus aut justi sui doloris causam aliquam fingeret defensionemque facinoris a naturæ jure aliquo quæreret. Quæ si appellare[6] audent impii, quo tandem studio colentur a bonis ? Quod si pœna, si metus supplicii, non ipsa turpitudo deterret ab injuriosa facinerosaque vita, nemo est injustus, aut incauti[7] potius habendi sunt improbi ; 41. tum autem, qui non ipso[8] honesto movemur, ut boni viri simus, sed utilitate aliqua

XIV. — 1. *Pœnas luunt*, on est puni. — *Judiciis*, par les tribunaux. — *Multifariam*, en beaucoup d'endroits. — *Falsa sunt*, ils se trompent.

2. *Sed eos*. Anacoluthe : on attendrait *quam agitantur furiis*...

3. Les Furies étaient souvent représentées poursuivant le crime, une torche allumée à la main.

4. *Fraudis cruciatu*, le tourment du crime.

5. Les méchants n'ont jamais poussé l'audace jusqu'à soutenir que le crime n'existe pas, mais ils s'excusent de trois façons, soit en niant être les auteurs du fait (*aut abnueret*), soit en le rejetant sur un légitime ressentiment (*aut... fingeret*), soit en le présentant comme l'accomplissement d'un droit (*aut... quæreret*).

6. *Quæ appelare*, en appeler à un droit naturel.

7. *Incauti* est attribut ; le sujet est *improbi*.

8. *Ipso*, seul. — *Fructu*, profit.

atque fructu, callidi sumus, non boni; nam quid faciet is homo in tenebris, qui nihil timet nisi testem et judicem? quid[9] in deserto quo loco nactus, quem multo auro spoliare possit, imbecillum atque solum? Noster[10] quidem hic natura justus vir ac bonus etiam colloquetur, juvabit, in viam deducet; is vero, qui nihil alterius causa[11] faciet et metietur suis commodis omnia, videtis, credo, quid sit acturus, quod si negabit se illi vitam erepturum et aurum ablaturum, numquam ob eam causam negabit quod id natura turpe judicet, sed quod metuat ne emanet[12], id est, ne malum habeat. O rem dignam, in qua[13] non modo docti, sed etiam agrestes erubescant! »

III

La justice disparaît si elle ne repose sur le droit naturel

XV. — 42. « Est unum jus[1], quo devincta est hominum societas, et quod lex constituit una; quæ lex est recta ratio imperandi atque prohibendi; quam qui ignorat, is est injustus, sive est illa scripta uspiam sive nusquam. Quod si justitia est obtemperatio scriptis legibus institutisque populorum, et si, ut iidem dicunt, utilitate omnia metienda sunt, negleget leges easque perrumpet, si poterit, is qui sibi eam rem fructuosam putabit fore. Ita fit ut nulla sit omnino justitia, si neque natura est[2] ea quæ propter utili-

9. S.-e. *faciet*. — *Quo* = *aliquo*. — *Quem* = *aliquem talem ut*. — *Imbecillum*, faible.

10. *Noster*, tel que nous le concevons. — *Etiam*, loin de lui nuire.

11. *Alterius causa*, pour autrui. — *Credo*, j'en suis sûr.

12. *Ne emanet*, que l'acte ne s'ébruite. — *Ne malum habeat*, qu'il n'en soit puni.

13. *Dignam in qua* = *dignam ut in ea* (v. Ragon, *G. lat.*, 507). — *Agrestes*, les ignorants.

XV. — 1. *Est unum jus*, il n'y a qu'un droit, celui... — *Recta ratio imperandi atque prohibendi*, la droite raison qui ordonne ou défend. — *Ignorat*, méconnaît.

2. Entendez : si d'une part (*neque*) cette loi, fondée sur l'intérêt, n'a pas son fondement dans la nature, et si d'autre part (*et*) elle est renversée par l'intérêt même.

tatem constituitur, *et* utilitate illa convellitur. 43. Atque, si natura confirmatura jus non erit, *virtutes omnes* tollentur; ubi enim liberalitas, ubi patriæ caritas, ubi pietas[3], ubi aut bene merendi de altero aut referendæ gratiæ voluntas poterit exsistere? nam hæc nascuntur ex eo quia natura propensi sumus ad diligendos homines, quod fundamentum juris est. Neque solum in homines obsequia[4], sed etiam in deos cærimoniæ religionesque tolluntur, quas non metu, sed ea conjunctione, quæ est homini cum deo, conservandas puto.

XVI. — « Quod si populorum jussis, si principum decretis, si sententiis judicum jura constituerentur, jus esset latrocinari, jus testamenta falsa supponere, si hæc suffragiis aut scitis[1] multitudinis probarentur. 44. Quæ si tanta potestas est stultorum sententiis atque jussis, ut eorum suffragiis rerum natura vertatur, cur non sanciunt ut, quæ mala perniciosaque sunt, habeantur pro bonis et salutaribus? aut cur jus ex injuria lex facere possit, bonum eadem facere non possit ex malo? Atqui nos legem bonam a mala nulla alia nisi naturæ norma[2] dividere possumus. »

LIVRE II

Ce livre s'ouvre par un préambule charmant, dans lequel Cicéron explique qu'Arpinum, sa ville natale, est pour lui une petite patrie dans la grande patrie romaine (1-5).

3. *Pietas*, la piété filiale. — *Ex eo quia*, de ce fait que.
4. *Obsequia in*, les obligations envers. — *Conjunctione*, lien naturel.

XVI. — 1. *Scitis*, décrets (cf. *plebiscitus*).
2. *Nulla alia nisi naturæ norma*, d'autre règle que la nature.

I

La petite patrie

I. — 1. Atticus. « Sed visne, quoniam et satis jam ambulatum est et tibi aliud dicendi initium sumendum est, locum mutemus et in insula, quæ est in Fibreno[1] (nam, opinor, *id* illi alteri flumini nomen est), sermoni reliquo demus operam sedentes? Marcus. Sane quidem; nam illo loco libentissime soleo uti, sive quid mecum ipse cogito sive quid scribo aut lego. 2. Att. Equidem, qui nunc potissimum huc venerim, satiari non queo, magnificasque villas et pavimenta marmorea et laqueata[2] tecta contemno; ductus vero aquarum, quos isti Nilos et Euripos vocant, quis non, cum hæc videat, irriserit? Itaque, ut tu paulo ante de lege et de jure disserens ad naturam referebas omnia, sic in his ipsis rebus, quæ ad requietem animi delectationemque quæruntur, natura dominatur[3]. Quare antea mirabar (nihil enim his in locis nisi saxa et montes cogitabam, itaque ut facerem, et orationibus inducebar tuis et versibus)[4], sed mirabar, ut dixi, te tam valde hoc loco delectari; nunc contra miror te, cum Roma absis, usquam potius esse. 3. M. Ego vero, cum licet plures dies abesse, præsertim hoc tempore anni, et amœnitatem[5] et salubritatem hanc sequor; raro autem licet. Sed nimirum me alia quoque causa delectat, quæ te non attingit[6] ita. Att. Quæ tandem ista causa est? M. Quia, si verum dicimus, hæc est mea et hujus[7] fratris mei germana patria; hic enim

I. — 1. Le Fibrène, affluent du Liris, arrosait comme lui la campagne d'Arpinum.

2. *Laqueata*, lambrissés. — *Ductus aquarum*, canaux factices. — *Isti*, leurs propriétaires. — *Nilos et Euripos*, des Nils et des Euripes, les comparant ainsi au grand fleuve d'Égypte ou au détroit qui sépare l'Eubée de l'Hellade (auj. *Négrepont*).

3. *Natura dominatur*, c'est encore la nature qui l'emporte.

4. Allusion au poème de Cicéron sur Marius.

5. *Amœnitatem*, la beauté du site. — *Salubritatem*, l'air pur.

6. *Quæ te non attingit*, qui n'existe pas pour toi. — *Ista*, pronom de la 2ᵉ personne.

7. *Hujus*, ici présent. — *Germana*, vraie. — *Sacra*, nos cultes domestiques.

orti stirpe antiquissima sumus, hic sacra, hic genus, hic majorum multa vestigia. Quid plura? hanc vides villam, ut nunc quidem est, lautius ædificatam patris nostri studio, qui, cum esset infirma valetudine, hic fere ætatem egit in litteris. Sed hoc ipso in loco, cum avus viveret et antiquo more parva esset villa, ut illa Curiana[8] in Sabinis, me scito esse natum. Quare inest nescio quid et latet in animo ac sensu meo, quo me plus hic locus fortasse delectet, siquidem etiam ille sapientissimus vir[9], Ithacam ut videret, immortalitatem scribitur repudiasse.

II. — 4. Att. « Ego vero tibi istam justam causam puto, cur huc libentius venias atque hunc locum diligas; quin ipse, vere dicam, sum illi villæ amicior modo factus atque huic omni solo, in quo tu ortus et procreatus es; movemur enim nescio quo pacto[1] locis ipsis in quibus eorum quos diligimus aut admiramur adsunt vestigia. Me quidem ipsæ illæ nostræ[2] Athenæ non tam operibus magnificis exquisitisque antiquorum artibus delectant quam recordatione summorum virorum, ubi quisque habitare, ubi sedere, ubi disputare sit solitus, studioseque[3] eorum etiam sepulcra contemplor. Quare istum, ubi tu es natus, plus amabo posthac locum. M. Gaudeo igitur me incunabula pæne mea[4] tibi ostendisse. 5. Att. Equidem me cognosse admodum gaudeo. Sed illud tamen quale est[5], quod paulo ante dixisti, hunc locum, id est, ut ego te accipio dicere, Arpinum, germanam patriam esse vestram? Numquid duas habetis patrias? an est una[6] illa patria communis? nisi

8. *Curiana*, de Manius Curius Dentatus, qui fut trois fois consul et triompha des Samnites, des Sabins et de Pyrrhus. — La Sabine, au N.-E. du Latium, était un pays montagneux au climat et aux sites agréables, où les riches Romains se plurent à avoir des maisons de campagne.

9. Ulysse refusa l'immortalité que lui offrait Calypso (*Iliade*, I, 57-59). — Ithaque (auj. *Théaki*) est une petite île de la mer Ionienne, à l'est de Céphalonie.

II. — 1. *Quo pacto*, comment.

2. *Nostræ*, v. p. 36, n. 1. — *Artibus*, chefs-d'œuvre.

3. *Studiose*, avec intérêt.

4. *Incunabula pæne mea*, ce qui est presque mon berceau.

5. *Quale est*, que signifie-t-il. — Arpinum, patrie de Marius et de Cicéron, était une petite ville du pays des Volsques, au nord de Frégelles.

6. *An una*... ou bien une seule,

forte sapienti illi Catoni[7] fuit patria non Roma, sed Tusculum. M. Ego mehercule et illi et omnibus municipibus[8] duas esse censeo patrias, unam naturæ[9], alteram civitatis; ut ille Cato, cum esset Tusculi natus, in populi Romani civitatem susceptus est; ita cum ortu Tusculanus esset, civitate Romanus, habuit alteram loci patriam, alteram juris; nos et eam patriam ducimus, ubi nati, *et illam, a qua excepti* sumus. Sed necesse est caritate eam præstare[10], qua rei publicæ nomen universæ civitatis est; pro qua mori et cui nos totos dedere et in qua nostra omnia ponere et quasi consecrare debemus; dulcis autem non multo secus[11] est ea quæ genuit, quam illa quæ excepit. Itaque ego hanc meam esse patriam prorsus numquam negabo, dum illa sit major, hæc in ea contineatur. »

Tout en causant, ils arrivent dans l'ile, et Cicéron résume rapidement la conversation rapportée dans le livre I (8-10).

II

La loi véritable émane de Dieu

IV.—8. M. « Hanc video sapientissimorum fuisse sententiam, legem neque hominum ingeniis excogitatam[1] nec scitum aliquod esse populorum, sed æternum quiddam, quod universum mundum regeret[2] imperandi prohibendique

la patrie commune, Rome. — *Nisi forte* se construit avec l'indicatif. (V. Ragon, *G. lat.*, 494, Rem.)

7. Caton l'Ancien (v. p. 9, n. 10) était de Tusculum (auj. *Frascati*) à 17 kilom. S.-E. de Rome. Cicéron y posséda une belle maison de campagne.

8. Le mot *municipes* désigne à l'époque de Cicéron toutes les personnes qui sans être Romaines de naissance, avaient le titre et tous les droits de citoyens.

9. *Naturæ*, venant de l'origine, naturelle. — *Civitatis*, venant du droit de cité, politique. — *Loci*, de fait; *juris*, de droit.

10. *Caritate præstare*, être plus chère. — *Qua rei publicæ nomen universæ civitatis est*, qui, sous le nom de République, renferme tous les citoyens.

11. *Non multo secus*, presque aussi. — *Illa*, Rome. — *Major*, la grande patrie.

IV. — 1. *Excogitatam*, une imagination.— *Scitum* : v. p. 41, n. 1.

2. *Regeret*. Le présent, que de-

sapientia. Ita principem[3] legem illam et ultimam mentem esse dicebant omnia ratione aut cogentis aut vetantis dei; ex quo illa lex, quam di humano generi dederunt, recte est laudata; est enim ratio mensque[4] sapientis ad jubendum et ad deterrendum idonea. 9. A parvis[5] enim, Quinte[6], didicimus SI IN JUS VOCAT[7] atque ejus modi leges alias nominare. Sed vero[8] intellegi sic oportet, et hoc et alia jussa ac vetita populorum vim habere ad recte facta vocandi et a peccatis avocandi, quæ vis non modo senior est quam ætas populorum et civitatium, sed æqualis[9] illius cælum atque

mande la logique, est remplacé par l'imparfait dans toute subordonnée dépendant d'un verbe au passé. (V. RAGON, *G. lat.*, 458, Rem. II.)

3. *Principem*, première quant à l'origine; *ultimam*, dernière, à laquelle les autres aboutissent en dernier lieu. — *Mentem* est attribut.

4. *Ratio mensque sapientis*, l'esprit et la raison du sage; la loi naturelle se manifeste en effet par la conscience.

5. *A parvis*, dès l'enfance; le concret pour l'abstrait : dans cette expression, le pluriel remplace le singulier quand il s'agit de plusieurs ou quand la personne qui parle s'exprime au pluriel.

6. Quintus Tullius Cicéron, de deux ans moins âgé que son frère, fut élevé avec lui; il l'accompagna en 79 à Athènes. Édile en 66 pendant la préture de son frère, il partagea ses périls pendant le consulat. Préteur en 62, il dispersa dans le Bruttium les bandes de Marcellus, partisan de Catilina, puis administra pendant trois ans (61-58) avec beaucoup de sagesse la province d'Asie. Il mit ensuite toute son énergie à faire rappeler son frère, qui venait d'être banni, et faillit succomber sous les coups de Clodius. Lieutenant de César (54), il combattit les Bretons, Arioviste et les Sygambres. Après la prise d'Alésia, il accompagna son frère en Cilicie (51). De retour à Rome en 49, à la veille de la guerre civile, il se décida, après avoir hésité comme Marcus, à suivre le parti de Pompée. Après Pharsale, il se rapprocha de son ancien général et chercha à rejeter ses torts sur son frère. Une brouille s'ensuivit, mais graciés tous deux par César, ils se réconcilièrent. Quintus fut, comme Marcus, la victime d'Antoine; il périt assassiné en 43, avec son fils, dont il n'avait pas eu fort à se louer. Il avait épousé la sœur d'Atticus (v. p. 36, n. 1), Pomponia, femme hautaine et maussade, dont il se sépara par un divorce en 44. Exempt d'ambition, trouvant d'ailleurs que c'était bien assez d'un orateur dans la famille, il ne s'adonna pas à l'éloquence, mais il écrivit beaucoup : en Gaule, malgré les occupations de la guerre, il composait quatre tragédies en seize jours. Il nous reste de lui un *De Petitione Consulatus*, adressé à son frère.

7. *Si in jus vocat*, quand on est cité en justice : début d'une loi romaine.

8. *Vero*, en réalité.

9. *Æqualis*, contemporain.

terras tuentis et regentis dei. 10. Neque enim esse mens divina sine ratione potest, nec ratio divina non hanc vim in rectis pravisque sanciendis habet[10], nec[11], quia nusquam erat scriptum, ut contra omnes hostium copias in ponte unus assisteret a tergoque pontem interscindi juberet, idcirco minus Coclitem[12] illum rem gessisse tantam fortitudinis lege atque imperio putabimus. Erat enim ratio profecta[13] a rerum natura et ad recte faciendum impellens et a delicto avocans, quæ non tum denique incipit lex esse, cum scripta est, sed tum cum orta est; orta autem est simul cum mente divina. Quam ob rem lex vera atque princeps, apta ad jubendum et ad vetandum, ratio est recta summi Jovis. »

Avant de passer à l'exposition des lois religieuses, Cicéron démontre la nécessité et l'utilité de ces lois (15-16).

III

Nécessité des croyances religieuses

VII. — 15. « Sit igitur hoc jam a principio[1] persuasum civibus, dominos esse omnium rerum ac moderatores deos, eaque quæ gerantur eorum geri judicio ac numine, eosdemque optime de genere hominum mereri et, qualis quisque sit, quid agat, quid in se admittat, qua mente, qua pietate colat religiones[2], intueri piorumque et impiorum

10. *Nec ratio divina non... habet*, la raison divine ne peut se séparer du pouvoir qui sanctionne.

11. *Nec*... Constr. : *Et, quia... ut..., idcirco non minus.*

12. Horatius Coclès défendit seul, lors de l'attaque de Porsenna (507), l'entrée d'un pont, pendant qu'on le coupait derrière lui. Il perdit un œil dans le combat, de là son surnom de *Coclès* (borgne). — *Fortitudinis lege atque imperio*, en obéissant à la loi et aux ordres de son propre courage.

13. *Profecta*, émanée.

VII. — 1. *Jam a principio*, avant tout. — *Judicio ac numine*, par leur providence et leur puissance.

2. *Religiones*, pratiques religieuses. — *Habere rationem*, tenir compte.

habere rationem; 16. his enim rebus[3] imbutæ mentes haud sane abhorrebunt ab utili aut a vera sententia. Quid est enim verius quam neminem esse oportere tam stulte arrogantem, ut in se rationem et mentem putet inesse, in cælo mundoque[4] non putet? aut ut ea quæ vix summa ingenii *ratione comprehendantur*, *nulla* ratione moveri putet? Quem vero astrorum ordines[5], quem dierum noctiumque vicissitudines, quem mensum temperatio, quemque ea quæ gignuntur nobis ad fruendum, non gratum esse cogunt, hunc hominem[6] omnino numerari qui decet? Cumque omnia quæ rationem habent præstent iis quæ sint rationis expertia, nefasque[7] sit dicere ullam rem præstare naturæ omnium rerum, rationem inesse in ea confitendum est. Utiles esse autem has opiniones quis neget, cum intellegat quam multa firmentur jure jurando, quantæ saluti sint fœderum[8] religiones, quam multos divini supplicii metus a scelere revocarit, quamque sancta sit societas civium inter ipsos diis immortalibus interpositis tum judicibus, *tum*[9] testibus? »

Cicéron passe alors en revue les règlements religieux des Romains : il veut qu'il y ait des temples dans les villes (26-27).

3. *Rebus*, principes. — *Haud sane*, pas bien. — *Sententia*, de la croyance.

4. Les Stoïciens croyaient que le monde était animé par un dieu. — *Summa ingenii ratione*, avec le plus grand effort de la raison.

5. *Ordines*, le cours réglé. — *Vicissitudines*, la succession. — *Mensum temperatio*, l'ordre des saisons.

6. *Hominem* est attribut. — *Qui decet*, comment peut-on.

7. *Nefas*, une impiété. — *Naturæ omnium rerum*, la nature universelle.

8. *Fœdus* désigne les *traités solennels* conclus avec les peuples étrangers par l'intermédiaire des *féciaux*. Le traité, une fois lu et juré, était consacré par le sacrifice d'un porc.

9. *Tum... tum*, tantôt..., tantôt.

IV

On doit construire des temples dans les cités

X. — 26. « Delubra esse in urbibus censeo, nec sequor[1] magos[2] Persarum, quibus auctoribus[3] Xerxes[4] inflammasse templa Græciæ dicitur, quod parietibus includerent deos, quibus omnia deberent esse patentia ac libera, quorumque hic mundus omnis templum esset et domus.

XI. — « Melius Graii atque nostri[1] qui, ut augerent pietatem in deos, easdem illos urbes quas nos incolere voluerunt; affert enim hæc opinio religionem utilem civitatibus : siquidem et illud bene dictum est a Pythagora[2], doctissimo viro, tum maxime et pietatem et religionem versari in animis cum rebus divinis operam daremus, et quod[3] Thales, qui sapientissimus in septem fuit, homines existimare oportere omnia *quæ* cernerent, deorum esse plena; fore enim omnes castiores[4], veluti cum in fanis essent maxime religiosis. Est enim quædam opinione species deorum[5] in oculis, non solum in mentibus. 27. Eandemque rationem luci habent in agris. Neque ea, quæ a majoribus prodita est cum dominis, tum famulis, posita[6] in fundi villæque conspectu, religio Larum, repudianda est. »

X. — 1. *Nec sequor*, je ne partage pas l'avis de.

2. Les *Mages*, prêtres des Perses, adoraient en plein air, sans autels ni temples, le Dieu suprême dont le symbole était le feu : pour eux, c'était ôter à la majesté divine que de la renfermer dans des murailles (v. *De Rep.*, III, 14).

3. *Quibus auctoribus*, à l'instigation desquels. — Sur Xercès, v. p. 22, n. 6.

4. Sur cet imparfait, v. p. 44, n. 2.

XI. — 1. *Nostri*, les Romains.

2. Pythagore (VIe siècle), né à Samos, établit à Crotone, en Italie, une école restée célèbre par l'austérité de sa discipline. Il s'occupa beaucoup d'arithmétique et passe pour l'inventeur de la métempsycose.

3. S.-e. *dixit*. — Thalès, né à Milet (VIIe siècle), un des sept sages de la Grèce, le fondateur de l'école ionienne, qui cherchait à expliquer la nature par un ou plusieurs éléments matériels.

4. *Castiores*, plus vertueux.

5. *Est quædam opinione species deorum*, les dieux deviennent, par la pensée, en quelque sorte présents.

6. *Posita*, célébré. — Les *Lares*

Cicéron parle ensuite des fêtes, des prêtres et en particulier des augures, des sacrifices nocturnes, des jeux publics et à ce sujet il fait remarquer combien la puissance de la musique est grande pour le mal comme pour le bien (38-39), puis il traite des rites paternels, des quêtes, de la peine des sacrilèges, de la consécration des champs, de la perpétuité des sacrifices et enfin des funérailles (63-66).

V

Influence de la musique sur les mœurs

XV. — 38. « Assentior Platoni[1] nihil tam facile in animos teneros atque molles influere quam varios canendi sonos, quorum dici vix potest quanta sit vis in utramque partem[2]; namque et incitat languentes et languefacit excitatos et tum remittit animos, tum contrahit; civitatumque hoc[3] multarum in Græcia interfuit, antiquum vocum conservare modum; quarum mores lapsi ad mollitias pariter sunt immutati cum cantibus, aut hac dulcedine corruptelaque[4] depravati, ut quidam putant, aut[5], cum severitas eorum ob alia vitia cecidisset, tum fuit in auribus animisque mutatis etiam huic mutationi locus. 39. Quam ob rem ille quidem sapientissimus Græciæ vir[6] longeque doctissimus valde

(qui se sont confondus avec les *Pénates*, divinités de la famille, sont les ancêtres divinisés et adorés au foyer de la famille.

XV. — 1. *Assentior Platoni*. je pense avec Platon. — *Canendi*, de la musique.

2. Pour le bien comme pour le mal. — *Remittit*, relâche; *contrahit*, resserre.

3. *Hoc* = *antiquum vocum conservare modum*, garder l'ancienne méthode musicale. Le nombre des cordes de la lyre, primitivement de quatre, fut porté à sept par Terpandre, puis à dix par Timothée (v. p. 50, n. 10), ce qui donna un plus grand nombre de tons. — *Interfuit*, il eût été important (v. Ragon, *G. lat.*, 422).

4. *Hac dulcedine corruptelaque*, cette douceur corruptrice.

5. *Aut*. Anacoluthe : à *aut... depravati* s'oppose *aut fuit in... cum... tum*. — *Severitas eorum*, l'austérité de leurs mœurs.

6. Platon. — *Illud*, cela à savoir (*ut eadem quæ*). — *Compleri severitate jucunda*, d'être pleins d'une grâce sévère. — *Livianis et Nævianis modis*, sur le rythme de Livius Andronicus et de Nævius (v. p. 20, n. 8), qui ont écrit tous deux dans ce vers saturnien qu'Horace qualifie d'*horridus*. — Livius Andronicus, né

hanc labem veretur; negat enim mutari posse musicas leges sine mutatione legum publicarum. Ego autem nec tam valde id timendum nec plane contemnendum puto; illud quidem *video*, quæ solebant quondam compleri severitate jucunda Livianis et Nævianis modis, nunc ut[7] eadem exsultent et cervices oculosque pariter cum modorum flexionibus torqueant. Graviter olim ista vindicabat[8] vetus illa Græcia, longe providens quam sensim pernicies illapsa *in* civium animos malis studiis malisque doctrinis repente totas civitates everteret, siquidem illa severa Lacedæmo[9] nervos jussit, quos plures quam septem haberet, in Timothei[10] fidibus incidi. »

VI

Les funérailles à Athènes

XXV. — 63. « Athenis jam *ab* illo *primo* rege Cecrope[1], permansit hoc jus terra humandi; quam cum proximi injecerant obductaque terra erat, frugibus obserebatur, ut sinus et gremium quasi matris[2] mortuo tribueretur, solum autem frugibus expiatum ut vivis redderetur. Sequebantur epulæ, quas inibant propinqui coronati, apud quos de mortui laude, cum quid veri erat, prædicatum, nam mentiri

à Tarente et amené à Rome par Livius Salinator, qui l'affranchit, peut être regardé comme le plus ancien des poètes romains; sa première tragédie est de l'an 240; il avait publié une traduction de l'*Odyssée* en vers saturniens.

7. *Ut*, comme (dépend de *video illud*). — *Exsultent*, ils sont sautillants. — *Cervices torqueant*, entraînent des contorsions de tête.

8. *Ista vindicabat*, défendait ces abus. — *Quam sensim* modifie seulement le participe *illapsa*. — *Studiis et disciplinis*, en faisant naître des penchants et des doctrines.

9. Sparte, capitale de la Laconie, sur les bords de l'Eurotas, au S.-E. du Péloponèse.

10. Timothée (446-358), poète et musicien grec, originaire de Milet. — *Incidi*, être retranché (v. p. 40, n. 3).

XXV. — 1. Cécrops aurait civilisé l'Attique vers le xve siècle av. J.-C. — *Hoc jus terra humandi*, cette loi d'enterrer. — *Proximi*, les plus proches parents.

2. *Ut sinus et gremium quasi matris*... de sorte que le giron et le sein d'une mère pour ainsi dire. — *Frugibus expiatum*, purifié par cette semence.

nefas habebatur. 64. Postea cum, ut scribit Phalereus[3], sumptuosa fieri funera et lamentabilia cœpissent, Solonis[4] lege sublata sunt.

XXVI. — « De sepulcris autem nihil est apud Solonem amplius, quam *ne quis ea deleat neve alienum inferat*[1], pœnaque est, *si quis bustum* (nam id puto appellari τύμβον) aut *monumentum*, inquit, *aut columnam violarit, læserit, fregerit*. Sed post aliquanto propter has amplitudines sepulcrorum, quas in Ceramico[2] videmus, lege sanctum est, *ne quis sepulcrum faceret operosius quam quod decem homines effecerint triduo;* 65. neque id opere tectorio[3] exornari nec Hermas[4], quos vocant, licebat imponi, nec de mortui laude nisi in publicis sepulturis nec ab alio, nisi qui publice ad eam rem constitutus esset, dici licebat[5]. Sublata[6] etiam erat celebritas virorum ac mulierum, quod lamentatio minueretur; *auget* enim luctum concursus hominum. 66. Quocirca Pittacus[7] omnino accedere quemquam vetat in funus aliorum. Sed ait rursus idem Demetrius increbruisse eam funerum sepulcrorumque magnificentiam, quæ nunc fere Romæ[8] est; quam consue-

3. Démétrius de Phalère, mort en 284, gouverna Athènes pendant dix ans avec assez de sagesse pour se voir élever 360 statues; chassé de cette ville par Démétrius Poliorcète, il se réfugia à Alexandrie, auprès de Ptolémée, auquel il inspira peut-être l'idée de la *Bibliothèque* et du *Musée*.

4. Solon donna des lois à Athènes vers 595.

XXVII. — 1. *Alienum inferat*, y dépose le corps d'un autre. — *Bustum*, un tombeau. — *Inquit*, s.-e. *Solon*.

2. Quartier d'Athènes, habité surtout par des potiers, et où il y avait beaucoup de tombeaux. — *Sanctum*, de *sancio*. — *Operosius*, demandant plus de travail.

3. *Opere tectorio*, de stuc.

4. C'étaient des pilastres surmontés d'une tête de Mercure.

5. Ici se trouve très clairement exprimé le caractère de l'oraison funèbre en Grèce depuis les guerres médiques jusqu'à la conquête romaine : l'éloge était collectif et officiel.

6. *Sublata*, supprimée. — *Celebritas*, tout cortège.

7. Pittacus (VIIe siècle), un des sept sages de la Grèce; après avoir chassé les tyrans de Mitylène, sa patrie, il reçut de ses concitoyens l'autorité souveraine; il rétablit l'ordre, puis démissionna, n'acceptant qu'une partie des terres que la reconnaissance publique lui offrit. — *Omnino*, absolument. — *Aliorum*, d'étrangers.

8. Les funérailles donnaient

tudinem lege minuit ipse[9]; fuit enim hic vir, ut scitis, non solum eruditissimus, sed etiam civis e re publica maxime[10] tuendæque civitatis peritissimus. Is igitur sumptum minuit non solum pœna, sed etiam tempore[11]; ante lucem enim jussit efferri. Sepulcris autem novis finivit modum; nam super terræ tumulum noluit quicquam statui nisi columellam tribus cubitis[12] ne altiorem, aut mensam, aut labellum, et huic procurationi certum magistratum præfecerat. »

LIVRE III

Dans ce livre, qui est l'exposé de l'organisation politique de Rome, Cicéron commence par définir le caractère du magistrat, qu'il appelle une loi vivante : il parcourt ensuite les différentes magistratures et en prouve l'excellence. Une discussion s'ouvre entre lui et son frère à propos du tribunat (19-25).

I

Du Tribunat

VIII. — 19. QUINTUS[1]. « Ego, frater, quæro, de ista potestate[2] quid sentias. Nam mihi quidem pestifera videtur,

lieu à Rome à de grandes pompes : derrière des licteurs en toges noires, venaient une troupe de trompettes, des chœurs de satyres, les affranchis du défunt, puis les *imagines*, tous ces bustes en cire des ancêtres de la famille occupant parfois chacun un char; derrière le corps marchaient la famille et les amis, suivis de pleureuses. Parfois, on comptait plus de six cents chars.

9. Démétrius, v. p. 51, xxv, n. 3.

10. *Civis e* (dans l'intérêt de) *re publica maxime*, excellent citoyen.

11. *Tempore*, en changeant les heures. — *Efferri* est le terme officiel qui signifie *faire les obsèques*.

12. La coudée valait un pied et demi. — *Mensam*, une table de pierre. — *Labellum*, un bassin. — *Huic procurationi*, pour y veiller.

VIII. — 1. Sur Quintus, v. p. 45, n. 6.

2. Le *tribunat*, qui fut créé

quippe quæ[3] in seditione et ad seditionem nata sit; cujus primum ortum si recordari volumus, inter arma civium et occupatis et obsessis urbis locis procreatum videmus. Deinde cum esset cito necatus[4] tamquam ex XII Tabulis[5] insignis ad deformitatem puer, brevi tempore nescio quo pacto recreatus multoque tætrior et fœdior renatus est.

IX. — « Quid enim ille non edidit? qui primum, ut impio dignum fuit[1], patribus omnem honorem eripuit, omnia infima summis paria fecit, turbavit, miscuit; cum afflixisset[2] principum gravitatem, numquam tamen conquievit. 20. Namque ut C. Flaminium[3] atque ea quæ jam prisca videntur propter vetustatem, relinquam, quid juris[4] bonis

en 493, à la suite de la retraite de la plèbe sur le mont sacré, était une fonction exclusivement plébéienne. Au nombre de 5, puis de 10, et nommés pour un an, ils étaient inviolables et avaient le *jus auxilii* ou *intercessio* (droit de s'interposer là où un plébéien demandait leur secours et d'opposer leur *veto* à toute loi vexatoire), le *jus edicendi* (droit d'édicter des ordonnances valables pour le peuple). Il fallait qu'ils fussent tous d'accord : un seul tribun s'opposant à l'intervention de ses collègues arrêtait leur action. Ils pouvaient encore proposer des lois dans les assemblées par tribus, tenir des assemblées où ils obligeaient les magistrats, même les consuls, à se rendre. Ils citaient aussi devant eux des citoyens.

3. *Quippe quæ*, car elle. — *Inter arma civium*, au milieu d'un peuple en arme. — *Locis urbis*, les hauteurs de Rome.

4. Quarante-trois ans après l'institution du tribunat, les décemvirs, chargés de refaire la législation, ne rétablirent point cette fonction; elle reparut en 449, après la chute des décemvirs.

5. D'après la loi des Douze-Tables (v. p. 26, n. 11), tout enfant difforme devait être tué.

IX. — 1. *Ut impio dignum fuit*, digne début d'un impie. — *Omnem honorem*. C'est grâce aux tribuns que la plèbe eut accès aux magistratures supérieures et au sénat et obtint le droit de mariage avec les patriciens.

2. *Afflixisset*, il eût jeté à terre. — *Principum gravitatem*, la majesté des grands.

3. C. Flaminius, de famille plébéienne, fit passer pendant son tribunat (232), la quatrième loi agraire au sujet du *Picenum*. Consul en 223 et vainqueur des Insubriens près de l'Adda, il fut nommé une deuxième fois consul en 220 et périt dans la défaite du lac de Trasimène.

4. *Quid juris*, quelle ombre d'autorité? Il y a là une exagération, qu'on trouve d'ordinaire chez Cicéron toutes les fois qu'il parle des Gracques. — *Bonis viris*, aux gens de bien : ce sont pour Cicéron les partisans de l'autorité du Sénat.

viris Ti. Gracchi[5] tribunatus reliquit? C. vero Gracchi[6] ruinis et iis sicis, quas ipse se projecisse in forum[7] dixit, quibus digladiarentur inter se cives, nonne omnem rei publicæ statum permutavit? 21. Cur autem aut vetera aut aliena[8] proferam potius quam et nostra et recentia? Quis umquam tam audax, tam nobis inimicus fuisset ut cogitaret umquam de statu nostro labefactando, nisi mucronem aliquem tribunicium exacuisset in nos? quem cum homines scelerati ac perditi non modo ulla in domo, sed nulla in gente[9] reperirent, gentes sibi in tenebris rei publicæ perturbandas[10] putaverunt. Quod nobis quidem egregium[11] et ad immortalitatem memoriæ gloriosum : neminem in nos mercede ulla tribunum potuisse reperiri, nisi cui ne esse quidem licuisset tribuno. 22. Sed ille quas strages edidit! eas videlicet[12], quas sine ratione ac sine ulla spe bona furor edere potuit impuræ beluæ multorum inflammatus furoribus. Quam ob rem in ista quidem[13] re vehementer

5. Tibérius Sempronius Gracchus (162-133), l'aîné des Gracques, petit-fils par sa mère Cornélie du premier Africain, fut un des plus chauds partisans de la *loi agraire* : il fut tué sur les marches du Capitole, l'année même de son tribunat, dans une émeute où Scipion Nasica Sérapion était à la tête du parti aristocratique.

6. C. Sempronius Gracchus, de neuf ans moins âgé que son frère, périt lui aussi victime de vengeances politiques (121) : il continua pendant toute sa carrière l'œuvre de son frère et soutint les intérêts du peuple.

7. Le *forum* était une grande place en forme de trapèze, située au centre de Rome dans une dépression où aboutissaient toutes les rues tracées dans les vallées de la ville : c'était le centre de la vie religieuse, politique et judiciaire des Romains et de leur activité commerciale. Dans la partie N.-E, appelée *comitium*, où se tenaient les assemblées du peuple, se trouvait la tribune aux harangues (*rostra*, les rostres, ainsi nommée parce qu'elle était décorée de proues de vaisseaux pris sur l'ennemi). C'est du haut de cette tribune que C. Gracchus lança en plein forum les poignards (*sicis*) dont il est question ici.

8. *Aliena* s'oppose à *nostra*. Quintus va rappeler tout ce qu'ils ont eu à subir de Clodius.

9. *Gente*, famille.

10. Pour pouvoir être tribun, Clodius, qui appartenait à l'illustre *gens Claudia*, renia sa famille et se fit adopter par un plébéien.

11. S.-e. *est*. — *Memoriæ*, notre souvenir. — *Mercede ulla*, à aucun prix.

12. *Videlicet*, apparemment. — *Impuræ*, immonde.

13. *Quidem*, au moins. — En 81, Sylla réduisit beaucoup les pouvoirs des tribuns qui ne conservèrent guère que le *jus auxi-*

Sullam probo, qui tribunis plebis suâ lege injuriæ faciendæ potestatem ademerit, auxilii ferendi reliquerit.

X. — 23. Marcus. « Vitia quidem tribunatus præclare, Quinte, perspicis, sed est iniqua in omni re accusanda prætermissis bonis malorum enumeratio vitiorumque selectio. Ego enim fateor in ista ipsa potestate inesse quiddam mali; sed bonum, quod est quæsitum in ea, sine isto malo non haberemus. — Nimia potestas est tribunorum plebis. — Quis negat ? sed vis populi multo sævior multoque vehementior[1], quæ ducem quod habet, interdum lenior est, quam si nullum haberet. Dux enim suo *se* periculo progredi cogitat, populi impetus periculi rationem sui non habet. — At aliquando incenditur. 24. Et quidem sæpe sedatur. Quod enim est tam desperatum collegium, in quo nemo e decem sana mente sit ? Quin ipsum Ti. Gracchum non solum neglectus, sed etiam sublatus[2] intercessor evertit; quid enim illum aliud perculit, nisi quod potestatem intercedenti collegæ abrogavit ? Sed tu sapientiam majorum in illo[3] vide : Concessa plebei a patribus ista potestate, arma ceciderunt, restincta seditio est, inventum est temperamentum, quo tenuiores cum principibus æquari se putarent; in quo uno fuit civitatis salus. — At duo Gracchi fuerunt. — Et præter eos quamvis[4] enumeres multos licet ; cum deni creentur, *non* nullos in omni memoria reperies perniciosos tribunos, leves etiam, non bonos fortasse plures; invidia quidem summus ordo caret[5], plebes de suo jure periculosas contentiones nullas

lii (v. p. 52, n. 2). Ils ne purent plus suspendre par leur *veto* les mesures de gouvernement et leurs propositions devaient être soumises au sénat avant d'être portées devant le peuple. Pompée, en 70, leur rendit leurs anciens privilèges.

X. — 1. S.-e. *est*. — *Suo periculo progredi*, s'avancer à ses risques et périls.

2. Le tribun Octavius s'étant opposé (*intercessor*) à la loi agraire de Ti. Gracchus, celui-ci le fit déposer (*sublatus*); cet abus de pouvoir causa une sédition dont Tibérius fut victime (v. p. 54, n. 5).

3. *In illo*, en cela.

4. *Quamvis*, adv., tombe sur *multos*.—*Cum*, quoique. — *Deni*, dix par an. — *In omni memoria*, dans toute la suite des âges.

5. *Invidia caret*, échappe à l'envie. — *De suo jure*, sur ses droits.

facit. 25. Quam ob rem aut exigendi[6] reges non fuerunt aut plebi re, non verbo danda libertas ; quæ tamen sic data est ut multis *institutis* præclarissimis adduceretur ut auctoritati principum cederet. »

Cicéron parle ensuite du sénat : il veut que les sénateurs soient des modèles pour les autres citoyens (30-32) ; puis il discute la question du vote public et du vote secret, expose les devoirs du sénateur (40-42) et tout ce qui concerne les jugements des causes capitales, la promulgation des lois, la brigue et la garde des lois.

II

Influence de l'exemple des grands sur les mœurs

XIII. — 30. « Ut cupiditatibus principum[1] et vitiis infici solet tota civitas, sic emendari et corrigi continentia. Vir magnus et nobis omnibus amicus, L. Lucullus[2], ferebatur, quasi commodissime respondisset, cum esset objecta magnificentia villæ Tusculanæ[3], duo se habere vicinos, superiorem equitem[4] Romanum, inferiorem libertinum[5] ; quorum cum essent magnificæ villæ, concedi sibi oportere, quod iis qui inferioris ordinis[6] essent liceret. Non vides, Luculle, a te id ipsum natum ut illi cuperent ? quibus id, si tu non faceres, non liceret. 31. Quis enim ferret istos, cum videret eorum villas signis et tabulis refertas, partim

6. *Exigendi*, chasser. — *Re*. en fait ; *verbo*, en parole.

XIII. — 1. *Principum*, des grands. — *Continentia*, l'empire sur soi-même, la sagesse dans la conduite.

2. L. Licinius Lucullus (115-50), le vainqueur de Mithridate, célèbre par ses richesses et son luxe extraordinaire. — *Ferebatur*, était vanté. — *Commodissime*, fort à propos.

3. V. p. 44, n. 7. — *Superiorem*, l'un plus haut.

4. Les *equites* (chevaliers) formaient l'ordre intermédiaire entre les patriciens et la plèbe. Pour en faire partie, il fallait posséder 400,000 sesterces (environ 80,000 francs).

5. *Libertinus* désigne l'affranchi dans ses rapports avec l'État ; *libertus*, l'affranchi dans ses rapports avec son ancien maître.

6. Car il était patricien. — *Luculle*. Prosopopée. — *Id* (*ut*...) *natum* (*esse*), cette prétention... venir de.

publicis, partim[7] etiam sacris et religiosis? quis non frangeret eorum libidines, nisi illi ipsi qui eas frangere deberent, cupiditatis[8] ejusdem tenerentur?

XIV. — « Nec enim tantum mali est peccare principes, quamquam est magnum hoc per se ipsum malum, quantum illud quod permulti imitatores principum exsistunt. Nam licet videre, si velis replicare memoriam temporum[1], qualescumque summi civitatis viri fuerint, talem civitatem fuisse; quæcumque mutatio morum in principibus exstiterit, eandem in populo secutam. 32. Idque haud paulo est verius quam quod Platoni nostro placet[2], qui musicorum cantibus ait mutatis mutari civitatum status; ego autem, nobilium vita victuque mutato, mores mutari civitatum puto. Quo[3] perniciosius de re publica merentur vitiosi principes, quod non solum vitia concipiunt ipsi, sed ea infundunt in civitatem, neque solum obsunt, quod ipsi corrumpuntur, sed etiam corrumpunt, plusque exemplo quam peccato nocent. Atque hæc lex dilatata in ordinem cunctum[4] coangustari etiam potest; pauci enim atque admodum pauci honore et gloria amplificati vel corrumpere mores civitatis vel corrigere possunt. »

III

Devoirs d'un sénateur

XVIII.— 40. « Huic[1] jussa tria sunt : ut adsit; nam gravitatem res habet, cum frequens ordo est; ut loco dicat,

7. *Partim... partim*, les uns... les autres. — *Publicis*, pris dans les lieux publics.

8. Gén. de possession (RAGON, *G. lat.*, 253).

XIV. — 1. *Replicare memoriam temporum*, parcourir l'histoire.

2. V. *De Leg.*, II, §§ 38-39. — *Nobilium*, des grands.

3. *Quo* = *et eo* (*eo* annonce *quod*). — *Concipiunt*, contractent. — *Obsunt*, nuisent.

4. *Dilatata in ordinem cunctum*, étendue à tout un ordre (comme l'ordre sénatorial). — *Coangustari*, être restreinte à quelques membres.

XVIII. — 1. *Huic*, au sénateur. — *Tria* : 1° être présent, car le nombre augmente l'autorité (*gravitatem res habet*); 2° parler à son tour (*rogatus* est le terme officiel employé quand un séna-

id est rogatus; ut modo, ne sit infinitus; nam brevitas non modo senatoris, sed etiam oratoris magna laus est in sententia[2]. Nec est umquam longa oratione utendum, nisi aut peccante[3] senatu (quod fit ambitione sæpissime) nullo magistratu adjuvante tolli diem utile est, aut cum tanta causa est ut opus sit oratoris copia vel ad hortandum vel ad docendum. 41. Est senatori necessarium nosse rem publicam[4] (idque late patet : quid habeat militum, quid valeat ærario[5], quos socios[6] res publica habeat, quos amicos, quos stipendiarios, qua quisque sit lege[7], condicione, fœdere), tenere consuetudinem decernendi[8], nosse exempla majorum. Videtis jam genus hoc omne scientiæ[9], diligentiæ, memoriæ, sine quo paratus esse senator nullo pacto potest.

42. Deinceps sunt cum populo actiones[10], in quibus primum et maximum : « Vis abesto. » Nihil est enim exitiosius civitatibus, nihil tam contrarium juri ac legibus, nihil minus et civile[11] et humanum quam composita et constituta re publica quicquam agi per vim. Parere jubet intercessori[12], quo nihil præstantius ; impediri enim bonam rem melius quam concedi malæ. »

teur est prié de donner son avis); 3° parler avec mesure.

2. *In sententia*, pour une opinion.

3. *Peccante*, s'égarant. — *Tolli diem*. Lorsque la délibération prenait un mauvais tour et qu'aucun magistrat ne s'entremettait pour l'ajourner, on faisait de longs discours, si bien que la séance se passait sans qu'on pût prendre de décision.

4. *Rem publicam*, tout ce qui concerne l'État. — *Patet*, s'étend.

5. Le *trésor public* (*ærarium*), placé dans le temple de Saturne et administré par les *questeurs*, était alimenté surtout par le domaine de l'État (*ager publicus*) et les contributions de guerre.

6. Les *alliés* (*socii*) sont les peuples liés à Rome par une alliance offensive et défensive. — Les peuples *amis* (*amici*) s'engagent à ne pas molester mutuellement leurs amis et à ne pas seconder leurs ennemis, sans s'obliger à intervenir l'un pour l'autre. — Les peuples *tributaires* (*stipendiarii*) payaient une redevance variant selon les besoins et avaient la jouissance de leurs terres.

7. *Qua quisque sit lege*, la loi de chacun. — *Fœdere*, le genre d'alliance (v. p. 47, n. 8).

8. *Tenere consuetudinem decernendi*, connaître l'usage suivi dans les délibérations.

9. *Genus hoc omne scientiæ*, etc., tout ce qu'il faut de connaissances, de zèle, de mémoire.

10. *Actiones*, les rapports.

11. *Civile*, digne d'un citoyen; *humanum*, digne d'un homme.

12. *Parere intercessori*, céder à l'intercession (v. p. 52, n. 2).

PARADOXA

Les *Paradoxes*, composés en 46 entre le *Brutus* et l'*Orator*, sont dédiés à Brutus. Dans le préambule (1-4), Cicéron nous dit qu'il a voulu par jeu (*ludens*) mettre dans un style oratoire les six principes stoïciens qui choquent le plus l'opinion (παράδοξα) : 1° il n'y a pas d'autre bien que l'honnête; 2° la vertu suffit pour être heureux; 3° toutes les fautes sont égales comme les bonnes actions; 4° tout homme sans sagesse est en délire; 5° seul, le sage est libre (33-36); 6° seul, le sage est riche.

I

Dessein de Cicéron en écrivant les Paradoxes

I. — 1. Animadverti, Brute [1], sæpe Catonem [2], avunculum tuum, cum in senatu sententiam diceret, locos graves [3] ex philosophia tractare, abhorrentes ab hoc usu forensi et

I. — 1. M. Junius Brutus, le meurtrier de César. Né en 86, il servit sous César en Gaule et pendant la guerre civile; gouverneur de la Gaule cisalpine, porté sur le testament du dictateur comme tuteur d'Octave et même comme son héritier en seconde ligne, il n'en conspira pas moins contre César; il périt massacré dans les Alpes par les troupes d'Antoine. Il était fort lié avec Cicéron qui lui a dédié plusieurs ouvrages. Il n'avait pas les mêmes idées que lui sur l'éloquence; aussi, en lui envoyant les *Paradoxa*, Cicéron voulait peut-être prouver au neveu de Caton d'Utique, au partisan d'une éloquence nue et sèche, que les principes du stoïcisme, malgré leur austérité, malgré l'opposition qu'ils rencontraient dans l'opinion, pouvaient être embellis et fortifiés par les grâces de l'élocution.

2. M. Porcius Caton, surnommé *d'Utique*, parce qu'il se donna la mort dans cette ville au lendemain de la bataille de Thapsus, remportée par César sur les Pompéiens réfugiés en Afrique après Pharsale, était l'arrière-petit-fils de Caton l'Ancien, à qui il s'efforçait de ressembler. Sa sœur, Servilia, était la mère de Brutus.

3. *Locos graves*, des points importants. — *Ex*, tirés de. — *Forensi et publico*, qui a cours au forum dans les plaidoiries et les harangues. — *Probabilia*, vraisemblables.

publico, sed dicendo consequi tamen, ut illa etiam populo probabilia viderentur. 2. Quod eo [4] majus est illi quam aut tibi aut nobis, quia nos ea philosophia [5] plus utimur quæ peperit dicendi copiam, et in qua dicuntur ea quæ non multum discrepent ab opinione populari; Cato autem, perfectus mea sententia Stoicus, et ea sentit [6] quæ non sane probantur in vulgus, et in ea est hæresi [7] quæ nullum sequitur florem orationis, neque dilatat argumentum; minutis interrogatiunculis quasi punctis, quod proposuit, efficit.

3. Sed nihil est tam incredibile quod non dicendo fiat probabile; nihil tam horridum [8], tam incultum, quod non splendescat oratione et tamquam excolatur. Quod cum ita putarem, feci etiam audacius quam ille ipse de quo loquor. Cato enim dumtaxat [9] de magnitudine animi, de continentia, de morte, de omni laude virtutis, de dis immortalibus, de caritate patriæ stoice solet, oratoriis ornamentis adhibitis, dicere; ego tibi illa ipsa, quæ vix in gymnasiis [10] et in otio Stoici probant, ludens conjeci in communes locos. 4. Quæ quia sunt admirabilia [11] contraque opinionem omnium [ab ipsis etiam παράδοξα appellantur,] tentare volui possentne proferri in lucem [id est in forum], et ita dici ut probarentur, an alia quædam esset erudita, alia popularis oratio [12]; eoque hos locos scripsi libentius, quod mihi ista,

4. *Eo majus illi...quia*, plus remarquable pour lui... parce que.

5. *Ea philosophia*, un système de philosophie, la doctrine académique. Les Académiciens (v. p. 64, n. 10) exposaient leurs doctrines dans un style abondant, coloré; au contraire, les Stoïciens, comme Caton, avaient une façon de parler très simple, que Cicéron appelle souvent maigre et décharnée.

6. *Ea sentit quæ*. professe des opinions qui.. — *Non sane*, pas précisément. — *In*, dans son effet sur.

7. *In ea est hæresi*, il est d'une école. — *Dilatat*, amplifie.

8. *Horridum* (v. p. 37, n. 14.) s'oppose à *splendescat*.

9. *Dumtaxat* : v. p. 38, n. 21. Caton laisse de côté dans ses discours où il fait appel aux grâces de l'éloquence (*oratoriis ornamentis adhibitis*), les points de la doctrine stoïcienne qui s'éloignent des idées reçues.

10. *In gymnasiis*, dans les écoles; *in otio*, non dans la vie publique. — *Probant*, établissent. — *Ludens*, par jeu. — *Conjeci in communes locos*, j'ai réduit en lieux communs, pouvant être introduits dans divers discours.

11. *Sunt admirabilia*, elles surprennent. — *In lucem*, en plein jour (s'oppose à *in gymnasiis*).

12. *Quædam oratio*, une cer-

παράδοξα quæ appellant, maxime videntur esse Socratica[13] longeque verissima.

II

La vraie liberté

V. I. — 33. Dictum est ab eruditissimis viris, nisi sapientem, liberum esse neminem. 34. Quid est enim libertas? Potestas[1] vivendi ut velis. Quis igitur vivit ut vult, nisi qui recta sequitur, qui gaudet officio, cui vivendi via considerata atque provisa est? qui legibus quidem non propter metum paret, sed eas sequitur atque colit, quia id salutare maxime esse judicat; qui nihil dicit, nihil facit, nihil cogitat denique, nisi libenter,[2] ac libere; cujus omnia consilia, resque omnes quas gerit, ab ipso proficiscuntur eodemque feruntur; nec est ulla res quæ plus apud eum polleat quam ipsius voluntas atque judicium[3]; cui quidem etiam (quæ vim habere maximum dicitur) fortuna ipsa cedit; sicut sapiens poeta dixit : « Suis ea cuique fingitur moribus[4]. » Soli igitur hoc contingit sapienti, ut nihil faciat invitus, nihil dolens, nihil coactus.

II. — 36. An ille mihi liber, cui mulier imperat? cui leges imponit, præscribit, jubet, vetat quod videtur[1]? qui nihil imperanti negare[2] potest, nihil recusare audet? Poscit? dandum est; vocat? veniendum; minatur? extimescendum. Ego vero istum non modo servum, sed nequissimum servum, etiamsi in amplissima familia natus sit, appellandum puto.

taine manière de parler. — *Erudita*, propre aux savants. — *Popularis*, qui s'adresse au peuple.

13. *Socratica*, des axiomes socratiques.

I. — 1. *Potestas*, la possibilité. — *Vivendi via*, une ligne de conduite.

2. *Libenter*, volontairement. — *Ab ipso proficiscuntur*, n'ont d'autre principe que sa volonté. — *Eodemque feruntur*, et s'y rapportent.

3. *Judicium*, l'intelligence, la raison.

4. *Suis ea cuique fingitur moribus*, notre caractère fait notre destinée. — *Dolens*, en rechignant, avec peine.

II. — 1. *Quod videtur*, ce qui lui semble bon.

2. *Negare*, refuser ce qui est demandé; *recusare*, repousser ce qui est offert.

ACADEMICA

Les *Académiques* furent composées comme le *De Finibus* en l'an 45, au moment où, éloigné des affaires par la dictature de César, Cicéron cherchait dans la philosophie et dans les lettres une consolation dans ses tristesses et un moyen de servir encore sa patrie.

Cet ouvrage ne comprenait primitivement que deux livres, le *Catullus* et le *Lucullus*. Cicéron et Hortensius (v. p. 69, n. 2) prenaient part à l'entretien avec les deux Romains dont les deux dialogues portaient les noms. Trouvant qu'il y avait de l'invraisemblance à charger de discussions si épineuses des hommes qui n'avaient jamais approfondi la philosophie, et sentant qu'il s'était enfermé dans des bornes trop étroites, Cicéron reprit son œuvre : il en fit quatre livres, dédiés à Varron (v. p. 63, n. 1), qui s'était plaint à Atticus de n'avoir jamais vu Cicéron lui dédier quelque ouvrage. Catullus, Lucullus (v. p. 56, n. 2) et Hortensius étaient remplacés par Varron, M. Brutus (v. p. 59, n. 1) et Atticus (v. p. 36, n. 1). Mais, pendant que Cicéron remaniait son œuvre, Atticus, son éditeur, avait fait copier la première rédaction et il ne mit en vente le texte nouveau qu'après avoir épuisé les copies de celle-ci. Les deux éditions coexistèrent donc à côté l'une de l'autre, et le hasard a fait que nous possédons le livre I de la seconde (*Academica posteriora*) et le livre II (*Lucullus*) de la première.

Cet ouvrage, dans lequel Cicéron expose et défend la doctrine du probabilisme si chère à la Nouvelle Académie, est d'autant plus précieux qu'il nous fait connaître l'histoire de la philosophie grecque depuis Socrate.

ACADEMICORUM POSTERIORUM

LIBER I

Varron rencontre à Cumes Cicéron et Atticus, qui lui parlent de ses ouvrages : il leur explique pourquoi il n'a jamais abordé un sujet purement philosophique. Puis, à la demande de Cicéron qu'il

accuse d'avoir abandonné l'Ancienne Académie pour s'attacher à la Nouvelle (v. p. 64, n. 13), il expose les doctrines de l'Ancienne Académie d'après Antiochus (v. Intr., p. VIII) : il commence par caractériser la philosophie de Socrate (15-17).

I

La philosophie de Socrate

IV. — 15. Tum Varro[1] ita exorsus est : « Socrates[2] mihi videtur primus a rebus occultis et ab ipsa natura involutis, in quibus omnes ante eum philosophi occupati fuerunt, avocavisse philosophiam et ad vitam communem adduxisse, ut de virtutibus et vitiis omninoque[3] de bonis rebus et malis quæreret; cælestia autem vel procul esse a nostra cognitione censeret vel, si maxime[4] cognita essent, nihil tamen ad bene vivendum. 16. Hic in omnibus fere sermonibus[5], qui ab iis qui illum audierunt, perscripti varie copioseque sunt, ita disputat ut nihil affirmet ipse,

IV. — 1. M. Terentius Varron (116-27 av. J.-C.), né dans la Sabine, partisan de Pompée, pour lequel il combattit en Espagne en 49, grâcié par César, nommé par lui directeur de la première bibliothèque publique et qui échappa à la proscription en 43, est l'écrivain le plus fécond de l'antiquité romaine : ses œuvres comprenaient plus de 600 livres (*Saturæ Menippeæ; Imagines*, portraits des Grecs et des Romains illustres avec explications en vers ; *Libri IX disciplinarum*, véritable encyclopédie des sciences ; *Libri XLI Antiquitatum*, véritable archéologie romaine ; *Libri X de Jure civili; Libri XXV de Lingua Latina; Libri III Rerum Rusticarum*, conservés presque en entier.)

2. Avec Socrate (469-399), la philosophie laissa de côté les questions mystérieuses et voilées (*occultis et involutis*) de l'origine des choses, pour étudier l'âme de l'homme et se livrer à des recherches plus pratiques touchant le bien et le mal. Socrate fut en même temps l'adversaire acharné des sophistes, qui n'admettaient aucune vérité. Son indépendance vis-à-vis de tous lui fit des ennemis redoutables. Il fut accusé de corrompre la jeunesse et de mépriser les dieux de l'État. Condamné à boire la ciguë, il mourut avec la plus parfaite sérénité en 397 av. J.-C.

3. *Omninoque*, et en général.

4. *Si maxime*, même si. — *Nihil ad* = *nihil pertinere ad*.

5. *Sermonibus*, entretiens : Socrate procédait toujours par demandes et par réponses (*l'ironie*

refellat alios, nihil se scire dicat nisi id ipsum[6], eoque præstare ceteris quod illi, quæ nesciant, scire se putent; ipse, se nihil scire, id unum sciat, ob eamque rem se arbitrari ab Apolline[7] omnium sapientissimum esse dictum, quod hæc esset una omnis sapientia[8] : non arbitrari se scire, quod nesciat. Quæ cum diceret constanter et in ea sententia permaneret, omnis ejus oratio tantum in virtute laudanda et in hominibus ad virtutis studium cohortandis consumebatur, ut e Socraticorum[9] libris maximeque Platonis[10] intellegi potest. 17. Platonis autem auctoritate[11], qui varius et multiplex et copiosus fuit, una et consentiens duobus vocabulis[12] philosophiæ forma instituta est, Academicorum[13] et Peripateticorum[14], qui rebus congruentes

socratique). — *Ab iis* : Platon et Xénophon. — Sur *disputat*, v p. 4, n. 9.

6. *Id ipsum*, i. e. *se nihil scire*. — *Eo* annonce *quod*.

7. L'oracle de Delphes, consulté par Chéréphon, disciple de Socrate au caractère enthousiaste et souvent raillé par les comiques, avait proclamé Socrate le plus sage des hommes.

8. *Hæc esset una omnis sapientia*, toute la sagesse consistait uniquement en...—*Non arbitrari* a pour sujet *quemquam* sous-entendu.

9. *Socraticorum*, disciples de Socrate.

10. Platon, né à Égine en 430 ou en 427, mort en 347, d'abord disciple de Socrate, fonda après la mort de son maître et de nombreux voyages, une école sous les ombrages de l'Académie, à 6 stades d'Athènes, sur les bords du Céphise, dans un gymnase dont l'emplacement avait appartenu autrefois au héros Académus : de là le nom d'*Académie* donné aux écoles qui prétendirent continuer la sienne. Platon a laissé de nombreux dialogues où il expose les idées de Socrate et les siennes par la bouche de son maître.

11. *Platonis auctoritate*, sous le patronage de Platon.

12. Cicéron aime ainsi à confondre les doctrines d'Aristote et de Platon; c'est à tort : Platon n'admet la réalité que de ce qui est *général*, les sens et l'expérience sont pour lui étrangers à la science, la vertu et le bonheur ne sont pas distincts de la science; pour Aristote au contraire, l'*individu* seul est réel, les sens sont la condition même de la science, la vertu ne consiste pas dans la seule science, et si elle est la condition principale du bonheur, elle ne lui est pas identique, il faut y joindre les biens extérieurs : la santé, la fortune, etc.

13. Il s'agit de l'*Ancienne Académie*, qui eut pour chef Speusippe, le neveu de Platon, et non de la *Nouvelle Académie*, qui se rattache à Arcésilas (v. p. 111, n. 6) et à Carnéade (v. p. 109, n. 4), dont la doctrine principale est le doute.

14. Les disciples d'Aristote étaient ainsi appelés parce que

nominibus differebant. Sed utrique, Platonis ubertate[15] completi, certam quandam disciplinæ formulam composuerunt, et eam quidem plenam ac refertam, illam autem Socraticam dubitanter[16] de omnibus rebus et nulla affirmatione adhibita consuetudinem disserendi reliquerunt. Ita facta est, quod minime Socrates probabat, ars quædam philosophiæ et rerum ordo et discriptio disciplinæ[17]. »

Et Varron parle des trois parties qu'on a distinguées dans la philosophie : la morale, la physique et la logique. Il montre ensuite Aristote (v. p. 88, n. 3), ébranlant le premier la théorie des idées, Théophraste (v. p. 111, n. 4), soutenant que le bonheur ne consiste pas uniquement dans la vertu, et expose les modifications de Zénon (v. p. 101, n. 10). Cicéron, prié par Varron de faire connaitre la Nouvelle Académie, montre qu'Arcésilas (v. p. 111, n. 6), en voulant qu'on doute de tout, n'a fait que remettre en honneur la méthode suivie par les anciens. Le texte de ce livre s'arrête au moment où Cicéron commence à parler de Carnéade (v. p. 109, n. 4).

ACADEMICORUM PRIORUM

LIBER II

Ce livre commence par un préambule, où Cicéron, après avoir fait l'éloge de Lucullus, dont ce livre porte le nom, justifie son goût pour les doctrines de la Nouvelle Académie (7-9).

leur maitre enseignait en se promenant (περιπατῶ) dans un gymnase appelé le Lycée.

15. *Ubertate*, l'abondante doctrine. — *Certam quandam* (v. p. 17, n. 3) *disciplinam formulam*, un corps de philosophie bien déterminé.

16. *Dubitanter*, sans rien affirmer. Socrate n'est pas pourtant un sceptique : il admet l'existence de la divinité, de l'immortalité de l'âme, etc.

17. *Discriptio disciplinæ*, un classement, un corps de doctrines. On s'accorde à reconnaitre que c'est Platon qui réunit pour la première fois les différentes parties de la philosophie, traitées à part par les uns et par les autres.

I

La doctrine académique

III. — 7. Nostra quidem causa[1] facilis est, qui verum invenire sine ulla contentione volumus idque summa cura studioque conquirimus. Etsi enim omnis cognitio multis est obstructa difficultatibus, eaque est et in ipsis rebus obscuritas et in judiciis nostris infirmitas, ut non sine causa antiquissimi et doctissimi invenire se posse, quod cuperent, diffisi sint, tamen nec illi defecerunt[2] neque nos studium exquirendi defatigati relinquemus; neque nostræ disputationes quicquam aliud agunt[3] nisi ut in utramque partem dicendo et audiendo eliciant et tamquam exprimant aliquid, quod aut verum sit aut ad id quam proxime[4] accedat; 8. nec inter nos et eos qui se scire arbitrantur, quicquam interest[5], nisi quod illi non dubitant quin ea vera sint quæ defendunt, nos probabilia multa habemus, quæ sequi[6] facile, affirmare vix possumus; hoc autem liberiores et solutiores sumus, quod integra nobis est judicandi potestas, nec ut omnia, quæ præscripta et quasi imperata sint, defendamus necessitate ulla cogimur. Nam ceteri[7] primum ante tenentur adstricti quam, quid esset optimum, judicare potuerunt; deinde infirmissimo tempore ætatis aut obsecuti[8] amico cuipiam aut una alicujus quem primum audierunt, oratione capti, de rebus incognitis judicant et, ad quamcumque sunt disciplinam[9] quasi tempestate delati, ad

III. — 1. *Nostra causa*, notre défense, la cause de la Nouvelle Académie. — *Qui* a pour antécédent *nos* contenu dans *nostra*. — *Sine ulla contentione*, sans dispute.

2. *Defecerunt*, perdre courage.

3. *Neque quicquam aliud agunt*, n'ont d'autre objet. — *In utramque partem dicendo*, en soutenant le pour et le contre.

4. *Quam proxime*, le plus près possible.

5. *Interest*, il y a une différence.

6. *Sequi*, admettre. — *Hoc* annonce *quod*. — *Solutiores* plus indépendantes. — *Integra*, pleine et entière.

7. *Ceteri*, les autres que les Académiciens. — *Esset*, v. p. 44, n. 2).

8. *Obsecuti*, entraînés sur les pas de.

9. *Disciplinam*, doctrine, école. — *Quasi tempestate*, comme par

eam tamquam ad saxum adhærescunt. 9. Nam, quod dicunt omnia se credere ei quem judicent fuisse[10] sapientem, probarem, si id ipsum rudes et indocti judicare potuissent (statuere enim qui sit sapiens, vel[11] maxime videtur esse sapientis); sed, ut *potuerint*, potuerunt omnibus rebus auditis, cognitis etiam reliquorum sententiis, judicaverunt autem re semel audita[12] *atque* ad unius se auctoritatem contulerunt. Sed[13] nescio quo modo plerique errare malunt eamque sententiam quam adamaverunt, pugnacissime defendere quam sine pertinacia, quid constantissime dicatur, exquirere.

Cicéron fait connaître alors les circonstances dans lesquelles s'est passé l'entretien qu'il va rapporter entre lui, Lucullus, Catulus et Hortensius. Lucullus rappelle la dispute d'Antiochus contre Philon, et expose d'après le premier la théorie de la connaissance : il y a des choses que l'on peut saisir; les sens tout d'abord donnent des connaissances certaines (10-21).

II

Les sens ne trompent pas

VII. — 19. « Ordiamur igitur a sensibus; quorum ita[1] clara judicia et certa sunt ut, si optio naturæ nostræ detur, et ab ea deus aliqui[2] requirat, contentane sit suis integris incorruptisque sensibus, an postulet melius aliquid, non videam quid quærat amplius. Nec vero[3] hoc loco exspectan-

un coup de vent. — *Adhærescunt*, ils se cramponnent.

10. *Fuisse*, avoir été pendant sa vie.

11. *Vel* renforce *maxime*. — *Sed*, mais soit. — *Ut potuerint*, en admettant qu'ils aient pu. — *Reliquorum sententiis*, les opinions des autres philosophes.

12. *Re semel audita* (opposé à *omnibus rebus*), au premier discours entendu.

13. *Sed*, en tous cas. — *Sine pertinacia*, sans parti pris. — *Quid constantissime dicatur*, quelle est la doctrine la plus solide.

VIII. — 1. Constr. : *ita... ut... non videam*.

2. *Aliqui* est adjectif. — *Integris incorruptisque*, quand ils sont sains et en bon état.

3. *Vero*, réellement.

dum est, dum de remo inflexo[4] aut de collo columbæ respondeam; non enim is sum qui quicquid videtur, tale dicam esse quale videatur. Epicurus[5] hoc viderit et alia multa. Meo autem judicio ita[6] est maxima in sensibus veritas, si et sani sunt ac valentes, et omnia removentur quæ obstant et impediunt. Itaque et lumen mutari sæpe volumus et situs earum rerum quas intuemur, et intervalla[7] aut contrahimus aut diducimus, multaque facimus usque eo dum aspectus ipse fidem faciat sui judicii. Quod idem fit in vocibus[8], in odore, in sapore; ut nemo sit nostrum qui in sensibus sui cujusque generis judicium requirat acrius.
20. Adhibita vero exercitatione et arte, quis est quin cernat quanta vis sit[9] in sensibus? Quam multa vident pictores in umbris et in eminentia, quæ nos non videmus! quam multa, quæ nos fugiunt in cantu, exaudiunt in eo genere exercitati! qui primo inflatu[10] tibicinis Antiopam esse aiunt aut Andromacham, cum id nos ne suspicemur quidem. Nihil necesse est de gustatu et odoratu loqui, in quibus intellegentia, etsi vitiosa[11], est quædam tamen. Quid de tactu, et eo quidem, quem philosophi interiorem[12] vocant, aut doloris aut voluptatis? in quo Cyrenaici[13] solo

4. Pour montrer combien nos sens sont sujets à l'erreur, on se plaisait dans les écoles à citer la rame qui paraît brisée dans l'eau, ou les couleurs changeantes de la gorge du pigeon.

5. Épicure (342-270) ouvrit à Athènes, à l'âge de 36 ans, une école qu'il dirigea jusqu'à sa mort. Il fait du *bonheur* le but de la vie, mais d'après lui ce bonheur consiste plutôt dans l'*absence de douleur* que dans la *volupté*; il enseigne la formation du monde par le concours fortuit des atomes, il fait de la *sensation* la seule source de la connaissance. — *Hoc viderit*... qu'il défende de tels arguments et bien d'autres.

6. *Ita... si*, à la condition que. — *Obstare*, faire obstacle; *impedire*, gêner (litt. : mettre des entraves aux pieds).

7. *Intervalla*..., nous diminuons ou augmentons la distance. — *Fidem faciat*, nous rende sûrs. V. La Fontaine, *Un animal dans la lune*.

8. *In vocibus*, à propos des sons. — *Requirat*, puisse exiger. — *Acrius*, plus raffiné.

9. *Quanta vis sit*, de quoi sont capables. — *In umbris*, sous les ombres, dans le fond... — *In eminentia*, au premier plan.

10. *Primo inflatu*, aux premiers sons. — *Antiope* est une tragédie de Pacuvius (v. p. 21, IX, n. 2). — *Andromaque*, une tragédie d'Ennius (v. p. 4, n. 12).

11. *Vitiosa*, défectueuse.

12. *Interiorem*, la sensibilité.

13. L'école fondée par Aristippe

putant veri esse judicium, quia sentiatur[14]. 21. Potestne igitur quisquam dicere inter eum qui doleat, et inter eum qui in voluptate sit, nihil interesse? aut, ita qui sentiat, non apertissime insaniat ? »

Des données des sens, continue Lucullus, naissent ces notions générales sans lesquelles toute science, toute mémoire, toute vertu même est impossible. Comment du reste, en niant le vrai, admettre le vraisemblable, puisqu'on ne peut alors distinguer ce qui ressemble au vrai de ce qui en diffère? D'ailleurs les arguments donnés par les Académiciens sont sans valeur. Et Lucullus exhorte chaudement Cicéron, pour des raisons personnelles, à abandonner les doctrines académiques (61-62).

III

Exhortation à Cicéron pour le détourner de la Nouvelle Académie

XIX. — 61. « Tune, cum tantis laudibus philosophiam extuleris[1] Hortensiumque[2] nostrum dissentientem commoveris, eam philosophiam sequere, quæ confundit vera cum falsis, spoliat nos judicio, privat approbatione[3] omni, orbat sensibus? Et Cimmeriis[4] quidem, quibus aspectum solis sive deus aliquis sive natura ademerat sive ejus loci, quem inco-

de Cyrène, disciple de Socrate, regarde la volupté comme le souverain bien.

14. *Quia sentiatur*, parce qu'on en a le sentiment direct.

XIX. — 1. Dans l'*Hortensius* (v. *Intr.* p. XII).

2. Q. Hortensius, consul en 69, de huit ans plus âgé que Cicéron, avait eu celui-ci pour adversaire dans le procès de Quinctius et dans de celui de Verrès: mais à partir du consulat de Cicéron, les deux rivaux vécurent dans une sorte d'intimité, due à leurs idées politiques. Hortensius faillit être tué en voulant défendre Cicéron contre les partisans de Clodius et lui servit de parrain lors de son entrée dans le collège des Augures. De grande famille, fort riche, admirablement doué, Hortensius eut encore la chance de traverser une époque aussi troublée sans avoir trop à en souffrir.

3. *Approbatione*, assentiment (comme plus bas *assentione*).

4. Peuple de l'*Odyssée* dont le pays est couvert par les ténèbres et où Ulysse évoqua les ombres.

lebant, situs, ignes tamen aderant, quorum illis uti lumine licebat; isti[5] autem, quos tu probas, tantis offusis tenebris ne scintillam quidem ullam nobis ad dispiciendum reliquerunt ; quos si sequamur, iis vinclis simus adstricti, ut nos commovere nequeamus. 62. Sublata enim assensione omnem et motum animorum et actionem rerum sustulerunt ; quod non modo recte fieri, sed omnino fieri non potest[6]. Provide etiam ne uni[7] tibi istam sententiam minime liceat defendere. An tu, cum res occultissimas[8] aperueris in lucemque protuleris juratusque dixeris ea te comperisse (quod mihi quoque licebat, qui ex te illa cognoveram), negabis esse rem ullam quæ cognosci, comprehendi, percipi possit ? Vide, quæso, etiam atque etiam, ne illarum quoque rerum pulcherrimarum a te ipso minuatur auctoritas[9]. »

Cicéron s'excuse alors de son attachement à la doctrine académique et en prend la défense. Après avoir rappelé l'autorité des grands hommes qui ont enseigné qu'il n'y a rien de certain, il attaque le témoignage des sens (79-82) et l'autorité de la raison, défend le probabilisme accusé de bouleverser la vie humaine et termine en exposant la grande variété des opinions professées par les philosophes.

IV

De la faiblesse de nos sens

XXV. — 79. « Quid ergo est quod percipi possit, si ne sensus quidem vera nuntiant ? Tu[1] autem te negas infracto remo neque columbæ collo commoveri. Primum cur ? nam et in remo sentio non esse id quod videatur, et in columba plures videri colores nec esse plus uno. 80. Tu vero, qui

5. *Isti*, les philosophes. — *Offusis*, qui nous enveloppent.
6. Car dans le doute on n'agit pas.
7. *Uni*, moins qu'à tout autre.
8. Allusion à la conjuration de Catilina. — *Juratus*, avec serment. — *Comperisse*, avoir la preuve.
9. *Auctoritas*, le mérite.
XXV. — 1. Lucullus. — *Remo*, v. p. 68, n. 4.

visa sensibus alia vera dicas esse, alia falsa, qui[2] ea distinguis? Si, inquis, deus te interroget, sanis modo et integris sensibus num amplius quid[3] desideres, qui respondeas? — Utinam quidem roget! audiet quam nobiscum male egerit. Ut[4] enim vera videamus, quam longe videmus? Ego Catuli[5] Cumanum[6] ex hoc loco cerno, Pompeianum[7] non cerno, neque quicquam interjectum est quod obstet, sed intendi acies[8] longius non potest. O præclarum prospectum! Puteolos[9] videmus, at familiarem nostrum C. Avianium fortasse in porticu Neptuni ambulantem non videmus. 81. At[10] ille nescio qui, qui in scholis nominari solet, mille et octinginta stadia[11] quod abesset, videbat. — Quædam volucres[12] longius. Responderem igitur audacter isti vestro deo me plane his oculis non esse contentum. Dicet me acrius videre quam illos pisces fortasse, qui neque videntur a nobis et nunc quidem sub oculis[13] sunt, neque ipsi non suspicere possunt. Ergo ut illis aqua, sic nobis aer crassus offunditur. — At amplius non desideramus. — Quid? talpam num desiderare lumen putas? Neque tam quererer cum[14] deo, quod parum longe, quam quod falsum viderem. Videsne navem illam? stare nobis videtur;

2. *Qui = quomodo.*
3. *Quid = aliquid.*
4. *Ut*, en admettant que. — *Quam longe*, jusqu'où.
5. Q. Lutatius Catulus Capitolinus, mort en 61, consul en 78, un des plus fermes soutiens de l'aristocratie, hostile à toute dictature, aussi bien de Pompée que de César; le livre I des premières Académiques portait son nom.
6. S.-e. *prædium*. Cumes, aujourd'hui détruite, s'élevait sur les bords de la mer Tyrrhénienne au N. du cap Misène; Cicéron y avait, lui aussi, une villa. — *Ex hoc loco*, d'ici, de la maison d'Hortensius à Baules, bourg situé de l'autre côté du cap Misène, sur la route de Cumes à Baïes.
7. S.-e. *prædium*. Pompeï, où Cicéron, comme beaucoup de Romains, possédait une maison de campagne, était située au fond du golfe de Naples, au S.-E. du Vésuve dont l'éruption l'engloutit en 79.
8. *Acies*, la vue. — *Præclarum*, iron. : excellente.
9. Pouzzoles, ville située sur la côte entre Baules et Naples.
10. *At* amène une objection.
11. Le *stade* romain (8 au mille) avait 125 pas (184m812).
12. S.-e. *vident*. — *Isti*, pron. de la 2e pers. — *Plane... non*, pas du tout.
13. Les interlocuteurs sont sur le bord de la mer. — *Suspicere*, voir d'en bas. — *Offunditur*, enveloppe.
14. *Cum*, en présence de. — *Stare*, être immobile. — *Moveri*, être en marche.

at iis qui in navi sunt, moveri hæc villa. Quære rationem cur ita videatur; quam ut[15] maxime inveneris, quod haud scio an non[16] possis, non tu verum *te* testem habere, sed[1], cum non sine causa falsum testimonium dicere ostenderis[7]

XXVI. — 82. Quid[1] ego de nave? vidi enim a te remum contemni. Majora fortasse quæris. Quid potest esse sole majus? quem mathematici amplius duodeviginti partibus confirmant majorem[2] esse quam terram. Quantulus nobis videtur! mihi quidem quasi pedalis[3]; Epicurus autem posse putat etiam minorem esse eum quam videatur, sed non multo; ne majorem quidem multo putat esse, vel tantum esse quantus videatur, ut oculi aut nihil mentiantur aut non multum mentiantur. Ubi igitur illud est « semel[4] »? Sed ab hoc credulo[5], qui numquam sensus mentiri putat, discedamus. Quid? ne nunc quidem, cum illo sol, qui tanta incitatione fertur ut, celeritas ejus quanta sit, ne cogitari quidem possit, tamen nobis stare videatur? »

15. *Ut maxime*, en admettant même que.

16. *Haud scio an non*, je ne sais pas si (v. Ragon, *G. lat.*, 456).

17. *Non tu verum*, etc., non pas que votre témoin est vrai, mais que ce n'est pas sans raison qu'il porte un faux témoignage.

XXVI. — 1. *Quid (dicam)*, à quoi bon parler.

2. *Amplius duodeviginti partibus majorem*, plus de dix-huit fois plus grand. Le diamètre du soleil est 108 fois et demi celui de la terre, et son volume égale 1.283.000 fois celui de la terre.

3. *Pedalis*, ayant un pied de diamètre. — *Ne... quidem*, ni non plus. — *Ut*, de sorte que.

4. *Illud « semel »*, son fameux *si une fois*... Allusion à cette maxime d'Épicure : Si une fois nos sens nous trompent, nous ne pouvons plus croire à aucun.

5. Épicure. — Après *ne nunc quidem*, s.-e. *mentiantur*.

DE FINIBUS

Le *De Finibus*, dédié à Brutus, composé en 45 comme les *Académiques*, est l'exposé et la critique des doctrines des philosophes grecs sur cette question essentielle de la morale antique : quel est vraiment le souverain bien et par suite le souverain mal ?

L'ouvrage comprend trois entretiens, que Cicéron place à des dates différentes : dans le premier, Torquatus, fils du Manlius qui fut consul un an avant Cicéron, expose les doctrines morales de l'Épicurisme (Livre I) et Cicéron les réfute avec indignation (Livre II) ; dans le second, Caton d'Utique plaide en faveur des Stoïciens (Livre III) et Cicéron repousse avec respect et malice à la fois les exagérations de ce système (Livre IV) ; dans le troisième (Livre V), M. Pupius Pison (v. p. 105, xxvi, n. 2) développe les idées des Péripatéticiens, qui semblent sourire davantage à Cicéron ; encore ne les admet-il pas d'une façon trop absolue, en fidèle académicien.

LIVRE I

Dans le préambule, Cicéron répond aux critiques qu'avaient soulevées ses premiers traités (1-11).

I

Défense des dialogues philosophiques de Cicéron

I. — 1. Non eram nescius, Brute[1], cum, quæ summis ingeniis exquisitaque doctrina philosophi Græco sermone tractavissent, ea Latinis litteris mandaremus, fore ut hic noster labor in varias reprehensiones incurreret. Nam quibusdam, et iis quidem non admodum[2] indoctis, totum

I. — 1. Sur Brutus, v. p. 59, n. 1. — *Exquisita doctrina*, d'un rare savoir.

2. *Admodum*, tout à fait. — *Non tam id*, pas autant la philosophie que ces derniers, mais...

hoc displiceat, philosophari. Quidam autem non tam id reprehendunt, si remissius[3] agatur; sed tantum studium tamque multam operam ponendam in eo non arbitrantur. Erunt etiam, et ii quidem eruditi Græcis litteris, contemnentes Latinas, qui se dicant in Græcis legendis operam malle consumere. Postremo aliquos futuros suspicor, qui me ad alias litteras[4] vocent, genus hoc scribendi, etsi sit elegans, personæ tamen et dignitatis esse negent. 2. Contra quos omnes dicendum breviter existimo; quamquam philosophiæ quidem vituperatoribus satis responsum est eo libro[5] quo a nobis philosophia defensa et collaudata est, cum esset accusata et vituperata ab Hortensio. Qui liber cum et tibi probatus videretur et iis quos ego posse judicare arbitrarer, plura[6] suscepi, veritus ne movere hominum studia viderer, retinere non posse.

Qui autem, si maxime[7] hoc placeat, moderatius tamen id volunt fieri, difficilem quandam[8] temperantiam postulant in eo quod semel admissum coerceri reprimique non potest, ut[9] propemodum justioribus utamur illis qui omnino avocent a philosophia, quam his qui rebus infinitis modum constituant, in reque eo meliore quo major sit mediocritatem[10] desiderent.

II. — 4. Iis est difficilius satis facere, qui se Latina scripta[1] dicunt contemnere. In quibus hoc primum est in quo admirer[2] cur in gravissimis rebus non delectet eos

3. *Remissius*, avec modération. — *Studium*, zèle, ardeur. — *Operam*, travail, temps.

4. *Ad alias litteras*, à d'autres études. — *Etsi sit elegans*, malgré toute sa distinction. — *Personæ (meæ)*, mon caractère. — *Dignitatis*, mon rang.

5. L'*Hortensius*; v. Introd., p. XII, et p. 69, n. 2.

6. *Plura* : les *Académiques*. le *De Finibus*, etc. — *Movere studia*, éveiller la curiosité.

7. *Si maxime*, même si. — *Hoc* = *philosophari*.

8. *Difficilem quandam*, bien difficile (v. p. 17, n. 3). — *Semel admissum*, une fois commencée.

9. *Ut*, de sorte que. — *Utamur illis*, nous trouvons ceux.

10. *Mediocritatem*, de la modération.

II. — 1. *Latina scripta*, les traités écrits en latin.

2. *In quo admirer*, qui m'étonne. — *Gravissimis rebus*, les plus grands sujets. — *Sermo patrius*, la langue maternelle.

sermo patrius, cum iidem fabellas[3] Latinas ad verbum e Græcis expressas non inviti legant. Quis enim tam inimicus pæne nomini[4] Romano est, qui Ennii Medeam aut Antiopam Pacuvii spernat aut rejiciat, quod se iisdem Euripidis fabulis delectari dicat, Latinas litteras oderit? 5. Rudem enim esse omnino in[5] nostris poetis aut inertissimæ segnitiæ est aut fastidii delicatissimi. Mihi quidem nulli satis eruditi videntur, quibus nostra ignota sunt. An

Utinamne in nemore[6]...

nihilo minus legimus quam hoc idem Græcum, quæ autem de bene beateque vivendo a Platone disputata sunt, hæc explicari non placebit Latino? 6. Quid, si nos non interpretum fungimur munere[7], sed tuemur ea quæ dicta sunt ab iis quos probamus, iisque nostrum judicium et nostrum scribendi ordinem adjungimus? quid habent cur Græca anteponant iis quæ et splendide dicta[8] sint neque sint conversa de Græcis? Quod si Græci leguntur a Græcis iisdem de rebus alia ratione compositis[9], quid est cur nostri a nostris non legantur?

III. — 10. Ego autem mirari *satis* non queo, unde hoc sit tam insolens[1] domesticarum rerum fastidium. Non est omnino hic docendi locus; sed ita sentio et sæpe disserui

3. *Fabellas*, les pièces de théâtre. — *Ad verbum*, mot pour mot.

4. *Pæne nomini*, presque tout ce qui s'appelle. — *Qui = ut ille.* — Ennius (v. p. 4, n. 12) avait imité la *Médée* d'Euripide; Pacuvius (v. p. 21, IX, n. 2), l'*Antiope*, aujourd'hui perdue, du même poète.

5. *Rudem esse in*, ignorer totalement (*rudis* se construit aussi avec le gén.). — *Fastidii delicatissimi*, d'une dédaigneuse délicatesse.

6. Tiré de la *Médée* d'Ennius. — *Hoc idem Græcum*, le même passage en grec. — *De bene beateque vivendo*, sur la vertu et le bonheur. — *Disputata*, exposés.

7. Cicéron ne se bornait pas au rôle de simple traducteur, il donnait encore son opinion personnelle (*nostrum judicium*) et son tour de style (*nostrum scribendi ordinem*).

8. *Splendide dicta*, qui ont de l'éclat.

9. *Alia ratione compositis*, autrement ordonnés.

III. — 1. *Insolens*, étrange. — *Docendi*, de traiter cette question.

Latinam linguam non modo non inopem, ut vulgo putarent[2], sed locupletiorem etiam esse quam Græcam. Quando enim nobis, vel dicam[3] aut oratoribus bonis aut poetis, postea quidem quam fuit quem imitarentur, ullus orationis vel copiosæ vel elegantis ornatus defuit ?

IV. — Ego vero, quoniam forensibus operis, laboribus, periculis non deseruisse mihi videor[1] præsidium, in quo a populo Romano locatus sum, debeo profecto, quantumcumque possum, in eo quoque elaborare ut sint opera, studio, labore meo doctiores cives mei, nec cum istis tantopere pugnare[2] qui Græca legere malint, modo legant illa ipsa, ne simulent, et iis servire qui vel utrisque litteris uti velint vel, si suas habent, illas non magnopere desiderent. 11. Qui autem alia[3] malunt scribi a nobis, æqui esse debent, quod et scripta multa sunt, sic ut plura nemini e nostris, et scribentur fortasse plura, si vita suppetet ; et tamen, qui diligenter hæc, quæ de philosophia litteris mandamus, legere assueverit, judicabit nulla ad legendum his esse potiora. Quid est enim in vita tantopere quærendum quam cum omnia in philosophia, tum[4] id quod his libris quæritur, qui sit finis[5], quid extremum, quid ultimum, quo sint omnia bene vivendi recteque faciendi consilia referenda, quid sequatur natura ut summum ex rebus expetendis[6], quid fugiat ut extremum malorum ? Qua de re cum sit inter

2. *Ut vulgo putarent*, comme on se le figure. Cicéron se laisse tromper par son patriotisme ; Lucrèce est plus dans le vrai quand il se plaint de la pauvreté de la langue latine.

3. *Vel dicam* = *vel potius*. — *Postea quam*, depuis que.

IV. — 1. *Non mihi videor*, je ne crois pas. — *Præsidium*, le poste.

2. *Pugnare* est compl. de *debeo*. — *Græca*, les œuvres des Grecs. — *Ne* = *et modo ne*. — *Iis servire*, travailler pour ceux. — *Si suas habent*, si on leur donne du latin. — *Illas*, s.-e. *litteras græcas*.

3. *Alia*, d'autres sujets. — *Suppetet* au sens neutre. — *Et tamen*, et d'ailleurs.

4. *Cum... tum*, v. p. 12, n. 3.

5. *Finis* : traduction du grec τέλος, le but, la fin dernière et souveraine après laquelle il n'y en a pas d'autres où l'on puisse rapporter les règles de la morale et les bonnes actions.

6. *Summum ex rebus expetendis*, le souverain bien à rechercher.

doctissimos[7] summa dissensio, quis alienum putet ejus esse dignitatis, quam mihi quisque tribuat, quid in omni munere vitæ optimum et verissimum sit, exquirere?

Cicéron annonce ensuite son sujet : il examinera tout d'abord l'opinion d'Épicure : il n'aura qu'à rapporter une conversation qui eut lieu dans sa villa de Cumes en l'an 50 entre L. Torquatus (v. p. 73, notice) et lui, en présence du jeune C. Triarius. Torquatus lui ayant demandé pourquoi il jugeait si sévèrement Épicure, Cicéron fait une vive critique de sa physique empruntée à Démocrite, de sa logique, qu'il trouve insignifiante, de sa morale où il répète Aristippe : les ancêtres de Torquatus n'ont-ils pas sacrifié le plaisir au devoir (23-24)?

II

Nous sommes faits pour quelque chose de plus grand que le plaisir

VII. — 23. « Ad majora enim quædam[1] nos natura genuit et conformavit, ut mihi quidem videtur. Ac fieri potest ut errem, sed ita prorsus existimo, neque eum Torquatum[2], qui hoc primus cognomen invenit, aut torquem illum hosti detraxisse, ut aliquam ex eo perciperet corpore voluptatem, aut cum Latinis tertio consulatu conflixisse apud Veserim propter voluptatem. Quod vero[3] securi percussit filium, privavisse se etiam videtur multis voluptatibus,

7. Aristippe fait consister le bonheur dans le plaisir; Épicure dans l'absence de douleur; Zénon, dans l'accomplissement du devoir; Aristote distingue plusieurs sortes de biens. — *Dignitatis*, du rang. — *In omni munere vitæ...*, cette vérité essentielle pour la conduite de toute la vie.

VII. — 1. *Quædam* : v. p. 17, n. 3.

2. T. Manlius reçut le surnom de *Torquatus*, parce que, ayant été défié par un Gaulois, il le tua et lui arracha son collier (*torques*). En 340, près de Veseris, ville de Campanie située au N. du Vésuve, il vainquit les Latins dans la bataille où se dévoua Décius, son collègue. Il fit mettre à mort son fils qui avait, contre sa défense, attaqué et tué un ennemi dans un combat singulier.

3. *Quod vero*, quant à ce fait que. — *Jus majestatis et imperii*, ce qui est dû à la majesté du commandement.

cum ipsi naturæ patrioque amori prætulerit jus majestatis atque imperii. 24. Quid? T. Torquatus, is qui consul cum Cn. Octavio fuit[4], cum illam severitatem in eo filio adhibuit, quem in adoptionem[5] D. Silano emancipaverat, ut eum Macedonum legatis accusantibus, quod pecunias prætorem[6] in provincia cepisse arguerent, causam apud se dicere[7] juberet, reque ex utraque parte audita, pronuntiaret eum non talem videri fuisse in imperio quales ejus majores fuissent, et in conspectum suum venire vetuit[8], numquid tibi videtur de voluptatibus suis cogitavisse? Sed ut omittam pericula, labores, dolorem etiam, quem optimus quisque pro patria et pro suis suscipit, ut[9] non modo nullam captet, sed etiam prætereat omnes voluptates, dolores denique quosvis suscipere malit quam deserere ullam officii partem, ad ea quæ hoc non minus declarant, sed videntur leviora, veniamus. »

Torquatus entreprend alors de justifier la morale d'Épicure. La voix de la nature nous montre bien l'identité du plaisir et du souverain bien (29-31) ; si on fuit parfois le plaisir, c'est à cause

4. En 165 av. J.-C. — *Illam* annonce *ut*. — *In*, en vue de.

5. L'*adoption* avait son principe dans le devoir de perpétuer le culte domestique : l'adopté n'avait plus rien de commun avec le foyer qui l'avait vu naître, le lien nouveau du culte l'emportait sur le lien de la naissance, qui était brisé. Avant de pouvoir être adopté, on devait donc être émancipé : le principal effet de l'émancipation était le renoncement au culte de la famille où l'on était né. — *Silano*, datif d'intérêt.

6. Il n'y eut d'abord qu'un *préteur* (366 av. J.-C.) chargé de la juridiction civile à Rome, réglant la procédure et interprétant la loi ; en 242, à côté du *prætor urbanus* on créa le *prætor peregrinus*, pour surveiller les litiges entre étrangers. L'acquisition de nouvelles provinces obligea d'en nommer d'autres (huit en 81), qui eurent l'administration des pays conquis avec le commandement millitaire. A partir de Sylla, ils durent passer à Rome l'année de leur préture, présidant un des tribunaux institués par celui-ci, et ne se rendre dans les provinces que l'année suivante, comme propréteurs.

7. *Causam dicere*, se défendre.

8. *Vetuit*. Retour à la première construction : *cum adhibuit*.

9. *Ut*, au point que. — Avec *nullam*, s.-e. *voluptatem*. — *Captet*, cherche à se procurer. — *Prætereat*, passe à côté, se prive. — *Deserere* signifie proprement *abandonner son poste à la guerre*.

des effets fâcheux qui le suivent (32-33), car l'absence de douleur est la véritable volupté (37-42), les vertus elles-mêmes sont recherchées en vue du bonheur qu'elles procurent (42-44). Tel est l'enseignement d'Épicure (57-60).

III

Exposé de la morale d'Épicure

IX. — 29. « Quærimus quid sit extremum[1] et ultimum bonorum; quod, omnium philosophorum sententia, tale debet esse ut ad id omnia referri oporteat, ipsum autem nusquam[2]. Hoc Epicurus in voluptate ponit, quod summum bonum esse vult, summumque malum dolorem, idque instituit docere sic[3] : 30. omne animal, simul atque natum sit, voluptatem appetere eaque gaudere ut summo bono, dolorem aspernari ut summum malum et, quantum possit, a se repellere; idque facere nondum depravatum, ipsa natura incorrupte atque integre judicante. Itaque negat opus esse ratione[4] neque disputatione, quam ob rem voluptas expetenda, fugiendus dolor sit. Sentiri hæc putat, ut calere ignem, nivem esse albam, mel dulce; quorum nihil oportere exquisitis[5] rationibus confirmare; tantum satis esse admonere...

31. « Sunt autem quidam e nostris[6], qui hæc subtilius velint tradere et negent satis esse, quid bonum sit aut quid malum, sensu judicari, sed animo etiam ac ratione intellegi posse et voluptatem ipsam per se esse expetendam et dolorem ipsum per se esse fugiendum. Itaque aiunt hanc quasi[7] naturalem atque insitam in animis nos-

IX. — 1. *Extremum*, litt. : ce qui est au bout par rapport au milieu; *ultimum*, litt. : le plus éloigné (contraire de *proximum*).
2. C'est bien la définition du souverain bien.
3. *Idque instituit docere sic*, voici comment il le prouve.
4. *Ratione*, raisonnement. — *Disputatione*, preuve.
5. *Exquisitis*, cherchées de bien loin.
6. *Nostris*, les Épicuriens. — *Hæc subtilius velint tradere*, veulent pousser l'argument plus loin. — *Ipsam* renforce *per se*.
7. *Hanc quasi*..., que c'est comme une idée naturelle à

tris inesse notionem, ut alterum esse appetendum, alterum aspernandum sentiamus.

X. — 32. « Sed ut perspiciatis[1], unde omnis iste natus error sit voluptatem accusantium doloremque laudantium, totam rem aperiam eaque ipsa quæ ab illo inventore veritatis et quasi architecto beatæ vitæ dicta sunt, explicabo. Nemo enim ipsam voluptatem, quia voluptas sit[2], aspernatur aut odit aut fugit, sed quia consequuntur magni dolores eos qui ratione voluptatem sequi nesciunt; neque porro[3] quisquam est, qui dolorem ipsum, quia dolor sit, amet, consectetur, adipisci velit, sed quia non numquam ejus modi tempora incidunt, ut labore et dolore magnam aliquam quærat voluptatem. Ut enim ad minima veniam, quis nostrum exercitationem ullam corporis suscipit laboriosam, nisi ut aliquid ex ea commodi consequatur? quis autem vel eum jure[4] reprehenderit qui in ea voluptate velit esse, quam nihil molestiæ consequatur, vel illum qui dolorem eum fugiat, quo voluptas nulla pariatur? 33. At vero[5] eos et accusamus et justo odio dignissimos ducimus, qui blanditiis præsentium voluptatum deleniti atque corrupti, quos dolores et quas molestias excepturi sint, occæcati cupiditate non provident; similique sunt in culpa qui officia deserunt mollitia animi, id est laborum et dolorum fuga. Et harum quidem rerum facilis est et expedita distinctio[6]. Nam libero tempore, cum soluta nobis est eligendi optio, cumque nihil impedit quominus id quod maxime

l'homme et innée chez lui. — *Ut*, à savoir que.

X. — 1. *Perspiciatis*, voir à fond, — *Accusantium*, les Stoïciens. — *Illo inventore*, Épicure : Lucrèce professe, lui aussi, pour son maître, un véritable enthousiasme. — *Beatæ vitæ*, du bonheur.

2. *Quia* et le subjonctif, parce qu'*on se dit que*; *quia* et l'indicatif, parce que *réellement*. — *Ratione*, raisonnablement.

3. *Porro*, pour aller plus loin. — *Tempora*, des circonstances. — *Quærat*, obtenir.

4. *Jure*, à juste titre. — *Reprehenderit* : parf. du subj. exprimant une possibilité ou une affirmation adoucie, comme souvent en grec, l'optat. avec ἄν (v. Ragon, *G. lat.*, 423).

5. *At vero*, au contraire.

6. *Harum rerum distinctio*, la distinction entre ces objets. — *Libero tempore*, lorsque nous sommes libres. — *Soluta*, libres. — *Optio*, le pouvoir.

placeat, facere possimus, omnis voluptas assumenda est, omnis dolor depellendus. Temporibus autem quibusdam et aut officiis debitis[7] aut rerum necessitatibus sæpe eveniet ut et voluptates repudiandæ sint et molestiæ non recusandæ. Itaque earum rerum hic tenetur a sapiente dilectus, ut[8] aut rejiciendis voluptatibus majores alias consequatur, aut perferendis doloribus asperiores repellat.

XI. — 37. « Non hanc solam sequimur, quæ suavitate aliqua naturam ipsam movet et cum jucunditate quadam percipitur sensibus, sed maximam voluptatem illam habemus, quæ percipitur omni dolore detracto. Nam quoniam, cum privamur[1] dolore, ipsa liberatione et vacuitate omnis molestiæ gaudemus, omne autem id quo gaudemus voluptas est, ut omne quo offendimur dolor, doloris omnis privatio recte nominata est voluptas. Ut enim, cum cibo et potione fames sitisque depulsa est, ipsa[2] detractio molestiæ consecutionem affert voluptatis, sic in omni re doloris amotio successionem efficit voluptatis. 38. Itaque non placuit Epicuro[3] medium esse quiddam inter dolorem et voluptatem; illud enim ipsum, quod quibusdam medium videtur, cum omni dolore careret, non modo voluptatem esse, verum etiam summam voluptatem. Quisquis enim sentit, quem ad modum sit affectus, eum necesse est aut in voluptate esse aut in dolore. Omnis autem privatione doloris putat Epicurus terminari[4] summam voluptatem, ut postea variari voluptas distinguique possit, augeri amplificarique non possit.

XII. — 40. « Constituamus[1] aliquem magnis, multis, per-

7. *Officiis debitis*, par suite des devoirs imposés par les relations sociales.

8. *Ut*, qui consiste en ce que.

XI. — 1. *Privamur*, nous n'avons pas. — *Liberatione*, affranchissement. — *Vacuitate*, absence.

2. *Ipsa*, à elle seule. — *Detractio molestiæ*, la délivrance de la douleur. — *Affert consecutionem*, procure comme conséquence. — *Successionem efficit*, est suivi de.

3. V. p. 68, n. 5. — *Cum careret*, puisque (par hypothèse) cet état serait sans douleur.

4. *Terminari summam voluptatem*, placer le bonheur suprême dans...

XII. — 1. *Constituamus*, supposons.

petuis fruentem et animo et corpore voluptatibus, nullo dolore nec impediente nec impendente; quem tandem hoc statu præstabiliorem aut magis expetendum possimus dicere? Inesse enim necesse est in eo qui ita sit affectus, et[2] firmitatem animi nec mortem nec dolorem timentis, quod mors sensu careat, dolor in longinquitate levis, in gravitate brevis soleat esse, ut ejus magnitudinem celeritas, diuturnitatem allevatio consoletur. 41. Ad ea cum accedit ut[3] neque divinum numen horreat, nec præteritas voluptates effluere patiatur earumque assidua recordatione lætetur, quid est quod huc possit, quo melius sit, accedere? Statue contra aliquem confectum tantis animi corporisque doloribus, quanti in hominem maximi cadere possunt, nulla spe proposita fore[4] levius aliquando, nulla præterea neque præsenti nec exspectata voluptate, quid eo miserius dici aut fingi potest? Quod si vita doloribus referta maxime fugienda est, summum profecto malum est vivere cum dolore; cui sententiæ consentaneum est ultimum esse bonorum cum voluptate vivere. 42. Præterea et appetendi[5] et refugiendi et omnino rerum gerendarum initia proficiscuntur aut a voluptate aut a dolore. Quod cum ita sit, perspicuum est omnes rectas res atque laudabiles eo referri ut cum voluptate vivatur. Quoniam autem id est vel summum vel ultimum vel extremum[6] bonorum (quod Græci τέλος nominant), quod ipsum nullam ad aliam rem, ad id autem res referuntur omnes, fatendum est summum esse bonum jucunde vivere.

XIII. — « Istæ vestræ eximiæ pulchræque virtutes nisi voluptatem efficerent, quis eas aut laudabiles aut expetendas arbitraretur? Ut enim medicorum scientiam non ipsius artis, sed bonæ valetudinis[1] causa probamus, et guberna-

2. *Et* = *etiam*. — *Quod mors sensu careat*, parce que, *pense-t-il*, la mort nous enlève la sensibilité. — *In longinquitate*, si elle dure. — *Celeritas*, son peu de durée. — *Allevatio*, la légèreté de la souffrance.

3. *Ut*, ceci à savoir que. — *Huc accedere*, s'ajouter à cela. — *Quo* = *ut eo*.

4. *Fore* est comp. de *spe*.

5. *Appetendi et refugiendi initia*, la source de nos désirs et de nos craintes est...

6. V. p. 76, n. 5, et p. 79, n. 1.

XIII. — 1. *Bonæ valetudinis*,

toris ars, quia bene navigandi rationem habet, utilitate, non arte laudatur; sic sapientia, quæ ars vivendi putanda est, non expeteretur, si nihil efficeret[2]; nunc expetitur, quod est tamquam artifex conquirendæ et comparandæ voluptatis. 43. Quam[3] autem ego dicam voluptatem, jam videtis, ne invidia verbi labefactetur oratio mea. Nam cum ignoratione rerum bonarum et malarum maxime hominum vita vexetur, ob eumque errorem et voluptatibus maximis sæpe priventur et durissimis animi doloribus torqueantur, sapientia est adhibenda, quæ, et terroribus[4] cupiditatibusque detractis et omnium falsarum opinionum temeritate derepta, certissimam se nobis ducem præbeat ad voluptatem. Sapientia enim est una, quæ mæstitiam pellat ex animis, quæ non exhorrescere metu non sinat; qua præceptrice in tranquillitate vivi potest omnium cupiditatum ardore restincto. Cupiditates enim sunt[5] insatiabiles, quæ non modo singulos homines, sed universas familias evertunt, totam etiam labefactant sæpe rem publicam. 44. Ex cupiditatibus odia, discidia, discordiæ, seditiones, bella nascuntur, nec eæ se foris solum jactant[6] nec tantum in alios cæco impetu incurrunt, sed intus etiam in animis inclusæ inter se dissident atque discordant, ex quo vitam amarissimam necesse est effici ut sapiens solum, amputata circumcisaque inanitate omni et errore[7], naturæ finibus contentus sine ægritudine possit et sine metu vivere.

XVIII. — 57. « Clamat[1] Epicurus, is quem vos nimis voluptatibus esse deditum dicitis, non posse jucunde vivi, nisi

la santé. — *Rationem*, l'art. — *Utilitate, non arte*, à cause de son utilité et non en lui-même.

2. *Nihil efficeret*, n'était bon à rien.

3. *Quam* par attraction pour *id quod*. — *Invidia verbi*, ce mot pris souvent en mauvaise part.

4. *Terroribus*, la crainte de la mort et des dieux.

5. Avec *autem*, *enim*, *igitur*, *est* placé le troisième mot a toute sa signification « il y a, il existe. »

6. *Se foris jactant*, agissent au dehors.

7. *Inanitate omni et errore*, toutes sortes de craintes frivoles et d'erreurs. — *Contentus*, se renfermant dans... — Torquatus montre alors qu'il en est des autres vertus comme de la sagesse.

XVIII. — 1. *Clamat*, vous crie.

sapienter, honeste justeque vivatur, nec sapienter, honeste, justo, nisi jucunde. 58. Neque enim civitas in seditione beata esse potest nec in discordia dominorum domus; quo minus[2] animus a se ipse dissidens secumque discordans gustare partem ullam liquidæ voluptatis et liberæ potest. Atqui pugnantibus et contrariis studiis consiliisque semper utens, nihil quieti[3] videre, nihil tranquilli potest. 59. Quod si corporis gravioribus morbis vitæ jucunditas impeditur, quanto magis animi morbis impediri necesse est! Animi autem morbi sunt cupiditates immensæ et inanes divitiarum, gloriæ, dominationis, libidinosarum etiam voluptatum. Accedunt ægritudines, molestiæ, mærores, qui exedunt animos conficiuntque curis hominum[4] non intellegentium nihil dolendum esse animo, quod sit a dolore corporis præsenti futurove sejunctum. Nec vero quisquam stultus non[5] horum morborum aliquo laborat; nemo igitur *stultus* non miser. 60. Accedit etiam mors, quæ quasi saxum Tantalo[6] semper impendet, tum superstitio, qua qui est imbutus, quietus esse numquam potest. Præterea bona præterita non meminerunt, præsentibus non fruuntur, futura modo exspectant, quæ quia[7] certa esse non possunt, conficiuntur et angore et metu maximeque cruciantur, cum sero sentiunt frustra se aut pecuniæ studuisse aut imperiis aut opibus aut gloriæ. Nullas enim consequuntur voluptates, quarum[8] potiundi spe inflammati multos labores magnosque susceperant. »

2. *Quo minus* = *et eo minus*, et moins encore. — *Liquidæ*, pur. — *Liberæ*, libre de toute inquiétude.

3. *Quieti*, génitif complément de *nihil*.

4. *Hominum*, compl. de *animos*. — *Nihil dolendum esse animo*, une âme ne doit pas se tourmenter. — *Sejunctum*, non lié.

5. *Nec quisquam stultus non*, et il n'est pas un insensé qui ne.

6. Lucrèce (III, 978 et s.), adopte au sujet de Tantale la même version que Cicéron; suivant d'autres, il fut condamné à souffrir perpétuellement la faim et la soif : les branches des arbres s'élevaient quand il essayait d'en atteindre les fruits, et l'eau fuyait quand il en approchait les lèvres. Il avait servi à table aux dieux rassemblés chez lui les membres de son fils Pélops. — *Tum*, puis.

7. *Quæ quia* = *et quia ea*.

8. *Quarum* est complément de *potiundi*.

LIVRE II

Cicéron prend la parole et, par des interrogations pressantes à Torquatus, montre qu'Épicure a confondu sous le nom de plaisir les sensations agréables et l'absence de douleur; puis, à la prière de Torquatus, il réfute en forme de discours suivi les théories morales d'Épicure. Le langage de ce philosophe est volontairement obscur, il n'a pas défini avec précision la nature du plaisir et, s'il condamne le libertinage grossier, il approuve à tort les voluptueux délicats (23-25). Les enfants et les animaux, qu'il prend comme exemple pour prouver sa thèse, ne recherchent pas l'absence de douleur, mais le plaisir actuel, ou mieux ils tendent à leur conservation, et rencontrent le bonheur par surcroit. D'ailleurs, c'est la raison, et non les sens, qui doit juger du souverain bien : elle a l'idée d'un bien supérieur au plaisir, l'honnête; tous les systèmes philosophiques qui écartent la vertu, sont donc faux (39-41). Cicéron définit l'honnête (45-46); il montre qu'il ne réside pas dans l'opinion des hommes, ni dans la crainte des châtiments (53-59), et il oppose à l'Épicurien Balbus le grand Régulus (63-65). Dans l'Épicurisme, la vertu est hypocrisie, l'amitié calcul, le bonheur lui-même est incertain, car le plaisir dépend souvent de causes extérieures, et l'Épicurien n'a pas à son service le seul remède qui existe contre la douleur, le courage moral. L'homme est donc fait pour des plaisirs supérieurs à ceux du corps (111-113).

I

Le plaisir même délicat n'est pas le souverain bien

VIII. — « 23. Hic homo[1] severus luxuriam ipsam per se reprendendam non putat. Et hercule, Torquate, ut verum loquamur, si summum bonum voluptas est, rectissime non

II. — 1. Épicure. — *Severus*, austère (ironique). — *Luxuriam*, la sensualité. — *Ipsam per se*, par elle-même, abstraction faite des conséquences funestes qu'elle entraîne.

putat[2]. Nolim enim mihi fingere asotos[3], ut soletis, qui in mensam vomant, et qui[4] de conviviis auferantur crudique postridie se rursus ingurgitent, qui solem, ut aiunt, nec occidentem umquam viderint nec orientem, qui consumptis patrimoniis egeant. Nemo nostrum istius generis asotos jucunde putat vivere. Mundos[5], elegantes, optimis coquis, pistoribus, piscatu, aucupio, venatione, his omnibus exquisitis, vitantes cruditatem, « quibus vinum defusum e pleno sit, hirsizon[6], » ut ait Lucilius[7], adhibentes ludos et quæ sequuntur, illa, quibus detractis clamat Epicurus se nescire quid sit bonum; adsint etiam formosi pueri, qui ministrent, respondeat his vestis, argentum, Corinthium[8], locus ipse, ædificium, hos ergo asotos bene quidem vivere aut beate numquam dixerim. 24. Ex quo efficitur, non ut voluptas ne sit voluptas, sed ut voluptas non sit summum bonum. Nec ille, qui Diogenem[9] Stoicum adulescens, post autem Panætium[10] audierat, Lælius[11], eo dictus est sapiens, quod

2. *Rectissime non putat*, il a raison (de ne le pas penser).

3. *Asotos*, voluptueux (ἀσώτους). — *Ut soletis*, comme c'est votre habitude quand vous parlez de sensualité, parce qu'alors il vous est facile de condamner la jouissance à cause des inconvénients graves qui la suivent; mais prenons des gens qui aiment le plaisir sans se laisser aller à des excès blâmables, dira-t-on que ce sont des modèles à suivre?

4. *Qui*, tels qu'ils. — *Crudi*, l'estomac encore rempli. — *Se ingurgitent*, se gorgent. — *Occidentem* : car ils sont à table. — *Orientem* : car ils sont au lit. — *Egeant*, sont réduits à l'impuissance.

5. *Mundos*, de bon ton. — *Aucupio, venatione*, gibier de plume et de poils. — *Cruditatem*, indigestion.

6. *Hirsizon*, coupes d'or. C'est le mot χρυσίζων (gén. pl. dépendant de *e pleno*) prononcé à la moderne.

7. Lucilius (148-103), de l'ordre équestre, né à Suessa Arunca, en Campanie, ami du second Africain, le véritable créateur de la satire. — *Pueri*, jeunes esclaves. — *Ministrent*, servir à table. — *Vestis*, les étoffes.

8. *Corinthium* (s.-e. *æs*), l'airain de Corinthe, alliage d'or, d'argent et de cuivre fort estimé.

9. Diogène le Stoïcien, né à Séleucie, près de Babylone, fit partie avec Carnéade et Critolaos de l'ambassade envoyée en 155 à Rome par les Athéniens pour obtenir la réduction d'une amende. C'est à cette époque que Lélius l'entendit. Il avait environ 30 ans.

10. Panétius (180-112), né à Rhodes, philosophe stoïcien, fut le précepteur de Scipion Émilien; Cicéron lui a beaucoup emprunté dans son *De Officiis*.

11. C. Lélius le Sage, consul en 140, l'ami intime de Scipion

non intellegeret quid suavissimum[12] esset (nec enim sequitur ut, cui cor sapiat, ei non sapiat palatus), sed quia parvi id duceret.

O lapathe[13], ut jactare, nec es satis cognitus qui sis !
In quo Lælius clamores σοφὸς ille solebat
Edere, compellans gumias ex ordine nostros.

Præclare[14] Lælius, et recte σοφός, illudque vere :

O Publi, o gurges, Galloni[15] ! es homo miser, inquit.
Cenasti in vita numquam bene, cum omnia in ista
Consumis squilla atque[16] acupensere cum decimano.

hæc loquitur, qui in voluptate nihil ponens negat eum bene cenare, qui omnia ponat in voluptate, et tamen *non* negat libenter umquam cenasse Gallonium (mentiretur enim), sed bene. Ita graviter et severe voluptatem secernit a bono. Ex quo illud efficitur, qui bene cenent, omnes libenter cenare, qui libenter, non continuo bene. 25. Semper Lælius bene. Quid bene ? Dicet Lucilius :

cocto,
Condito[18],

sed cedo caput cenæ :

Émilien, comme son père l'avait été du premier Africain, un des interlocuteurs du *De Republica*, du *De Senectute* et du *De Amicitia*, qui porte son nom.

12. *Suavissimum*, très bon goût. — *Cor*, l'esprit.

13. *Lapathe*, oseille. — *Ut jactare*, comme on te vante, et pourtant. — *Qui sis* est compl. de *cognitus*. — *In quo*, à ce propos. — Σοφός = *sapiens*. — *Gumias*, gourmets.

14. S.-e. *edebat* après *præclare*, *dicebatur* après *recte*, *dictum est* après *illud*.

15. P. Gallonius, fameux gourmand, dont les invectives de Lucilius ont conservé le souvenir. — *Omnia*, tout ce que tu possèdes.

16. Constr. : *atque cum (consumis omnia) in acupensere decimano* (gros).

17. *Is*, Lélius. — *Non negat*, il ne dit pas ne...pas. — *Graviter*, en homme sage.

18. *Cocto, condito*, tout étant bien cuit, bien assaisonné. — *Cedo* (vieille forme d'impératif) *caput cenæ*, voyons l'essentiel. — *Sermone*, une conversation. — *Quid ex eo?* Et le résultat? — *Libenter*, le plaisir. — *Desideria*, les besoins.

sermone bono,
quid ex eo ?
si quæris, libenter;
veniebat enim ad cenam, ut animo quieto satiaret desideria naturæ. Recte ergo is negat umquam bene cenasse Gallonium, recte[19] miserum, cum præsertim in eo omne studium consumeret. Quem libenter cenasse nemo negat. Cur igitur non bene? Quia, quod bene, id recte, frugaliter, honeste; ille porro [male], prave, nequiter, turpiter cenabat; non igitur *bene*. Nec lapathi suavitatem acupenseri Gallonii Lælius anteponebat, sed suavitatem ipsam neglegebat; quod non faceret, si in voluptate summum bonum poneret. »

II

La vertu ne peut se séparer du souverain bien

XIII. — 39. « Omnes sententias simplices[1] eorum, in quibus nulla inest virtutis adjunctio, omnino a philosophia semovendas putabo, primum Aristippi[2] Cyrenaicorumque omnium, quos non est veritum in ea voluptate, quæ maxime dulcedine sensum moveret, summum bonum ponere contemnentes istam vacuitatem doloris. 40. Hi non viderunt, ut ad cursum equum, ad arandum bovem, ad indagandum canem; sic hominem ad duas res, ut ait Aristoteles[3], ad intellegendum et agendum, esse natum quasi mortalem deum; contraque ut tardam aliquam et languidam pecudem[4] ad pastum hoc divinum animal ortum esse volue-

19. S.- . *dicit*, contenu dans *negat*. — *Nemo negat* = *nemo dicit... non*.

XIII. — 1. *Simplices*, exclusifs, qui ne reconnaissent qu'une fin suprême.

2. Sur Aristippe, v. p. 68, n. 13. — *Quos non est veritum*, qui n'ont pas craint (cf. *puditum est*). — *Istam*, pronom de la 2e personne.

3. Aristote (284-322), de Stagyre, en Macédoine, précepteur d'Alexandre le Grand, devint, après avoir été longtemps disciple de Platon, le chef de l'école péripatéticienne : il enseignait au Lycée, un des gymnases d'Athènes. Ses ouvrages dénotent une science vraiment merveilleuse par l'étendue de ses connaissances (v. p. 64, n. 12).

4. *Pecus, udis*, se dit de tout animal isolé, par opposition à

runt, quo nihil mihi videtur absurdius. 41. Atque hæc contra Aristippum, qui eam voluptatem non modo summam, sed solam etiam ducit, quam omnes unam appellamus voluptatem. Aliter autem vobis[5] placet. Sed ille, ut dixi, vitiose. Nec enim figura corporis nec ratio excellens ingenii humani significat ad unam hanc rem natum hominem, ut frueretur voluptatibus. Nec vero audiendus Hieronymus[6], cui summum bonum est idem quod vos interdum vel potius nimium sæpe dicitis, nihil dolere. Non enim, si malum est dolor, carere eo malo satis est ad bene vivendum. Hoc dixerit[7] potius Ennius:

> Nimium boni est, cui nihil est... mali.

Nos beatam vitam[8] non depulsione mali, sed adeptione boni judicemus, nec eam cessando, sive gaudentem, ut Aristippus, sive non dolentem, ut hic, sed agendo aliquid considerandove quæramus. »

III

L'honnête. — Excellence de la raison

XIV. — 45. « Honestum igitur id intellegimus, quod tale est ut detracta omni utilitate sine ullis præmiis fructibusve per se ipsum possit jure laudari. Quod quale sit, non tam definitione, qua sum usus, intellegi potest, quamquam aliquantum potest, quam communi omnium judicio et optimi cujusque[1] studiis atque factis, qui permulta ob eam unam

pecus, pecoris, troupeau, et de tout être dépourvu de raison, par opposition à *animal* qui se dit aussi de l'homme.

5. *Vobis*, les Épicuriens. — *Ille*, Aristippe. — *Vitiose*, commet une erreur.

6. Hiéronyme, philosophe peu connu, plaçait le souverain bien dans l'absence de douleur.

7. *Dixerit*, pourra dire : v. p. 80, n. 4. — Sur Ennius, v. p. 4, n. 12.

8. *Beatam vitam*, le bonheur. — *Cessando*, dans la mollesse, l'apathie. — *Agendo... considerandove*, dans l'action ou dans la méditation. C'est la théorie d'Aristote.

XIV. — 1. *Optimi cujusque*. de tous les gens vertueux. — *Studiis*, goûts.

causam faciunt, quia decet, quia rectum, quia honestum est, etsi nullum consecuturum emolumentum vident. Homines enim, etsi aliis multis, tamen hoc uno plurimum a bestiis differunt, quod rationem habent a natura datam mentemque acrem et vigentem celerrimeque multa simul agitantem et, ut ita dicam, sagacem, quæ et causas rerum et consecutiones videat et similitudines transferat[2] et disjuncta conjungat et cum præsentibus futura copulet omnemque complectatur vitæ consequentis statum. Eademque ratio fecit hominem hominum appetentem[3] cumque iis natura et sermone et usu congruentem, ut profectus a caritate domesticorum ac suorum serpat longius et se implicet primum civium, deinde omnium mortalium societate atque, ut ad Archytam[4] scripsit Plato, non sibi se soli natum meminerit, sed patriæ, sed suis, ut perexigua pars ipsi[5] relinquatur. 46. Et quoniam eadem natura cupiditatem ingenuit homini veri videndi, quod[6] facillime apparet, cum vacui curis etiam, quid in cælo fiat, scire avemus, his initiis inducti omnia vera diligimus, id est fidelia, simplicia, constantia, tum vana, falsa, fallentia odimus, ut fraudem, perjurium, malitiam, injuriam. Eadem ratio habet in se quiddam amplum atque magnificum, ad imperandum magis quam ad parendum accommodatum, omnia humana non tolerabilia solum, sed etiam levia ducens, altum quiddam et excelsum, nihil timens, nemini cedens, semper invictum. »

2. *Similitudines transferat*, établit des rapports. — *Omnemque complectatur*, etc., comprend l'enchaînement de tout le cours de la vie.

3. *Appetentem*, recherchant la société. — *Iis natura congruentem*, se conformant à leurs caractères. — *Domesticorum*, de la famille.

4. Archytas (440-360), philosophe pythagoricien auquel on attribue l'invention de la *poulie*, de la *vis* et de la *crécelle*, eut Platon pour auditeur en Sicile. La lettre citée est apocryphe.

5. *Ut... ipsi*, si bien qu'il ne lui reste plus pour lui-même qu'une tout petite partie de son être.

6. *Quod*, chose qui.

IV

La Justice et le Châtiment

XVI. — 53. « Sunt enim levia et perinfirma, quæ dicebantur a te, animi conscientia improbos excruciari, tum etiam pœnæ timore, qua aut afficiantur aut semper sint in metu ne afficiantur aliquando. Non oportet timidum aut imbecillo animo fingi non bonum illum verum, qui[1], quicquid fecerit, ipse se cruciet omniaque formidet, sed omnia callide referentem ad utilitatem, acutum[2], versutum, veteratorem, facile ut excogitet, quo modo occulte, sine teste, sine ullo conscio fallat.

XVII. — « 54. Non igitur de improbo[1], sed *de* callido improbo quærimus, nec vero omnia timente, sed primum qui animi conscientiam non curet, quam scilicet comprimere nihil est negotii. Is enim, qui occultus et tectus dicitur, tantum abest ut[2] se indicet, perficiet etiam ut dolere alterius improbo facto videatur. Quid est enim aliud esse versutum? 55. Memini me adesse P. Sextilio Rufo[3], cum is rem ad amicos ita deferret, se esse heredem Q. Fadio Gallo, cujus in testamento scriptum esset se ab eo rogatum, ut omnis hereditas ad filiam[4] perveniret. Id Sextilius factum negabat[5]. Poterat autem impune; quis enim redargueret? Nemo nostrum credebat, eratque veri similius hunc mentiri cujus interesset, quam illum qui id

XVI. — 1. *Qui*, tel qu'il.
2. *Acutum*, inventif, rusé. — *Versutum*, naturellement retors. — *Veteratorem*, rendu habile par la pratique.

XVII. — 1. *Improbo*, simplement méchant. — *Qui*, tel qu'il.
2. *Tantum abest ut se indicet*, loin de se découvrir.
3. Inconnu, comme Fadius Gallus. — *Se*, Sextilius. — *Eo*, Fadius.
4. La loi *Voconia* interdisait à un père ayant plus de 100,000 sesterces (26,850 fr.) de laisser à sa fille plus de la moitié de sa fortune. Pour tourner la loi, Fadius avait institué Sextilius son légataire universel, à charge de remettre à sa fille tout l'héritage.
5. *Id factum*, non pas que cela fût écrit dans le testament, il n'aurait pu le nier, mais qu'il s'y fût engagé.

se rogasse scripsisset quod debuisset rogare. Addebat etiam se in[6] legem Vaconiam juratum contra eam facere non audere, nisi aliter amicis videretur. Aderamus nos quidem adulescentes, sed multi amplissimi viri, quorum nemo censuit plus Fadiæ dandum quam posset ad eam lege Vaconia pervenire. Tenuit permagnam Sextilius hereditatem, unde, si secutus esset eorum sententiam, qui honesta et recta emolumentis omnibus et commodis anteponerent[7], nummum nullum attigisset. Num igitur eum postea censes anxio animo aut sollicito fuisse? Nihil minus[8], contraque illa hereditate dives ob eamque rem lætus. Magni enim æstimabat pecuniam non modo non contra leges, sed etiam legibus partam; quæ quidem vel cum periculo est quærenda vobis. Est enim effectrix multarum et magnarum voluptatum.

XVIII.—57. « Sed finge non solum callidum eum qui aliquid improbe faciat, verum etiam præpotentem, ut M. Crassus[1] fuit, qui tamen solebat uti suo bono, ut hodie est noster Pompeius[2], cui recte facienti gratia est habenda; esse enim quam vellet[3] iniquus poterat impune. Quam multa vero injuste fieri possunt, quæ nemo possit reprehendere! 58. Si te amicus tuus moriens rogaverit ut hereditatem reddas suæ filiæ, nec usquam id scripserit, ut scripsit Fadius, nec cuiquam dixerit, quid facies? Tu quidem reddes; ipse Epicurus fortasse redderet, ut Sex. Peducæus[4], Sex. F., is

6. *In*, en faveur de.

7. Sur cet imparfait, v. p. 44, n. 2. — *Nummum*, le sesterce valant 2 as et demi (0 fr. 26).

8. *Nihil minus*, point du tout.

XVIII. — 1. M. Licinius Crassus Dives, le triumvir, né en 115, tué en 53 par les Parthes, le prédécesseur de Cicéron dans le collège des Augures. — *Suo*, seulement du sien.

2. Cn. Pompeius Magnus (106-48); après avoir été lieutenant de Sylla, il fut vainqueur des pirates et de Mithridate; il forma alors (61) le premier triumvirat avec César et Crassus; après les victoires de César en Gaule, il entra en lutte avec lui; vaincu à Pharsale (48), il fut mis à mort en débarquant en Égypte.

3 *Quam vellet*, autant qu'il le voudrait.

4. Sextus Peducæus (Sex. F. = Sexti filius), préteur en Sicile en 74, l'année même où Cicéron y était questeur. Son fils semble avoir été très lié (*nostrum*) avec Cicéron et Atticus.

qui hunc nostrum reliquit effigiem et humanitatis et probitatis suæ filium, cum doctus, tum omnium vir optimus et justissimus, cum sciret nemo eum rogatum a C. Plotio, equite Romano splendido, Nursino[5], ultro ad mulierem venit eique nihil opinanti viri mandatum exposuit hereditatemque reddidit. Sed ego ex te quæro, quoniam idem tu certe fecisses, nonne intellegas eo majorem vim esse naturæ, quod ipsi vos, qui omnia ad vestrum commodum et, ut ipsi dicitis, ad voluptatem referatis, tamen ea faciatis, e quibus appareat non voluptatem vos, sed officium sequi, plusque rectam naturam quam rationem pravam[6] valere. 59. Sed nimis multa. Perspicuum est enim, nisi æquitas, fides, justitia proficiscantur a natura, et si omnia hæc ad utilitatem referantur, virum bonum non posse reperiri. »

V

L'Épicurien Thorius Balbus

XX. — 63. « L. Thorius Balbus[1] fuit, Lanuvinus, quem meminisse tu non potes. Is ita vivebat ut nulla tam exquisita posset inveniri voluptas, qua non abundaret. Erat et cupidus voluptatum et ejus generis intellegens[2] et copiosus, ita non superstitiosus, ut illa plurima in sua patria sacrificia et fana contemneret ; ita non timidus ad[3] mortem, ut in acie sit ob rem publicam interfectus. 64. Cupiditates non Epicuri divisione[4] finiebat, sed sua satietate. Habebat tamen rationem valetudinis : utebatur iis[5] exer-

5. Nursia était une petite ville de la Sabine (v. p. 43, n. 8). — *Mulierem*, sa veuve.

6. *Rationem pravam*, une raison dépravée.

XX. — 1. Ce personnage n'est connu que par ce passage : il était né à Lanuvium, ville du Latium, à 24 k. S.-E. de Rome, à droite de la voie Appienne.

2. *Ejus generis intellegens*, sachant les choisir avec goût.

3. *Ad*, relativement à... C'est donc un Épicurien modèle.

4. *Divisione*, d'après la distinction que fait Épicure qui divise nos désirs en trois classes : 1° ceux qui sont naturels et nécessaires à la fois ; 2° ceux qui sont naturels sans être nécessaires ; 3° ceux qui ne sont ni naturels ni nécessaires.

5. *Iis*, tels. — *Ad concoquendum*, à digérer.

citationibus, ut ad cenam et sitiens et esuriens veniret; eo cibo, qui et suavissimus esset et idem facillimus ad concoquendum; vino et ad voluptatem, et ne noceret. Cetera illa adhibebat, quibus demptis negat se Epicurus intellegere quid sit bonum. Aberat omnis dolor, qui si adesset, nec molliter[6] ferret et tamen medicis plus quam philosophis uteretur. Color egregius, integra valetudo, summa gratia[7], vita denique conferta voluptatum omnium varietate. 65. Hunc vos[8] beatum; ratio quidem vestra sic cogit. At ego quem huic anteponam non audeo dicere; dicet pro me ipsa virtus, nec dubitabit isti vestro beato M. Regulum[9] anteponere, quem quidem, cum sua voluntate, nulla vi coactus præter fidem quam dederat hosti, ex patria Carthaginem revertisset, tum ipsum, cum vigiliis et fame cruciaretur, clamat virtus beatiorem fuisse quam potantem in rosa[10] Thorium. Bella magna gesserat, bis consul fuerat, triumpharat, nec tamen sua illa superiora[11] tam magna neque tam præclara ducebat quam illum ultimum casum, quem propter fidem constantiamque susceperat, qui nobis miserabilis videtur audientibus, illi perpetienti erat voluptarius. Non enim hilaritate nec lascivia nec risu aut joco, comite levitatis[12], sæpe etiam tristes firmitate et constantia sunt beati[13]. »

VI

L'homme n'est pas né pour le plaisir

XXXIV. — 111. « Nos vero siquidem in voluptate sunt

6. *Nec molliter*, sans faiblesse.

7. *Summa gratia*, un très grand crédit.

8. S.-e. *tenetis*. — *Ratio vestra*, votre système.

9. M. Atilius Régulus, consul pour la deuxième fois en 256, fut fait prisonnier par les Carthaginois en Afrique. Envoyé à Rome cinq ans après, pour proposer l'échange des prisonniers, il s'y opposa, revint à Carthage où, dit-on, il trouva la mort au milieu des plus cruelles tortures (v. p. 267, n. 4).

10. *In rosa*, au milieu des roses.

11. *Superiora*, antérieures. — *Constantiam*, fidélité à sa parole.

12. *Comite levitatis*, compagnie ordinaire de la frivolité.

13. *Beati*. On est heureux non seulement dans la joie exubérante, mais encore au sein même de la tristesse, par la force d'âme.

omnia, longe multumque superamur a bestiis, quibus ipsa[1] terra fundit ex sese pastus varios atque abundantes nihil laborantibus, nobis autem aut vix aut ne vix quidem suppetunt[2] multo labore quærentibus. Nec tamen ullo modo summum pecudis bonum et hominis idem mihi videri potest. Quid enim tanto opus est instrumento[3] in optimis artibus comparandis? quid tanto concursu honestissimorum studiorum, tanto virtutum comitatu, si ea[4] nullam ad aliam rem nisi ad voluptatem conquiruntur? 112. Ut, si Xerxes, cum tantis classibus tantisque equestribus et pedestribus copiis Hellesponto[5] juncto, Athone perfosso maria ambulavisset, terram[6] navigasset, si[7], cum tanto impetu in Græciam venisset, causam quis ex eo quæreret tantarum copiarum tantique belli, mel se auferre ex Hymetto[8] voluisse diceret, certe sine causa videretur[9] tanta conatus, sic nos sapientem plurimis et gravissimis artibus atque virtutibus instructum et ornatum non, ut illum, maria pedibus peragrantem, classibus montes, sed omne cælum totamque cum universo mari terram mente complexum, voluptatem petere si dicemus, mellis causa dicemus tanta molitum. 113. Ad altiora quædam et magnificentiora, mihi crede, Torquate, nati sumus. »

XXXIV. — 1. *Ipsa*, d'elle-même, sans être travaillée. — *Fundit*, verse en abondance.

2. *Suppetunt* (s.-e. *cibi*), sont suffisants. — *Pecudis* : v. p. 88, n. 4.

3. *Instrumento*, labeur. — *Artibus*, connaissances.

4. *Ea*, ces biens. — *Ut* annonce *sic* (sept lignes plus bas). — Sur Xercès, v. p. 22, n. 6.

5. Xercès, pour faire passer ses troupes d'Asie en Europe, avait réuni par un pont les deux rives de l'Hellespont (auj. détroit des Dardanelles); il avait aussi percé la presqu'île septentrionale de la Chalcidique, près du mont Athos, pour donner passage à sa flotte.

6. *Maria... terram.* Cet accusatif de qualification (*maritimam ambulationem ambulare*) est beaucoup plus usité en grec (v. Ragon, *G. lat.*, 244 et R. I).

7. Entendez *et si*.

8. Montagne à l'est d'Athènes, renommée par son miel.

9. *Videretur* est le verbe principal.— *Ut illum*, comme Xercès.

LIVRE III

Avec ce troisième livre, qui débute par un préambule dans lequel Cicéron se plaint de la difficulté d'exposer en latin les doctrines stoïciennes, commence un nouvel entretien. Cicéron se trouvant à Tusculum, va chercher quelques livres chez le jeune Lucullus, il y trouve Caton (d'Utique) en train de lire des livres stoïciens. Cicéron ayant critiqué le peu de solidité de la doctrine du Portique, Caton développe les théories morales des Stoïciens et en montre l'enchaînement.

Il établit tout d'abord que l'honnête est le seul bien : tout être, dit-il, tend dès sa naissance à la conservation de sa nature : notre premier devoir est donc de nous attacher à tout ce qui est conforme à notre nature. Or, notre vraie nature, c'est la raison ; pour nous, vivre selon la nature, c'est donc vivre selon la raison, c'est-à-dire honnêtement. Les autres biens disparaissent à côté de l'honnête, comme « la lueur d'un flambeau s'obscurcit à la lumière du soleil, comme une goutte de miel se perd dans l'immensité des mers. » Caton expose ensuite qu'il existe cependant des choses qui, sans mériter le nom de biens, sont cependant dignes d'estime, puis il montre que c'est la nature qui a donné aux pères d'aimer leurs enfants, que cet amour même est l'origine des sociétés humaines (63-66), et que les vertus sont désintéressées. Il termine par un bel éloge du sage (75-76).

I

L'homme est naturellement sociable

XIX. — 63. « Ex hoc[1] nascitur ut etiam communis hominum inter homines naturalis sit commendatio, ut[2] oporteat hominem ab homine ob id ipsum quod homo sit, non alienum videri. Ut enim in membris alia sunt tamquam sibi nata, ut oculi, ut aures ; alia etiam ceterorum membrorum

XIX. — 1. *Ex hoc*, de l'amour des parents pour leurs enfants. — *Communis commendatio*, litt. une recommandation mutuelle.

2. *Ut*, de sorte que.

usum adjuvant, ut crura, ut manus, sic immanes quædam bestiæ sibi solum natæ sunt, formicæ, apes, ciconiæ aliorum etiam causa quædam faciunt. Multo hæc[3] conjunctius homines. Itaque natura sumus apti ad cœtus[4], concilia, civitates. 64. Mundum autem censent regi numine[5] deorum, eumque esse quasi communem urbem et civitatem hominum et deorum, et unum quemque nostrum ejus mundi esse partem; ex quo illud natura consequi ut communem utilitatem nostræ anteponamus. Ut enim leges omnium salutem singulorum saluti anteponunt, sic vir bonus et sapiens et legibus parens et civilis officii[6] non ignarus utilitati omnium plus quam unius alicujus aut suæ consulit. Nec magis est vituperandus proditor patriæ quam communis utilitatis aut salutis desertor[7] propter suam utilitatem aut salutem. Ex quo fit ut laudandus is sit qui mortem oppetat pro re publica, quod deceat cariorem nobis esse patriam quam nosmet ipsos. Quoniamque illa vox inhumana[8] et scelerata ducitur eorum qui negant se recusare, quominus ipsis mortuis terrarum omnium deflagratio consequatur (quod vulgari[9] quodam versu Græco pronuntiari solet), certe verum est etiam iis qui aliquando futuri sint, esse propter ipsos consulendum.

XX. — 65. « Ex hac animorum affectione[1] testamenta commendationesque morientium natæ sunt. Quodque nemo in summa solitudine vitam agere velit, ne cum infinita quidem voluptatum abundantia, facile intellegitur nos ad cunjunctionem congregationemque hominum et ad naturalem communitatem esse natos. Impellimur autem natura ut prodesse velimus quam plurimis[2], in primisque docendo

3. S.-e. *faciunt.* — *Conjunctius*, dans une liaison plus étroite.

4. *Cœtus* (cf. *coeo*) désigne une assemblée quelconque, sans but déterminé ; *consilia*, un conseil, une assemblée des autorités constituées.

5. *Numine*, la Providence.

6. *Civilis officii*, les devo citoyen. — *Consulere* et veiller à.

7. V. p. 78, n. 9.

8. *Inhumana*, indigne d'un homme. — *Ducitur*, est regardée comme. — *Recusare*, empêcher.

9. Ἐμοῦ θανόντος, γαῖα μιχθήτω πυρί. Cf. le dicton : après moi le déluge.

XX. — 1. *Affectione*, disposi-

2. *uam plurimis*, au plus grand nombre possible.

rationibusque prudentiæ tradendis. 66. Itaque non facile est invenire qui[3], quod sciat ipse, non tradat alteri; ita non solum ad discendum propensi sumus, verum etiam ad docendum. Atque ut tauris natura datum est ut pro vitulis contra leones summa vi impetuque contendant, sic ii qui valent opibus atque id facere possunt, ut de Hercule et de Libero accepimus, ad servandum genus hominum natura incitantur. »

II

Portrait du sage, d'après les Stoïciens

XXII. — 75. « Quam gravis[1], quam magnifica, quam constans conficitur persona sapientis! qui, cum ratio docuerit quod honestum esset[2], id esse solum bonum, semper sit necesse est beatus vereque omnia ista nomina possideat, quæ irrideri ab imperitis solent. Rectius enim appellabitur rex quam Tarquinius[3], qui nec se nec suos regere potuit; rectius magister populi (is enim est dictator) quam Sulla,[4] qui trium pestiferorum vitiorum, luxuriæ, avaritiæ, crudelitatis, magister fuit; rectius dives quam Crassus, qui nisi eguisset, numquam Euphraten[5] nulla belli causa transire voluisset; recte ejus omnia dicentur qui scit uti solus omnibus; recte etiam pulcher appellabitur (animi enim lineamenta sunt pulchriora quam corporis); recte solus liber nec dominationi cujusquam parens nec obœdiens cupiditati; 76. recte invictus, cujus etiamsi corpus constringatur, animo tamen vincula injici nulla possint, nec exspectet ullum tempus ætatis, ut tum[6] denique judicetur beatusne

3. *Qui* = (*aliquem talem*) *ut*.

XXII. — 1. *Gravis*, noble. — *Constans*, toujours égal.

2. Sur cet imparf., v. p. 44, n. 2.

3. V. p. 20, n. 1. — *Is* par attraction = *id*.

4. L. Cornelius Sylla Félix (138-78), le vainqueur de Marius. Nommé dictateur, il assura son autorité par d'effroyables proscriptions; il résigna sa dictature en 79, et se retira dans ses terres à Pouzzoles. — *Luxuriæ*, l'intempérance. — *Avaritiæ*, la cupidité. — Sur Crassus, v. p. 92, n. 1.

5. Fleuve d'Asie-Mineure, qui bornait à l'O. la Mésopotamie, occupée alors par les Parthes.

6. *Tum* annonce *cum*.

fuerit, cum extremum vitæ diem morte confecerit, quod ille[7] unus e septem sapientibus non sapienter Crœsum monuit. Nam si beatus umquam fuisset, beatam vitam usque ad illum a Cyro[8] exstructum rogum pertulisset. Quod si ita est, ut neque quisquam nisi bonus vir et omnes boni beati sint, quid philosophia magis colendum aut quid est virtute divinius? »

LIVRE IV

Au début de ce livre, qui est une réfutation des idées exagérées du stoïcisme, Cicéron établit que Zénon a eu tort de laisser de côté les parties de la philosophie qui ont trait à la politique et à la rhétorique (5-7) et qu'il aurait pu adopter l'ancienne dialectique et l'ancienne physique. Quant à la doctrine du souverain bien, il a peu ajouté à ceux qui sont venus avant lui; encore son innovation est-elle malheureuse : l'homme a un corps, dont il faut tenir compte : il n'est pas un pur esprit, et c'est le bien de l'homme tout entier qu'il faut chercher (28-37). Le tort des Stoïciens est de se laisser aller à des subtilités de langage dans le désir de différer des Académiciens et des Péripatéticiens; mieux vaudrait songer à corriger les mœurs (52-53, 72-73). N'est-ce pas encore une subtilité que cette égalité des fautes qu'ils admettent (74-76)!

7. Solon. — *Non sapienter*, peu sagement. Cicéron reprendra l'argument de Solon dans les *Tusculanes*.

8. Cyrus l'Ancien, le fondateur de l'empire perse, après avoir vaincu Crésus à Thymbrée (548) et l'avoir fait prisonnier dans Sardes, sa capitale, le condamna à périr sur le bûcher (*rogum*). Crésus se rappela alors la parole de Solon : « Nul homme ne peut être appelé heureux avant sa mort. » Cyrus, l'entendant prononcer trois fois le nom du législateur d'Athènes, lui en demanda le motif, et saisissant dans sa réponse une frappante leçon sur l'instabilité des grandeurs humaines, lui fit grâce de la vie et l'admit au nombre de ses conseillers. — *Beatam vitam pertulisset*, eût été heureux encore.

I

Éloquence des Péripatéticiens et des Académiciens opposée à la sécheresse des Stoïciens

III. — 5. « Quam multa illi[1] de re publica scripserunt, quam multa de legibus! quam multa non solum præcepta in artibus, sed etiam exempla in orationibus bene dicendi reliquerunt! Primum enim ipsa illa, quæ subtiliter disserenda[2] erant, polite apteque dixerunt tum definientes, tum partientes, ut vestri etiam, sed vos squalidius, illorum vides quam niteat oratio. 6. Deinde ea quæ requirebant orationem[3] ornatam et gravem, quam magnifice sunt dicta ab illis, quam splendide! de justitia, de temperantia, de fortitudine, de amicitia! de ætate degenda[4], de philosophia, de capessenda re publica, hominum[5] *nec* spinas vellentium, ut Stoici, nec ossa nudantium, sed eorum, qui grandia ornate vellent, enucleate[6] minora dicere. Itaque quæ sunt eorum consolationes[7], quæ cohortationes, quæ etiam mo-

IV. — 1. Les Péripatéticiens et les Académiciens. — *Artibus*, les traités de rhétorique.

2. *Subtiliter disserenda*, demandant à être exposées dans un style simple, où il n'y a que la trame de la pensée (*subtilis*, étoffe où il n'y a que le tissu sans ornements surajoutés). — *Polite*, avec élégance. — *Apte*, dans un style harmonieux; *aptus* se dit d'un style où l'euphonie n'est pas blessée par des rencontres désagréables de voyelles. — *Ut vestri* (comme les Stoïciens) ne porte que sur *tum definientes, tum partientes* (par des définitions et par des divisions). — *Squalidius* (litt.: couvert d'écailles, hérissé, sale; ici : qui manque de poli, terne) s'oppose à *niteat* (l'éclat, le brillant du style).

3. *Orationem*, un style. — *Ornatam*, orné, où l'on emploie les figures de pensées et de mots. — *Gravem*, sublime.

4. *Ætate degenda*, la conduite de la vie. — *Capessenda re publica*, l'administration des affaires.

5. Avec *hominum*, sous-entendez *dicta*.—*Spinas vellentium*... qui ne cueillent que les épines et n'offrent que des os décharnés. Allusion à la sécheresse du style des Stoïciens. — *Ornate*, avec toutes les ressources de l'élocution.

6. *Enucleate*, simplement, dont la clarté n'est voilée par aucune pompe extérieure, litt. : dont on a ôté le noyau.

7. Écrits adressés à quelqu'un qui venait de perdre une personne chère.

nita et consilia scripta ad summos viros! Erat enim apud eos, ut est rerum ipsarum natura, sic dicendi exercitatio duplex[8]. Nam quicquid quæritur, id habet aut generis ipsius sine personis temporibusque aut iis adjunctis facti aut juris aut nominis controversiam. Ergo in utroque exercebantur, eaque disciplina[9] effecit tantam illorum utroque in genere dicendi copiam. 7. Totum genus hoc Zeno[10], et qui ab eo sunt, aut non potuerunt *tueri* aut noluerunt, certe reliquerunt. Quamquam[11] scripsit artem rhetoricam Cleanthes[12], Chrysippus[13] etiam, sed sic ut, si quis obmutescere concupierit, nihil aliud legere debeat. Itaque vides quo modo loquantur. Nova verba fingunt, deserunt usitata. At quanta conantur[14]! — Mundum hunc omnem oppidum esse nostrum. — Vides quantam rem agat[15], ut, Circeiis qui habitet, totum hunc mundum suum municipium esse existimet. — Incendit igitur eos qui audiunt. — Quid? ille incendat? restinguet citius, si ardentem acceperit. Ista ipsa[16], quæ tu breviter : regem, dictatorem, divitem solum esse sapientem, a te quidem apte ac rotunde ; quippe ; habes enim a rhetoribus ; illorum vero ista ipsa quam exilia[17] de virtutis

8. Ce mot est expliqué par ce qui suit : les sujets qu'on traite sont ou bien des questions générales, qui n'ont rapport ni à une personne ni à un temps déterminé, ou bien des questions particulières, qui portent sur des faits, un point de droit ou une interprétation.

9. *Disciplina*, méthode de travail.

10. Zénon, né à Citium en Chypre, en 362 av. J.-C., le fondateur de l'école stoïcienne. — *Ab eo qui sunt*, ses disciples.

11. *Quamquam* = *et tamen*.

12. Cléanthe d'Assos, en Troade, d'abord athlète, suivit pendant dix-neuf ans les leçons de Zénon, auquel il succéda. Trop pauvre pour acheter du parchemin, il écrivait la leçon de son maître sur des débris de vaisselle et passait la nuit à puiser de l'eau chez un jardinier ou à bluter la farine d'une marchande pour gagner sa vie.

13. Chrysippe (280?-207?), de Soli ou de Tarse en Cilicie, le plus fécond des écrivains du Stoïcisme, succéda à Cléanthe.

14. *At quanta conantur!* quelle prétention!

15. *Quantam rem agat*, à quoi il aboutit. — Circei est un petit bourg du pays des Volsques à l'extrémité du promontoire de ce nom : Circé y aurait habité. — *Municipium*, bourg jouissant du droit de cité.

16. V. extrait II du livre III. — Après *tu*, s.-e. *dixisti*. — *Apte*, v. p. 100, n. 2. — *Rotunde*, avec des phrases bien arrondies. — *Quippe*, cela va de soi.

17. *Exilia*, maigre, faible. —

vi! quam tantam volunt esse ut beatum per se efficere possit. Pungunt quasi aculeis interrogatiunculis angustis, quibus etiam qui assentiuntur, nihil commutantur animo et iidem abeunt qui venerant; res enim fortasse veræ, certe graves, non ita tractantur ut debent, sed aliquanto[18] minutius. »

II

La vertu seule n'est pas le souverain bien

XII. — 28. « Uno autem modo in virtute sola summum bonum recte poneretur, si quod[1] esset animal quod totum ex mente constaret. 29. Sin dicunt[2] obscurari quædam nec apparere, quia valde parva sint, nos quoque concedimus; quod dicit Epicurus etiam de voluptate, quæ minimæ sint voluptates, eas obscurari sæpe et obrui. Sed non sunt in eo genere[3] tantæ commoditates corporis tamque productæ temporibus tamque multæ. Itaque in quibus propter eorum exiguitatem obscuratio consequitur, sæpe accidit ut nihil interesse nostra fateamur, sint illa necne sint, ut in sole[4], quod a te dicebatur, lucernam adhibere nihil interest, aut teruncium adjicere Crœsi[5] pecuniæ. 30. Quibus autem in rebus tanta obscuratio non fit, fieri tamen potest ut id ipsum quod interest, non sit magnum. Ut[6] ei, qui jucunde vixerit annos decem, si æque vita jucunda menstrua addatur, quia momentum aliquod habeat ad jucundum accessio, bonum sit; si autem id non concedatur, non continuo vita beata tollitur. Bona autem corporis huic sunt quod posterius posui[7], similiora. Habent enim accessionem dignam

Quasi aculeis, comme avec des aiguilles.

18. *Aliquando minutius*, avec trop peu d'ampleur.

XII. — 1. *Si quod*..., s'il existait un animal qui fût un pur esprit.

2. S.-e. *Stoici*. — *Obscurari*, disparaître. — *Obrui*, être étouffé.

3. *In eo genere*, dans cette classe (des choses petites). — *Tantæ*, etc., importantes par leur nature, leur durée et leur nombre.

4. *In sole*, en plein soleil. — *Teruntium*, un liard, un quart d'as (0 fr. 0025).

5. Sur Crésus, v. p. 99, n. 8.

6. *Ut*, par exemple. — *Accessio ad jucundum*, cette augmentation à la durée de son bonheur.

7. *Posterius posui*, j'ai écrit en dernier lieu.

in qua[8] elaboretur, ut mihi in hoc Stoici jocari videantur interdum, cum ita dicant, si ad illam vitam, quæ cum virtute degatur, ampulla aut strigilis accedat, sumpturum sapientem eam vitam potius quo[9] hæc adjecta sint, nec beatiorem tamen ob eam causam fore. 31. Hoc simile tandem est[10]? non risu potius quam oratione ejiciendum? Ampulla enim sit necne sit[11], quis non jure optimo irrideatur, si laboret? At vero pravitate membrorum[12] et cruciatu dolorum si quis quem levet, magnam ineat gratiam, nec si ille sapiens ad tortoris eculeum[13] a tyranno ire cogatur, similem habeat vultum et si ampullam perdidisset, sed ut magnum et difficile certamen iniens, cum sibi cum capitali adversario, dolore, depugnandum videret, excitaret[14] omnes rationes fortitudinis ac patientiæ, quarum præsidio iniret difficile illud, ut dixi, magnumque prœlium. Deinde non quærimus quid obscuretur aut intereat, quia sit admodum parvum, sed quid tale sit ut expleat summam[15]. Una voluptas e multis obscuratur in illa vita voluptaria, sed tamen ea, quamvis parva sit, pars est ejus vitæ, quæ posita est in voluptate. Nummus[16] in Crœsi divitiis obscuratur, pars est tamen divitiarum. Quare obscurentur[17] etiam hæc, quæ secundum naturam esse dicimus, in vita beata; sint modo partes vitæ beatæ.

XIV. — 36. « Quid igitur dubitamus in tota ejus[1] natura quærere quid sit effectum? Cum enim constet inter omnes omne officium munusque sapientiæ in hominis cultu[2] esse occupatum, alii (ne me existimes contra Stoicos solum

8. *In qua* = *ut in ea*. — *Ampulla*, une bouteille. — *Strigilis*, une étrille.
9. *Quo* = *ad quam*.
10. Est-ce là une comparaison? — *Ejiciendum*, devant être réfuté.
11. Cette interrogation dépend de *laboret*.
12. *Pravitate membrorum*, d'une paralysie.
13. *Eculeum*, chevalet, instrument de torture, tréteau à croupe anguleuse sur lequel le patient était placé à cheval avec des poids aux pieds et aux mains. — *Et si*, que si.
14. *Excitaret*, il ferait valoir.
15. *Expleat summam*, mettre le comble à la mesure.
16. V. p. 92, n. 7.
17. *Obscurentur*, que disparaisse.

XIV. — 1. *Ejus*, de l'homme.
2. *In cultu*, dans la formation.

dicere) eas sententias afferunt ut summum bonum in eo genere ponant, quod[3] sit extra nostram potestatem, tamquam de inanimo aliquo loquantur, alii contra, quasi corpus nullum sit hominis, ita præter animum nihil curant, cum præsertim ipse quoque animus non inane nescio quid[4] sit (neque enim id possum intellegere), sed in quodam genere corporis, ut[5] ne is quidem virtute una contentus sit, sed appetat vacuitatem doloris. Quam ob rem utrique idem faciunt ut si[6] lævam partem neglegerent, dexteram tuerentur, aut ipsius animi, ut fecit Erillus, cognitionem amplexarentur, actionem relinquerent. Eorum enim omnium multa prætermittentium, dum eligant aliquid[7] quod sequantur, quasi curta sententia; at vero illa perfecta atque plena eorum qui cum de hominis summo bono quærerent, nullam in eo neque animi neque corporis partem vacuam tutela reliquerunt. 37. Vos autem, Cato[8], quia virtus, ut omnes fatemur, altissimum locum in homine et maxime excellentem tenet, et quod eos qui sapientes sunt, absolutos et perfectos[9] putamus, aciem animorum nostrorum virtutis splendore præstringitis. In omni enim animante est summum aliquid atque optimum, ut in equis, in canibus, quibus tamen et dolore vacare opus est et valere; sic igitur in homine perfectio ista in eo potissimum quod est optimum, id est in virtute, laudatur. Itaque mihi non satis videmini considerare quod iter sit naturæ quæque[10] progressio. Non enim, quod facit in frugibus, ut, cum ad spicam perduxerit ab herba, relinquat et pro nihilo habeat herbam, idem facit in homine, cum eum ad rationis habi-

3. *In eo genere quod*, en ce qui.

4. *Non inane nescio quid*, un je ne sais quoi qui n'est pas vague et sans réalité, chose incompréhensible, mais qui existe dans un corps bien déterminé.

5. *Ut*, de sorte que.

6. *Idem ut si*, la même chose que si. — Erille, philosophe carthaginois, mettait le souverain bien dans la science (*cognitionem*) et dans la vertu (*actionem*).

7. *Aliquid*, une seule. — *Quasi curta (est)*, est pour ainsi dire estropiée. — Après *illa*, s.-e. *sententia*. — *Perfecta atque plena (est)*, complète et entière. — *Vacuam tutela*, sans défense.

8. Caton d'Utique (v. p. 59, n. 2) et les Stoïciens.

9. *Absolutos et perfectos*, parfaits et accomplis. — *Aciem præstringitis*, vous éblouissez la prunelle.

10. *Quæque* = *et quæ*.

tum[11] perduxit. Semper enim ita assumit aliquid, ut ea quæ prima dederit, non deserat. »

III

Ce qui importe, c'est de réformer sa vie

XIX. — 52. « Equidem in omnibus istis conclusionibus hoc putarem philosophia nobisque dignum, et maxime, cum summum bonum quæreremus, vitam nostram, consilia, voluntates, non verba corrigi. Quis enim potest istis[1] quæ te, ut ais, delectant, brevibus et acutis auditis, de sententia decedere ? Nam cum exspectant[2] et avent audire cur dolor malum non sit, dicunt illi asperum esse dolere, molestum, odiosum, contra naturam, difficile toleratu ; sed, quia nulla sit in dolore nec fraus nec improbitas nec malitia nec culpa nec turpitudo, non esse illud malum. Hæc qui audierit, ut[3] ridere non curet, discedet tamen nihilo firmior ad dolorem ferendum quam venerat. 53. Tu autem negas fortem esse quemquam posse, qui dolorem malum putet. Cur fortior sit, si illud, quod tute[4] concedis, asperum et vix ferendum putabit ? Ex rebus enim timiditas, non ex vocabulis nascitur.

XXVI. — 72. « Aut doceat[1] paratiorem me ad contemnendam pecuniam fore, si illam in rebus præpositis quam si in bonis duxero, fortioremque in patiendo dolore, si eum asperum et difficilem perpessu, si contra naturam esse quam si malum dixero. 73. Facete M. Piso[2], familiaris

11. *Ad habitum rationis*, à l'âge de raison. — *Assumit*, elle ajoute.

XIX.—1. *Istis*, vos arguments. (V. l'appréciation que Cicéron fait du style des Stoïciens, IV, §§ 5-8.)

2. S.-e. *audientes*. — *Illi*, les Stoïciens.

3. *Ut*, supposé que.

4. *Tute* = *tu ipse*. — *Timiditas*, la crainte.

XXVI. — 1. S.-e. *Zeno*. — *Præpositis*. Les Stoïciens donnent ce nom de *préférables* aux choses dignes d'estime, qu'ils ne peuvent cependant se résoudre à appeler des biens, comme la fortune, la santé.

2. M. Pupius Piso Frugi Cal-

noster, et alia multa et hoc modo Stoicos irridebat : Quid enim ? aiebat, bonum negas esse divitias, præpositum[3] esse dicis ; quid adjuvas ? avaritiamne minuis ? quo modo ? Si verbum sequimur, primum longius verbum « præpositum » quam « bonum ». — Nihil ad rem[4] ! — Ne sit sane ; at certe gravius. Nam bonum ex quo appellatum sit, nescio, præpositum ex eo credo quod præponatur aliis. Id mihi magnum videtur. Itaque dicebat plus tribui divitiis a Zenone, qui eas in præpositis poneret, quam ab Aristotele, qui bonum esse divitias fateretur, sed neque magnum bonum et præ rectis honestisque contemnendum ac despiciendum nec magnopere expetendum. »

IV

Toutes les fautes ne sont pas égales

XXVII. — 74. « Omnia peccata paria dicitis. Non ego tecum jam ita jocabor[1], ut isdem his de rebus, cum L. Murenam te accusante defenderem. Apud imperitos tum illa dicta sunt, aliquid etiam coronæ[2] datum ; nunc agendum est subtilius. 75. Peccata paria. — Quonam modo ? — Quia nec honesto quicquam honestius nec turpi turpius. — Perge porro ; nam[3] de isto magna dissensio est. Illa argumenta propria videamus cur omnia sint paria peccata. — Ut, inquit, in fidibus pluribus, si nulla earum ita contenta nervis[4] sit, ut concentum servare possit, omnes æque

purnius, préteur en 69, consul en 61, l'année du procès de Clodius, qui amena une brouille entre Cicéron et lui. Il expose au livre V la doctrine péripatéticienne sur le souverain bien.

3. *Præpositum*, v. p. 105, n. 1. — *Quid adjuvas*, à quoi bon. — *Si verbum sequimur*, si nous ne regardons que les mots. — *Longius*, plus long.

4. S.-e. *est*. — *Ne sit sane* (*ad rem*), soit. — *Gravius* (*est*), il dit plus.

XXVII. — 1. Allusion au *Pro Murena*, dans lequel Cicéron défendant Murena, accusé de brigue par Caton, railla avec beaucoup d'esprit le stoïcisme de celui-ci (63 av. J.-C.).

2. *Coronæ*, l'assistance, la *galerie*. — *Subtilius*, avec plus de finesse et de précision.

3. *Nam*. On pourrait discuter, car.

4. *Nervis*, les cordes. — *Con-*

incontentæ sint, sic peccata, quia discrepant, æque discrepant; paria sunt igitur. — Hic ambiguo ludimur[5]. Æque enim contingit omnibus fidibus ut incontentæ sint, illud non continuo ut æque incontentæ. Collatio[6] igitur ista te nihil juvat. Nec enim, omnes avaritias si æque avaritias esse dixerimus, sequetur ut etiam æquas esse dicamus. 76. Ecce aliud simile dissimile[7]. Ut enim, inquit, gubernator æque peccat, si palearum navem evertit et si[8] auri, item æque peccat, qui parentem et qui servum injuria verberat. — Hoc non videre[9], cujus generis onus navis vehat, id ad gubernatoris artem nihil pertinere! itaque aurum paleamne portet, ad bene aut ad male gubernandum nihil interesse! At quid inter parentem et servulum intersit, intellegi et potest et debet. Ergo in gubernando nihil, in officio[10] plurimum interesse quo in genere peccetur. Et si in ipsa gubernatione neglegentia est navis eversa, majus est peccatum in auro quam in palea. Omnibus enim artibus volumus attributam esse eam quæ communis appellatur prudentia, quam omnes, qui cuique artificio præsunt, debent habere. Ita ne hoc quidem modo paria peccata sunt. »

LIVRE V

Le livre cinquième s'ouvre par un récit dans lequel Cicéron raconte une promenade qu'il fit à l'Académie, pendant son séjour à Athènes, avec son frère Quintus, son cousin Cicéron, Atticus et M. Pison. Au cours de cette promenade la conversion tombe sur les impressions que chacun d'eux a éprouvées en visitant Athènes (1-6).

centum servare, s'accorder. — *Incontentæ*, mal tendues.

5. *Hic ambiguo ludimur.* C'est jouer sur les mots. (Voyez la place de *æque* dans les deux phrases.) — Après *illud* s.-e. *contingit.*

6. *Collatio*, comparaison.

7. *Aliud simile dissimile*, une autre de vos fausses comparaisons. — *Inquit*, s.-e. *Zeno.*

8. S.-e. *navem evertit.* — *Injuria*, à tort.

9. *Hoc non videre* (*est*), il n'importe en rien.

10. *In officio*, quand il s'agit d'un devoir.

I

Effets que produisent les lieux célèbres

I. — 1. Cum venissemus in Academiæ[1] non sine causa nobilitata spatia, solitudo erat, quam volueramus. 2. Tum Piso[2] : « Naturane nobis hoc, inquit, datum dicam an errore quodam, ut, cum ea loca videamus in quibus memoria dignos viros acceperimus multum esse versatos, magis moveamur quam si quando eorum ipsorum aut facta audiamus aut scriptum aliquod legamus? Velut ego nunc moveor. Venit enim mihi Platonis in mentem[3], quem accepimus primum hic disputare solitum; cujus etiam illi propinqui hortuli non memoriam solum mihi afferunt; sed ipsum videntur in conspectu meo ponere. Tanta vis admonitionis[4] inest in locis ut non sine causa ex iis memoriæ ducta sit disciplina. » 3. Tum Quintus : « Est plane, Piso, ut dicis, inquit. Nam me ipsum huc modo venientem convertebat[5] ad sese Coloneus ille locus[6], cujus incola Sophocles ob oculos versabatur, quem scis quam admirer quamque eo delecter. Me quidem ad altiorem memoriam[7] Œdipodis huc venientis[8], et illo mollissimo carmine, quænam essent hæc ipsa loca, requirentis, species quædam commovit, inaniter scilicet, sed commovit tamen. » Tum Pomponius[9] : « At ego, quem vos ut deditum Epicuro

I. — 1. V. p. 64, n. 10. — *Non sine causa nobilitata*, si justement célèbres.

2. V. p. 105, XXVI, n. 2. — *Errore*, illusion de l'esprit.

3. Cette expression se construit toujours avec le génitif; on s.-e. *memoria*. — *Primum*, le premier. — *Propinqui*, proches de nous.

4. *Vis admonitionis*, la puissance d'évocation. — *Memoriæ disciplina*, la mnémotechnie (v. *De Orat.*, II, §§. 351-353).

5. *Me convertebat*, je me sentais attiré. Quintus aimait beaucoup la tragédie (v. p. 45, n. 6).

6. Le bourg de Colone, patrie de Sophocle, situé sur une petite colline dominant l'Académie.

7. *Ad altiorem memoriam*, à des temps plus anciens encore.

8. Allusion au début d'*Œdipe à Colone*. — *Mollissimo*, si harmonieux. — *Inaniter scilicet*, vainement, je le sais.

9. Atticus (v. p. 36, n. 1) était épicurien.

insectari soletis, sum multum equidem cum Phædro[10], quem unice diligo, ut scitis, in Epicuri hortis, quos modo præteribamus ; sed veteris proverbii admonitu vivorum memini ; nec tamen Epicuri licet oblivisci, si cupiam, cujus imaginem non modo in tabulis nostri familiares, sed etiam in poculis et in anulis habent[11]. »

II. — 4. Hic ego : « Pomponius quidem, inquam, noster jocari videtur, et fortasse suo jure. Ego autem tibi, Piso, assentior usu hoc venire ut[1] acrius aliquanto et attentius de claris viris locorum admonitu cogitemus. Scis enim me quodam tempore Metapontum[2] venisse tecum, neque ad hospitem ante devertisse quam Pythagoræ ipsum illum locum, ubi vitam ediderat, sedemque viderim. Hoc autem tempore, etsi multa in omni parte Athenarum sunt in ipsis locis indicia[3] summorum virorum, tamen ego illa moveor exhedra ; modo enim fuit Carneadis[4], quem videre videor (est enim nota imago), a sedeque ipsa tanta ingenii magnitudine orbata desiderari illam vocem puto. » 5. Tum Piso : « Quoniam igitur aliquid omnes, quid Lucius[5] noster ? inquit, an eum locum[6] libenter invisit ubi Demosthenes et Æschines inter se decertare soliti sunt ? Suo enim unus quisque studio maxime ducitur. » Et ille, cum erubuisset : « Noli, inquit, ex me quærere, qui in Phalericum[7] etiam

10. Phèdre, philosophe épicurien, que Cicéron encore enfant entendit à Rome et dont il suivit l'enseignement plus tard à Athènes : il lui a fait des emprunts dans le *De Natura Deorum*. — *Unice*, particulièrement.

11. Les disciples d'Épicure entouraient leur maître d'une très grande vénération; ils avaient son portrait non seulement en peinture, mais jusque sur des coupes et sur des anneaux. On comprend qu'il eût été difficile à Atticus de l'oublier

II. — 1. *Usu hoc venire ut*, c'est un fait que.

2. Métaponte, ville située sur le golfe de Tarente, où avait vécu Pythagore (v. p. 48, XI, n. 2).

3. *Indicia*, des traces. — *Exhedra*, salle de réunion garnie de sièges où le chef de l'Académie donnait ces leçons.

4. Carnéade, né à Cyrène vers 215, mort à Athènes à 90 ans, le fondateur de la Nouvelle Académie. — *Videre videor*, je crois voir. — *Sedes* est personnifié.

5. Lucilius Tullius Cicéron, cousin germain de l'orateur, mort en 61.

6. L'*agora*.

7. S.-e. *portum*, le port de Phalères, deuxième port d'Athènes à l'est du Pirée.

descenderim, quo in loco ad fluctum aiunt declamare solitum Demosthenem, ut fremitum assuesceret voce vincere. Modo etiam paulum ad dexteram de via declinavi, ut ad Pericli[8] sepulcrum accederem. Quamquam[9] id quidem infinitum est in hac urbe; quacumque enim ingredimur, in aliqua historia vestigium ponimus. » 6. Tum Piso : « Atqui, Cicero, inquit, ista studia, si ad imitandos summos viros spectant, ingeniosorum[10] sunt; sin tantum modo ad indicia veteris memoriæ cognoscenda, curiosorum. Te autem hortamur omnes, currentem quidem, ut spero, ut eos quos novisse vis, imitari etiam velis. » Hic ego : « Etsi facit hic quidem, inquam, Piso, ut vides, ea quæ præcipis, tamen mihi grata hortatio tua est. » Tum ille[11] amicissime, ut solebat : « Nos vero, inquit, omnes omnia ad hujus adulescentiam conferamus, in primisque ut aliquid suorum studiorum philosophiæ quoque impertiat, vel ut te imitetur, quem amat, vel ut illud ipsum, quod studet, facere possit ornatius. »

Prié d'exposer la doctrine des Péripatéticiens et des Académiciens sur le souverain bien, Pison commence par faire connaître la vaste étendue des matières embrassées par ces philosophes et dont témoignent les œuvres d'Aristote et de Théophraste (9-11).

II

Aristote et Théophraste

IV. — 9. « Natura sic ab iis[1] investigata est, ut nulla pars cælo, mari, terra, ut poetice loquar, prætermissa sit ; quin etiam, cum de rerum initiis omnique mundo locuti essent,

8. *Pericli* : génitif employé d'ordinaire par Cicéron pour les noms propres grecs en *es*.

9. *Quamquam*, mais. — *Id*, les monuments de ce genre. — *Historia*, souvenir historique.

10. *Ingeniosorum*, qui a d'heureuses dispositions. — *Veteris memoriæ*, du passé. — *Curiosorum*, qui obéit à la curiosité.

11. Pison. — *Ad hujus adulescentiam conferamus*, contribuons aux progrès de ce jeune homme. — *Illud*, l'éloquence. — *Ornatius*, avec plus d'ampleur.

IV. — 1. *Iis*, les Péripatéticiens. — *Poetice*, à la façon des poètes.

ut multa non modo probabili argumentatione, sed etiam necessaria mathematicorum ratione concluderent, maximam materiam ex rebus per se investigatis ad rerum occultarum[2] cognitionem attulerunt. 10. Persecutus est Aristoteles[3] animantium omnium ortus, victus, figuras; Theophrastus[4] autem stirpium naturas omniumque fere rerum, quæ e terra gignerentur, causas atque rationes; qua ex cognitione facilior facta est investigatio rerum occultissimarum. Disserendique[5] ab isdem non dialectice solum, sed etiam oratorie præcepta sunt tradita, ab Aristoteleque principe de singulis rebus in utramque partem dicendi exercitatio est instituta, ut non contra omnia semper, sicut Arcesilas[6], diceret, et tamen ut in omnibus rebus, quicquid ex utraque parte dici posset, expromeret. 11. Cum autem tertia pars[7] bene vivendi præcepta quæreret, ea quoque est ab isdem non solum ad privatæ vitæ rationem, sed etiam ad rerum publicarum rectionem relata. Omnium fere civitatum non Græciæ solum, sed etiam barbariæ[8] ab Aristotele mores, instituta, disciplinas, a Theophrasto leges etiam cognovimus. Cumque uterque eorum docuisset qualem in re publica principem *esse* conveniret[9], pluribus præterea conscripsisset qui esset optimus rei publicæ status, hoc amplius Theophrastus: quæ essent in re publica rerum inclinationes[10] et momenta temporum, quibus esset mode-

2. *Rerum occultarum*, des choses mystérieuses, de la métaphysique.

3. Sur Aristote, v. p. 88, n. 3.

4. Théophraste, né à Lesbos, successeur d'Aristote à la tête de la secte des Péripatéticiens, écrivit de nombreux ouvrages, dont il ne reste que les *Caractères*, probablement extraits d'une rhétorique ou d'une poétique.

5. *Disserendi*, d'exposer. — *Dialectice*, en logicien. — *Oratorie*, en orateur. — *Principe*, le premier. — *In utramque partem dicendi*, soutenir le pour et le contre.

6. Arcésilas (316-229), né à Pitane en Éolide, fut le fondateur de la Moyenne Académie, dont la doctrine principale était le scepticisme.

7. La troisième partie du système, la morale, qui s'oppose à la physique et à la dialectique.

8. *Barbariæ*. Ce mot désigne l'ensemble des peuples qui n'étaient pas grecs. — *Disciplinas*, les constitutions. Pour écrire sa *Politique*, Aristote analysa les constitutions de plus de cent cinquante États.

9. V. p. 44, n. 2. — *Principem*, le chef.

10. *Rerum inclinationes*, les causes de décadence. — *Mo-*

randum, utcumque res postularet. Vitæ autem degendæ ratio maxime illis quidem placuit quieta[11], in contemplatione et cognitione posita rerum, quæ quia deorum vitæ erat simillima, sapiente visa est dignissima. Atque his de rebus et splendida est eorum et illustris oratio. »

Pison aborde ensuite la question du souverain bien : tout être s'aime et recherche ce qui est conforme à sa nature; il en est ainsi de l'homme : la crainte de la mort qu'il éprouve montre assez combien il s'aime lui-même (31-32) ; mais sa nature est double, il doit chercher à la fois ce qui convient à son corps et à son âme. Si la dignité de sa nature ne se révèle à lui qu'avec l'âge, il y a cependant déjà dans l'enfant comme des étincelles de toutes les vertus (41-43); si le corps réclame certains avantages, l'âme est dévorée du désir de connaître (48-49) et du besoin d'agir. L'homme trouvera la satisfaction de ces tendances d'abord dans la science, puis dans l'exercice de la vie publique et de toutes ces vertus qui font le bon citoyen : et ce n'est pas pour nous, mais pour elles-mêmes, que nous recherchons toutes ces choses honnêtes (61-64). Le souverain bien comprend donc à la fois les biens du corps et ceux de l'âme, mais ceux-ci l'emportent de beaucoup sur ceux-là (91-95).

III

La crainte de la mort

XI. — 31. « Quid est quod magis perspicuum sit *quam* non modo carum sibi quemque, verum etiam vehementer carum esse? quis est enim aut quotus quisque[1], cui, mors cum appropinquet, non

Refugiat timido sanguen atque exalbescat metu?

Etsi hoc quidem est in vitio[2], dissolutionem naturæ tam valde perhorrescere (quod item est reprehendendum in do-

menta temporum, les circonstances critiques.

11. Les Péripatéticiens mettent la théorie avant la pratique.

XI. — 1. *Quotus quisque*, combien. — *Timido*, plein d'effroi. — *Sanguen* est au nomin.

2. *In vitio*, au nombre des faiblesses. — *In dolore*, à propos de la douleur.

lore), sed quia fere sic afficiuntur omnes, satis argumenti est ab interitu naturam abhorrere; idque quo magis quidam ita faciunt, ut[3] jure etiam reprehendantur, hoc magis intellegendum est hæc ipsa nimia in quibusdam futura non fuisse, nisi quædam essent modica natura. Nec vero dico eorum metum mortis qui, quia privari se vitæ bonis arbitrentur, aut quia quasdam post mortem formidines extimescant, aut *quia* metuant ne cum dolore moriantur, idcirco mortem fugiant; in parvis[4] enim sæpe, qui nihil eorum cogitant, si quando iis ludentes minamur præcipitaturos alicunde, extimescunt. Quin etiam « feræ », inquit Pacuvius[5],

Quibus abest ad præcavendum intellegendi astutia,

injecto terrore mortis « horrescunt ». 32. Quis autem de ipso sapiente aliter existimat, quin[6], etiam cum decreverit esse moriendum, tamen discessu a suis atque ipsa relinquenda luce moveatur? Maxime autem in hoc quidem genere[7] vis est perspicua naturæ, cum et mendicitatem multi perpetiantur, ut vivant, et angantur appropinquatione mortis confecti homines senectute, et ea perferant quæ Philoctetam[8] videmus in fabulis; qui cum cruciaretur non ferendis doloribus, propagabat[9] tamen vitam aucupio, « configebat tardus celeres, stans volantes », ut apud Attium[10] est, pennarumque contextu corpori tegumenta faciebat. »

3. *Ita... ut*, au point de. — *Futura non fuisse*, n'auraient pas existé. — *Nisi quædam essent modica natura*, si naturellement nous n'y étions pas quelque peu disposés.

4. *Parvis*, les enfants. — *Ludentes*, par jeu. — *Præcipitaturos*, s'accorde avec *nos* s.-e.

5. Sur Pacuvius, v. p. 21, IX, n. 2. — *Ad præcavendum*, pour prévoir.

6. *Quin* = *qui non*. — *A suis* est compl. de *dicessu*.

7. *In hoc genere*, là-dessus.

8. Philoctète supportait des douleurs intolérables à la suite de la blessure que lui fit en tombant sur le pied une des flèches d'Hercule, empoisonnées par le sang de l'hydre de Lerne.

9. *Propagabat*, prolongeait. — *Aucupio*, en chassant les oiseaux. — *Configebat*, perçait d'un trait. — *Tardus* : à cause de sa blessure.

10. Accius, né en 170, mort vers le commencement du Ier siècle av. J.-C. a composé des tragédies (*palliatæ* et *prætextæ*) qui se distinguaient par l'élévation du style et de la pensée.

IV

Notre nature ne se fait connaître que progressivement

XV. — 41. « A primo[1] quidem mirabiliter occulta natura est, nec perspici nec cognosci potest. Progredientibus autem ætatibus, sensim tardeve potius quasi[2] nosmet ipsos cognoscimus. Itaque prima illa commendatio[3], quæ a natura nostri facta est nobis, incerta et obscura est, primusque appetitus ille animi tantum agit ut salvi atque integri esse possimus. Cum autem dispicere cœpimus et sentire quid simus et quid ab animantibus ceteris differamus, tum ea sequi incipimus ad quæ nati sumus. 42. Quam similitudinem videmus in bestiis, quæ primo, in quo loco natæ sunt, ex eo se non commovent; deinde suo quæque appetitu[4] movetur : serpere anguiculos, nare anaticulas, evolare merulas, cornibus uti boves videmus, nepas aculeis; suam denique cuique naturam esse ad vivendum ducem. Quæ similitudo in genere etiam humano apparet. Parvi enim primo ortu sic jacent, tamquam omnino sine animo sint; cum autem paulum firmitatis accessit, et animo utuntur et sensibus; conituntur que sese ut erigant, et manibus utuntur; et eos agnoscunt a quibus educantur; deinde æqualibus delectantur libenterque se cum iis congregant; dantque se ad ludendum fabellarumque auditione ducuntur[5]; deque eo quod ipsis superat, aliis gratificari volunt; animadvertuntque ea quæ domi fiunt, curiosius; incipiuntque commentari aliquid et discere, et eorum quos vident volunt non ignorare nomina; quibusque rebus cum æqualibus decertant, si vicerunt, efferunt se lætitia; victi debi-

XV. — 1. *A primo*, à l'origine, dans l'enfance.
2. *Quasi*, à peu près.
3. *Commendatio*. Pison désigne par là le sentiment instinctif qui nous pousse à conserver notre être (*nostri*). — *Incerta*, vague. — *Tantum*, seulement.
4. *Suo quæque appetitu*, chacune selon son instinct.
5. *Ducuntur*, ils sont charmés. — *Superat*, reste. — *Commentari*, inventer.

litantur animosque demittunt; quorum[6] sine causa fieri nihil putandum est. 43. Est enim natura sic generata vis[7] hominis ut ad omnem virtutem percipiendam facta videatur; ob eamque causam parvi virtutum simulacris, quarum in se habent semina, sine doctrina moventur; sunt enim prima elementa naturæ, quibus auctis, virtutis quasi germen efficitur. Nam cum ita nati factique simus ut et agendi aliquid et diligendi aliquos et liberalitatis et referendæ gratiæ principia in nobis contineremus[8], atque ad scientiam, prudentiam, fortitudinem aptos animos haberemus a contrariisque rebus alienos, non sine causa eas, quas dixi, in pueris virtutum quasi scintillas videmus, e quibus accendi philosophi ratio[9] debet, ut eam quasi deum ducem subsequens ad naturæ perveniat extremum. Nam, ut sæpe jam dixi, in infirma ætate imbecillaque mente, vis naturæ[10] quasi per caliginem cernitur; cum autem progrediens confirmatur animus, agnoscit ille quidem naturæ vim, sed ita ut progredi possit[11] longius, per se sit tantum inchoata. »

V

Le désir de savoir est naturel à l'homme

XVIII. — 48. « Tantus est innatus in nobis cognitionis amor et scientiæ, ut nemo dubitare possit quin ad eas res hominum natura nullo emolumento invitata rapiatur. Videmusne ut[1] pueri ne verberibus quidem a contemplandis rebus perquirendisque deterreantur? ut pulsi recurrant? ut aliquid scire se gaudeant? ut id aliis narrare gestiant?

6. *Quorum*, de tout cela.
7. *Vis*, l'essence. — *Parvi*, les enfants. — *Virtutum simulacris*, par la ressemblance des vertus. — *Sine doctrina*, sans aucun enseignement.
8. V. p. 44, n. 2.
9. *Philosophi ratio*, l'intelligence du philosophe. — *Eam*, la raison. — *Ad naturæ extremum*, à la connaissance complète de la nature humaine.
10. *Vis naturæ*, le fond de la nature, ce qui constitue essentiellement l'homme.
11. *Possit* et *sit* ont pour sujet *vis naturæ*, l'âme. Cette connaissance n'est pas complète, elle n'est qu'ébauchée, mais on peut la porter plus loin.

XVIII. — 1. *Ut*, comme (exclamatif).

ut pompa[2]; ludis atque ejus modi spectaculis teneantur, ob eamque rem vel famem et sitim perferant? Quid vero? qui ingenuis[3] studiis atque artibus delectantur, nonne videmus eos nec valetudinis nec rei familiaris habere rationem omniaque perpeti ipsa cognitione et scientia captos et cum maximis curis et laboribus compensare[4] eam quam ex discendo capiant voluptatem? 49. Mihi quidem Homerus[5] hujus modi quiddam vidisse videtur in iis quæ de Sirenum cantibus finxerit. Neque enim vocum suavitate videntur aut novitate quadam et varietate cantandi revocare[6] eos solitæ, qui prætervehebantur, sed quia multa se scire profitebantur, ut homines ad earum saxa discendi cupiditate adhærescerent. Ita enim invitant Ulixem (nam verti[7], ut quædam Homeri, sic istum ipsum locum) :

O decus Argolicum[8], quin puppim flectis, Ulixes,
Auribus ut nostros possis agnoscere cantus!
Nam nemo hæc umquam est transvectus cærula[9] cursu,
Quin prius adstiterit vocum dulcedine captus,
Post, variis avido satiatus pectore musis
Doctior ad patrias lapsus pervenerit oras.
Nos grave certamen belli clademque tenemus,
Græcia quam Trojæ divino numine vexit,
Omniaque e latis rerum vestigia terris.

« Vidit Homerus probari[10] fabulam non posse, si cantiunculis tantus vir irretitus teneretur; scientiam pollicentur,

2. *Pompa*, défilés qui avaient lieu dans les triomphes ou dans les fêtes solennelles.

3. *Ingenuis*, libéraux.

4. *Compensare*, payer.

5. *Odyssée*, XII, 184. — Les Sirènes étaient des monstres marins au corps de femme, dont les chants mélodieux attiraient les navigateurs vers des écueils, où ceux-ci trouvaient la mort.

6. *Revocare*, rappeler en arrière.

7. *Verti*, j'ai traduit. — *Quædam*, certains passages.

8. *Decus Argolicum*, gloire des Argiens. C'est là le nom que les Grecs ont d'ordinaire dans les poèmes homériques. — *Quin* = *cur non*.

9. *Hæc cærula*, ces mers. — *Lapsus*, glissant sur les eaux. — *Tenemus*, savons. — *Divino numine*, par la volonté des dieux. — *Trojæ*, contre Troie. — *Omnia vestigia rerum*, tout ce qui s'est fait.

10. *Probari*, plaire. — *Sapientiæ cupido*, pour quelqu'un avide de sagesse.

quam non erat mirum sapientiæ cupido patria *esse* cariorem. »

VI

La poursuite de l'honnête est désintéressée

XXII. — 61. « Hoc autem loco tantum explicemus hæc honesta, quæ dico, præterquam quod nosmet ipsos diligamus, præterea suapte natura per se esse expetenda. Indicant pueri, in quibus ut in speculis natura cernitur. Quanta studia[1] decertantium sunt ! quanta ipsa certamina ! ut illi efferuntur lætitia, cum vicerunt ! ut pudet victos ! ut se accusari nolunt ! quam cupiunt laudari ! quos illi labores perferunt, ut æqualium principes sint ! quæ memoria est in iis bene merentium[2], quæ referendæ gratiæ cupiditas ! Atque ea in optima quaque indole maxime apparent, in qua hæc honesta, quæ intellegimus, a natura tamquam adumbrantur[3]. 62. Sed hæc in pueris; expressa vero in iis ætatibus, quæ jam confirmatæ sunt. Quis est tam dissimilis homini, qui non moveatur et offensione turpitudinis et comprobatione honestatis ? quis est, qui non oderit libidinosam, protervam adulescentiam ? quis contra in illa ætate pudorem, constantiam, etiamsi sua nihil intersit, non tamen diligat ? An obliviscimur, quantopere in audiendo in legendoque moveamur, cum pie[4], cum amice, cum magno animo aliquid factum cognoscimus ? 63. Quid loquor de nobis, qui ad laudem et ad decus nati, suscepti[5], instituti sumus ? Qui clamores vulgi atque imperitorum excitantur in theatris, cum illa dicuntur :

> Ego sum Orestes[6],

XXII. — 1. *Studia*, ardeur.
2. *Bene merentium*, de ceux qui leur ont rendu service.
3. *Hæc... tanquam adumbrantur*, dont a été tracée comme une première ébauche.
4. *Pie*, par piété filiale.
5. *Suscepti*, élevés. Aussitôt après la naissance de l'enfant, le père devait le soulever de terre (*suscipere*), s'il avait le désir de l'élever, autrement on l'exposait.
6. Allusion à cette belle scène où Pylade, pour mourir à la place de son ami, veut se faire passer pour lui. — *Immo* (au contraire) corrige ce qui précède.

contraque ab altero :

Immo enimvero ego sum, inquam, Orestes !

Cum autem etiam exitus[7] ab utroque datur conturbato errantique regi : « Ambo ergo una necarier precamur », quotiens hoc agitur, ecquandone nisi admirationibus maximis? Nemo est igitur, quin[8] hanc affectionem animi probet atque laudet, qua non modo utilitas nulla quæritur, sed contra utilitatem etiam conservatur fides. 64. Talibus exemplis non fictæ solum fabulæ, verum etiam historiæ refertæ sunt, et quidem maxime nostræ. Nos enim ad sacra Idæa[9] accipienda optimum virum delegimus, nos tutores regibus[10] misimus, nostri imperatores pro salute patriæ sua capita voverunt[11], nostri consules[12] regem inimicissimum mœnibus jam appropinquantem monuerunt a veneno ut caveret; quæ quidem omnia et innumerabilia præterea quis est quin[13] intellegat et eos qui fecerint dignitatis splendore ductos immemores fuisse utilitatem suarum, nosque, cum ea laudemus, nulla alia re nisi honestate duci ? »

7. *Exitus*, le moyen d'en finir. — *Necarier* = *necari*. — *Hoc agitur*, cette scène est jouée.

8. *Quin* = *qui non*. — *Fides*, l'amitié fidèle.

9. *Sacra Idæa*, la pierre sacrée de Cybèle, appelée *Idæa* parce que son culte commença sur le mont Ida, en Phrygie. Elle était l'objet d'une vénération particulière à Pessinonte, en Galatie, sous la forme d'une pierre noire (probablement un aérolithe). C'est cet emblème que les Romains allèrent chercher en 204, pendant la deuxième guerre punique, d'après l'ordre des livres sibyllins. L'oracle de Delphes avait dit qu'elle devait être déposée chez le citoyen le plus vertueux. Ce fut P. Cornelius Scipion Nasica, fils de Cn. Scipion, et cousin germain du premier Africain, qui fut choisi pour la recevoir.

10. Comme les rois de Pergame.

11. Comme les Décius (v. p. 144, xxiv, n. 3).

12. Comme C. Fabricius, consul en 282 et 278, à qui le médecin de Pyrrhus offrait d'empoisonner son maître.

13. *Quin* = *qui non*. — *Dignitatis splendore*, par la beauté de la vertu.

VII

Il faut préférer la vertu aux autres biens

XXX. — 97. « At enim[1], qua in vita est aliquid mali, ea beata esse non potest. Ne seges quidem igitur spicis uberibus et crebris, si avenam uspiam videris, nec mercatura quæstuosa, si in maximis lucris paulum aliquid damni contraxerit. An hoc usquequaque[2], aliter in vita? et non ex maxima parte de tota judicabis? an dubium est quin virtus ita maximam partem obtineat in rebus humanis, ut reliquas obruat? Audebo igitur cetera, quæ secundum naturam sint, bona appellare, nec fraudare suo vetere nomine potius quam aliquod novum[3] exquirere, virtutis autem amplitudinem quasi in altera libræ lance ponere. 92. Terram, mihi crede, ea lanx et maria deprimet[4]. Semper enim ex eo quod maximas partes continet latissimeque funditur, tota res appellatur[5]. Dicimus aliquem hilare vivere; ergo, si semel tristior effectus est, hilara vita amissa est? Polycratem[6] Samium felicem appellabant; nihil acciderat ei quod nollet, nisi quod anulum, quo delectabatur, in mari abjecerat; ergo infelix una molestia, felix rursus, cum is ipse anulus in præcordiis piscis inventus est? Ille vero[7], si insipiens (quod certe, quoniam tyrannus), numquam

XXX. — 1. *At enim*, mais, dira-t-on. — *Ne seges quidem igitur*, ni une moisson non plus dans ce cas. — *Avenam*, ivraie. — *Mercatura quæstuosa*, le commerce d'un marchand.

2. *An hoc usquequaque*, en est-il ainsi pour tout (et autrement pour la vie humaine).

3. Les Stoïciens avaient inventé l'expression *præposita* (préférables) pour désigner ces sortes de biens (v. p. 105, xxvi, n. 1). — *In altera libræ lance*, dans l'autre plateau de la balance.

4. *Deprimet*, emportera.

5. C'est toujours par le nom de ce qu'il y a de principal dans chaque chose, de ce qui en embrasse la plus grande partie, que l'on caractérise cette chose.

6. Polycrate est ce tyran de Samos (île de la mer Égée) qui, se trouvant trop favorisé du sort, jeta à la mer un anneau de grand prix qu'il retrouva peu de temps après dans l'intérieur d'un poisson servi à sa table. Il fut crucifié par Oroès, lieutenant de Darius, roi de Perse.

7. *Ille vero*, en réalité, cet homme.

beatus; si sapiens, ne tum quidem miser, cum ab Oroete, prætore Darei, in crucem actus est. At multis malis affectus. Quis negat? sed ea mala virtutis magnitudine obruebantur.

XXXII. — 95. « Hæc igitur est nostra ratio[1], quæ tibi videtur inconstans, cum propter virtutis cælestem quandam et divinam tantamque præstantiam ut, ubi virtus sit resque magnæ et summe laudabiles virtute gestæ, ibi esse miseria et ærumna non possit, tamen labor possit, possit molestia, non dubitem dicere omnes sapientes semper esse beatos, sed tamen fieri posse ut sit alius alio beatior. »

XXXII. — 1. *Ratio*, système. — *Inconstans*, présentant des contradictions. — *Cum* (*non dubitem*), tandis que (je n'hésite pas). — *Quandam*, voir page 17, note 3.

TUSCULANES

Les *Tusculanæ disputationes* (45-44), dédiées à M. Brutus, ainsi appelées parce que c'est à Tusculum, dans la villa de Cicéron, que ces entretiens sont censés avoir eu lieu et furent réellement écrits, comprennent cinq dialogues entre le maître (*M.*=*Magister*) et un ou plusieurs de ses disciples (*A.*=*Auditor* ou *Auditores*). Le premier traite du mépris de la mort; le deuxième fait connaître les moyens de supporter la douleur; le troisième indique les moyens d'adoucir le chagrin; le quatrième expose les moyens de guérir les passions; le cinquième prouve que la vertu suffit au bonheur. Sous l'influence des événements douloureux de cette époque, et tout affligé de la mort de sa fille Tullia, Cicéron cherche à se fortifier lui-même et à fortifier les autres dans ces pages qui ont pour but de faire connaître les choses les plus nécessaires au bonheur.

LIVRE I

Dans le préambule, Cicéron explique pourquoi la philosophie a été pendant si longtemps presque inconnue de ses concitoyens, et il marque fort nettement les différences qui existent entre le génie grec et le génie romain (1-5).

I

Le génie grec et le génie romain

I. — 1. Cum defensionum laboribus[1] senatoriisque muneribus aut omnino aut magna ex parte essem aliquando liberatus, rettuli me, Brute, te hortante maxime, ad ea studia quæ, retenta animo[2], remissa temporibus, longo

I. — 1. *Defensionum laboribus*, du travail des plaidoyers. — *Senatoriis muneribus*, de mes occupations de sénateur (allusion à la dictature de César).

2. *Retenta animo*, non oubliées. — *Remissa temporibus*, ralenties par les circonstances.

intervallo intermissa, revocavi; et cum omnium artium, quæ ad rectam vivendi viam pertinerent, ratio et disciplina[3] studio sapientiæ, quæ philosophia dicitur, continerctur, hoc mihi Latinis litteris illustrandum putavi, non quia philosophia Græcis et litteris et doctoribus percipi non posset; sed meum semper judicium fuit omnia nostros[4] aut invenisse per se sapientius quam Græcos, aut accepta ab illis fecisse meliora, quæ quidem digna statuissent in quibus[5] elaborarent. 2. Nam mores et instituta vitæ resque domesticas ac familiares nos profecto et melius tuemur et lautius[6]; rem vero publicam nostri majores certe melioribus temperaverunt et institutis et legibus. Quid loquar de re militari? in qua cum[7] virtute nostri multum valuerunt, tum plus etiam disciplina. Jam illa, quæ natura, non litteris assecuti sunt, neque cum Græcia neque ulla cum gente sunt conferenda. Quæ enim tanta gravitas, quæ tanta constantia, magnitudo animi, probitas, fides, quæ tam excellens in omni genere virtus in ullis fuit, ut sit cum majoribus[8] nostris comparanda? 3. Doctrina Græcia nos et omni litterarum genere superabat; in quo erat facile vincere non repugnantes. Nam cum apud Græcos antiquissimum e doctis genus[9] sit poetarum, siquidem Homerus[10] fuit et Hesiodus ante Romam conditam, Archilochus regnante Romulo, serius poeticam nos accepimus. Annis fere DX post Romam conditam Livius[11] fabulam dedit C. Claudio,

3. *Artium... ratio et disciplina*, la méthode et la science des préceptes. — *Hoc*, ces matières. — *Latinis litteris*, en latin.

4. *Nostros*, les Romains. Exagération patriotique comme on en rencontre beaucoup chez Cicéron.

5. *Quæ quidem digna statuissent in quibus*, du moins pour tout ce qu'ils avaient jugé digne de (V. RAGON, *G. lat.*, 506 et 507).

6. *Melius et lautius*, mieux et avec un plus grand air. — *Temperaverunt*, l'ont organisé.

7. *Cum... tum* : v. p. 12, n. 3. — *Jam*, de plus.

8. *Cum majoribus* = *cum gravitate... majorum*.

9. *Antiquissimum e doctis genus*, le premier genre littéraire.

10. L'*Iliade* est probablement du commencement du IXe siècle; le poète des *Travaux* et des *Jours* vivait vers l'an 800; Archiloque de Paros, le créateur de la poésie iambique, est du VIIe siècle; Rome fut fondée en 754.

11. Livius Andronicus (v. p. 49, n. 6) fit jouer (*dedit fabulam*) sa première pièce l'an 240 av. J.-C., 514 ans après la fondation

Cæci[12] filio, M. Tuditano consulibus, anno ante natum Ennium.

II. — Sero igitur a nostris poetæ vel cogniti vel recepti. Quamquam est in Originibus[1] solitos esse in epulis canere convivas ad tibicinem[2] de clarorum hominum virtutibus, honorem tamen huic generi non fuisse declarat oratio Catonis, in qua objecit ut probrum M. Nobiliori[3], quod is in provinciam poetas duxisset; duxerat autem consul ille in Ætoliam, ut scimus, Ennium. Quo minus igitur honoris erat poetis, eo minora studia fuerunt, nec tamen, si qui magnis ingeniis in eo genere exstiterunt, non satis[4] Græcorum gloriæ responderunt. 4. An censemus, si Fabio[5], nobilissimo homini, laudi datum esset, quod pingeret, non multos etiam apud nos futuros Polyclitos[6] et Parrhasios[7] fuisse? Honos[8] alit artes, omnesque incenduntur ad studia gloria, jacentque ea semper quæ apud quosque improbantur. Summam eruditionem[9] Græci sitam

de Rome, sous les consuls C. Claudius Centho et M. Sempronius Tuditanus, un an avant la naissance d'Ennius (v. p. 4, n. 12).

12. Ap. Claudius Cæcus, censeur en 312, consul en 307 et en 296, est celui qui construisit la *via Appia* et le premier aqueduc de Rome. Devenu aveugle dans sa vieillesse, il fit rejeter les propositions de Pyrrhus, quand Cinéas vint traiter de la paix (280). Le discours prononcé à cette occasion (le plus. ancien monument écrit de la prose littéraire latine) existait encore du temps de Cicéron.

II. — 1. Ouvrage de Caton l'Ancien (v. p. 37, n. 9). — *Est* a pour sujet la prop. infin. qui suit.

2. *Ad tibicinem*, au son de la flûte. — *Huic generi*, aux poètes.

3. M. Fulvius Nobilior, consul en 187, emmena avec lui Ennius dans sa campagne en Étolie, pays situé au N. du golfe de Corinthe.

4. *Nec... non satis*, etc., ils ne sont guère restés en dessous des Grecs (v. p. 122, n. 4).

5. Grand-père de Fabius Pictor l'historien (v. p. 37, n. 8); il avait peint en 304 le temple de la déesse *Salus* au Capitole.

6. Polyclète d'Argos (ve siècle), célèbre sculpteur, qui à la science la plus parfaite des proportions du corps humain unissait l'exactitude la plus suivie dans le détail. Ses œuvres les plus connues sont le *Doryphore*, le *Diadumène*, jeune athlète levant le bras pour ceindre son front d'une bandelette et la *Junon chryséléphantine* d'Argos.

7. Parrhasius, d'Éphèse (IVe siècle), célèbre peintre, rival de Zeuxis, dont les œuvres donnaient l'illusion de la réalité.

8. *Honos*, l'estime publique.

9. *Summam eruditionem*, une éducation très soignée.

censebant in nervorum vocumque cantibus; igitur et Epaminondas[10], princeps meo judicio Græciæ, fidibus præclare cecinisse dicitur; Themistoclesque[11] aliquot ante annos, cum in epulis recusarct lyram, est habitus indoctior. Ergo in Græcia musici floruerunt, discebantque id[12] omnes, nec qui nesciebat satis excultus doctrina putabatur. 5. In summo apud illos honore geometria fuit, itaque nihil mathematicis illustrius; at nos metiendi ratiocinandique utilitate hujus artis terminavimus modum[13].

III. — At contra oratorem celeriter complexi sumus[1], nec eum primo eruditum, aptum tamen ad dicendum, post autem eruditum. Nam Galbam[2], Africanum, Lælium doctos fuisse traditum est; studiosum[3] autem eum, qui iis ætate anteibat, Catonem; post vero, Lepidum[4], Carbonem, Gracchos; inde ita magnos[5] nostram ad ætatem, ut non multum aut nihil omnino Græcis cederetur. Philosophia jacuit usque ad hanc ætatem nec ullum habuit lumen litterarum Latina-

10. Le vainqueur de Leuctres et de Mantinée, qui donna à Thèbes, sa patrie, la suprématie en Grèce. Très bien doué de la nature et fort instruit, il fut aussi célèbre par son intégrité et sa grandeur d'âme que par ses talents militaires.

11. Le vainqueur de Salamine, né à Athènes en 514, mort en Perse, banni par l'ostracisme en 449. — *Indoctior*, peu instruit.

12. *Id*, la musique.

13. Nous avons réduit cette science à l'arpentage et au calcul.

III. — 1. *Oratorem complexi sumus*, nous avons eu des orateurs. — *Nec eum primo eruditum*, d'abord ils furent sans art. — *Aptum*, ayant d'heureuses dispositions. — *Post*, puis.

2. Servius Sulpicius Galba, consul en 144, le plus célèbre des orateurs romains avant Antoine et Crassus, se distinguait par l'énergie et le pathétique. — Sur le second Africain, v. p. 29, n. 1. — Lélius (v. p. 86, n. 11) avait une éloquence plus enjouée et plus douce.

3. *Studiosum*, un homme d'étude. — Sur Caton, v. p. 9, n. 10.

4. M. Æmilius Lepidus Porcina, consul en 137, appliqua le premier (d'après Cicéron) à l'éloquence latine les procédés de la rhétorique grecque et donna à son style un certain poli. — G. Papirius Carbon, ami de Ti. Gracchus et qui, après avoir été soupçonné d'avoir fait assassiner le second Africain, passa au parti aristocratique, se distinguait par son abondance et son harmonie. — Sur les Gracques, v. p. 54, n. 5 et 6.

5. Antoine, Crassus, Hortensius et Cicéron.

rum[6]; quæ illustranda et excitanda nobis est, ut, si occupati[7] profuimus aliquid civibus nostris; prosimus etiam, si possumus, otiosi.

Cicéron pose alors la question qui fait l'objet du livre I : la mort est-elle un mal ? Elle n'en est pas un pour ceux qu'elle a déjà frappés, car ils n'ont plus la faculté de sentir; elle n'en est pas un non plus pour les vivants, que l'âme survive (première partie), ou qu'elle soit anéantie (deuxième partie).

I. L'âme survit-elle ? Cette croyance a pour elle l'autorité de l'antiquité, le consentement universel des hommes, l'intérêt que nous portons à un avenir dont nous ne serons pas les témoins et qui se manifeste surtout chez les meilleurs (32-35), le témoignage des facultés de l'âme. Qu'on ne dise pas : mais cette âme, qu'on la montre. Nous ne voyons pas Dieu, mais le spectacle de la nature nous en révèle l'existence; nos actes, nos facultés manifestent de même l'existence de notre âme (68-70). Cette âme est simple, elle ne peut donc se décomposer, ni par conséquent mourir (71). Comme Socrate, comme Caton, ne craignons pas la mort (71-74), et faisons de notre vie une préparation à la mort (75).

II

Le désir de la gloire prouve l'immortalité de l'âme

XIV. — 32. « Quid ? illud num dubitas quin specimen naturæ[1] capi deceat ex optima quaque natura? Quæ est melior igitur in hominum genere natura quam eorum qui se natos ad homines juvandos, tutandos, conservandos arbitrantur? Abiit ad deos[2] Hercules; numquam abisset, nisi, cum inter homines esset, eam sibi viam munivisset.

6. Elle n'a encore produit en latin rien d'éclatant. — *Illustranda*, mettre en lumière. — *Excitanda*, réveiller.

7. Au sénat et au forum. — *Otiosi*, loin des affaires.

XIV. — 1. *Specimen naturæ*... doutes-tu que pour avoir l'idée exacte de la nature, il faille la chercher dans les êtres les plus parfaits de chaque espèce.

2. *Abiit ad deos*, est au rang des dieux. — *Eam sibi viam munivisset*, il n'eût pris cette route.

XV. — « Vetera jam ista et religione omnium consecrata. Quid in hac re publica tot tantosque viros ob rem publicam interfectos cogitasse arbitramur? isdemne ut finibus nomen suum, quibus vita, terminaretur[1]? Nemo umquam sine magna spe immortalitatis se pro patria offerret ad mortem. 33. Licuit[2] esse otioso Themistocli[3], licuit Epaminondæ, licuit, ne et vetera et externa quæram, mihi; sed nescio quo modo inhæret in mentibus quasi sæclorum quoddam augurium[4] futurorum, idque in maximis ingeniis altissimisque animis et exsistit maxime et apparet facillime. Quo quidem dempto, quis tam esset amens, qui semper in laboribus et periculis viveret? 34. Loquor de principibus[5]; quid? poetæ nonne post mortem nobilitari volunt? Unde ergo illud?

Adspicite[6], o cives, senis Enni imaginis formam.
Hic vestrum panxit maxima facta patrum.

Mercedem gloriæ flagitat ab iis quorum patres affecerat gloria, idemque:

Nemo me lacrimis *decoret nec funera fletu*
Faxit[7]. Cur? volito vivos per ora virum.

Sed quid[8] poetas? opifices post mortem nobilitari volunt. Quid enim Phidias sui similem speciem inclusit in clipeo Minervæ, cum inscribere *nomen* non liceret? Quid? nostri

XV. — 1. *Terminaretur*, avoir des bornes.
2. *Licuit*, il était permis.
3. V. p. 124, n. 11. — Sur Épaminondas, v. p. 124, n. 10.
4. *Augurium*, pressentiment.
5. *Principibus*, les hommes d'État.
6. Vers inscrits au pied de la statue d'Ennius (v. p. 4, n. 12). — Scandez *Enni* devant *imaginis*; comme chez Homère, la voyelle longue devient brève devant une autre voyelle au temps faible du pied. — *Vestrum* = *vestrorum*. — *Panxit*, litt. : piqua dans la cire, écrivit.
7. *Faxit* = *fecerit*. — *Vivos* = *vivus* (avec chute de l's final). — *Virum* = *virorum*.
8. S.-e. *dicam*. — Phidias, le plus illustre des sculpteurs grecs (ve siècle), est l'auteur du *Jupiter Olympien* et de la *Minerve* du Parthénon. Accusé d'avoir placé son image et celle de Périclès sur le bouclier de la déesse, où était représenté le combat de Thésée contre les Amazones, il fut jeté en prison et y mourut en 431, âgé d'environ 47 ans.

philosophi nonne in iis libris ipsis quos scribunt de contemnenda gloria, sua nomina inscribunt? 35. Quod si omnium consensus naturæ vox est, omnesque, qui ubique sunt, consentiunt esse aliquid, quod ad eos pertineat[9] qui vita cesserint, nobis quoque idem existimandum est; et si, quorum aut ingenio aut virtute animus excellit, eos arbitramur, quia natura optima sint, cernere naturæ vim maxime, veri simile est, cum optimus quisque maxime posteritati serviat, esse aliquid cujus is post mortem sensum sit habiturus. »

III

L'âme existe, bien qu'on ne la voie pas

XXVIII. — 68. « Ut[1] cum videmus speciem primum candoremque cæli, dein conversionis celeritatem tantam quantam cogitare non possumus, tum vicissitudines dierum ac noctium, commutationesque temporum quadrupertitas ad maturitatem frugum et ad temperationem corporum aptas, eorumque omnium moderatorem et ducem solem lunamque accretione et deminutione luminis quasi fastorum[2] notantem et significantem dies; tum in eodem orbe[3] in duodecim partes distributo quinque stellas[4] ferri, eosdem cursus constantissime servantes disparibus inter se motibus; nocturnamque cæli formam[5] undique sideribus ornatam,

9. *Ad eos pertineat*, intéresse ceux... — *Naturæ vim*, la nature. — *Is* = *optimus quisque*.

XXVIII. — 1. *Ut* annonce *sic* qui se trouve à la fin du chapitre. — *Conversionis*, la révolution du ciel. — *Temporum*, les saisons. — *Temperationem*, la bonne constitution, la santé.

2. *Quasi fastorum... dies*, marque les jours comme un calendrier.

3. *Orbe*, le *zodiaque*, bande imaginaire, divisée en deux par l'écliptique, où se trouvent les douze constellations (le Bélier, le Taureau, les Gémeaux, le Cancer, le Lion, la Vierge, la Balance, le Scorpion, le Sagittaire, le Capricorne, le Verseau, les Poissons) devant lesquelles le Soleil semble passer successivement pendant les douze mois de l'année, dans sa course imaginaire autour de la Terre.

4. Mercure, Vénus, Mars, Jupiter et Saturne. On ne connaissait ni Uranus, ni Neptune.

5. *Formam*, la beauté. — *Fixum*, immobile. — *Duabus oris*,

tum globum terræ eminentem e mari, fixum in medio mundi universi loco, duabus oris distantibus habitabilem et cultum, quarum altera, quam nos incolimus,

Sub axe[6] posita ad stellas septem, unde horrifer
Aquilonis stridor gelidas molitur nives,

altera australis, ignota nobis, quam vocant Græci ἀντίχθονα[7]; 69. ceteras partes[8] incultas, quod aut frigore rigeant aut urantur calore; hic autem, ubi habitamus, non intermittit[9] suo tempore

Cælum nitescere, arbores frondescere,
Vites lætificæ pampinis pubescere,
Rami bacarum ubertate incurvescere,
Segetes largiri fruges, florere omnia,
Fontes scatere, herbis prata convestirier[10];

tum multitudinem pecudum partim ad vescendum, partim ad cultus agrorum, partim ad vehendum, partim ad corpora vestienda ; hominemque ipsum quasi contemplatorem cæli ac deorum cultorem atque hominis utilitati agros omnes et maria parentia : 70. hæc igitur et alia innumerabilia cum cernimus, possumusne dubitare quin iis præsit aliquis vel effector, si hæc nata sunt, ut Platoni videtur, vel, si semper fuerunt, ut Aristoteli placet, moderator tanti operis et muneris? Sic mentem hominis, quamvis eam non videas, ut deum non vides, tamen, ut deum agnoscis ex operibus ejus, sic ex memoria rerum et inventione et celeritate motus[11] omnique pulchritudine virtutis vim divinam mentis agnoscito. »

deux parties, les deux zones tempérées, séparées (*distantibus*) par la zone torride que les anciens croyaient inhabitée.

6. *Sub axe*, au nord. — *Septem stellas*, les sept étoiles de la Petite Ourse, au nombre desquelles est l'étoile polaire. Ces vers sont probablement tirés du *Philoctète* d'Accius (v. p. 113, n. 10).

7. Antipode.

8. Les deux zones glaciales et la zone torride.

9. Ce verbe a pour sujet *cælum*. — *Suo tempore*, au temps marqué.

10. *Convestirier* = *convestiri*. Ces vers sont probablement tirés des *Euménides* d'Ennius. — A partir de cet endroit la tournure change. On revient aux accusatifs dépendant de *videmus*.

11. *Celeritate motus*, l'activité,

IV

L'âme ne peut mourir. La vie doit être une préparation à la mort

XXIX. — 71. « In animi autem cognitione dubitare non possumus, nisi plane in physicis plumbei[1] sumus, quin nihil sit animis admixtum, nihil concretum, nihil copulatum, nihil coagmentatum, nihil duplex. Quod cum ita sit, certe nec secerni nec dividi nec discerpi nec distrahi potest, ne interire *quidem*[2] igitur. Est enim interitus quasi discessus et secretio ac diremptus earum partium, quæ ante interitum junctione aliqua tenebantur.

« His et talibus rationibus adductus Socrates nec patronum[3] quæsivit ad judicium capitis, nec judicibus supplex fuit. adhibuitque liberam contumaciam[4] a magnitudine animi ductam, non a superbia, et supremo vitæ die de hoc ipso[5] multa disseruit, et paucis ante diebus, cum facile posset educi e custodia, noluit[6], et tum pæne in manu jam mortiferum illud tenens poculum[7] locutus ita est ut non ad mortem trudi, verum in cælum videretur escendere.

XXX. — 72. « Ita enim censebat itaque disseruit[1], duas esse vias duplicesque cursus animorum e corpore excedentium. Nam qui se humanis vitiis contaminavissent et se totos libidinibus dedissent, quibus cæcati vel domesticis

XXIX. — 1. *Plumbei*, de plomb, ignorants. — *Nihil duplex*, qu'il n'y a pas deux éléments.

2. *Ne... quidem*, ni non plus. C'est la démonstration du *Phédon* : elle prouve bien que l'âme ne peut se décomposer, mais non qu'elle est immortelle : l'âme pourrait en effet être anéantie. Elle ne démontre pas non plus que la personnalité subsiste après la mort.

3. *Patronum*, un avocat. On sait qu'il refusa le plaidoyer que Lysias avait composé pour lui.

4. *Contumaciam*, fierté qui va jusqu'à la révolte. — *Liberam*, vraiment indépendante.

5. *De hoc ipso*, sur ce même sujet (l'immortalité de l'âme).

6. Dans le *Criton*, Socrate, pressé de s'enfuir, dit que son devoir est d'obéir aux lois.

7. La coupe qui contenait la ciguë.

XXX. — 1. *Phédon*, xxix et suiv.

vitiis atque flagitiis se inquinavissent vel re publica violando fraudes inexpiabiles concepissent, iis devium quoddam[2] iter esse, seclusum a concilio deorum; qui autem se integros castosque servavissent, quibusque fuisset minima cum corporibus contagio[3] seseque ab iis semper sevocavissent essentque in corporibus humanis vitam imitati deorum, iis ad illos a quibus essent profecti[4], reditum facilem patere. 73. Itaque commemorat, ut cycni[5], qui non sine causa Apollini dicati sint, sed quod ab eo divinationem habere videantur, qua providentes quid in morte boni sit, cum cantu et voluptate moriantur, sic omnibus bonis et doctis esse faciendum. 74. Sed hæc et vetera et a Græcis Cato[6] autem sic abiit e vita, ut causam moriendi nactum se esse gauderet. Vetat enim dominans ille in nobis deus injussu hinc nos suo demigrare; cum vero causam justam deus ipse dederit, ut tunc Socrati, nunc Catoni, sæpe multis, ne[7] ille medius fidius vir sapiens lætus ex his tenebris in lucem illam excesserit, nec tamen illa vincla carceris ruperit (leges enim vetant), sed tamquam a magistratu aut ab aliqua potestate legitima, sic a deo evocatus atque emissus exierit.

XXXI. — 75. « Tota enim philosophorum vita, ut ait idem, commentatio mortis est. Nam quid aliud agimus, cum a voluptate, id est a corpore, cum a re familiari[1], quæ est ministra et famula corporis, cum a re publica, cum a negotio omni sevocamus animum, quid, inquam, tum agimus, nisi animum ad se ipsum advocamus, secum esse cogimus maximeque a corpore abducimus ? Secernere

2. *Devium quoddam*, tout éloigné (v. p. 17, n. 3). Les âmes n'étaient de nouveau réunies à Dieu qu'après avoir été purifiées.

3. *Contagio*, contact.

4. D'après Platon, les âmes, avant d'animer des corps, étaient unies à Dieu.

5. On attribuait au cygne un chant divin au moment de la mort. V. *Phédon*, p. 84 e-85 b.

6. Caton d'Utique : v. p. 59, n. 2. Cicéron compare Caton à Socrate à tort : l'un se suicide, l'autre meurt en obéissant aux lois de son pays. On a ici un exemple de l'incohérence des idées de Cicéron, qui flétrit du reste ailleurs le suicide.

7. *Ne*, à coup sûr. — *Medius fidius*, par le dieu de la bonne foi, en vérité (cf. *mehercle*).

XXXI. — 1. *Re familiari*, les intérêts domestiques.

autem a corpore animum ecquidnam aliud *est nisi* mori discere ? Quare hoc commentemur, mihi credo, disjungamusque nos a corporibus, id est consuescamus mori. Hoc, et dum erimus in terris, erit illi cælesti vitæ simile, et cum illuc ex his vinclis emissi feremur, minus tardabitur cursus animorum. Nam qui in compedibus corporis semper fuerunt, etiam cum soluti sunt, tardius ingrediuntur, ut ii, qui ferro vincti multos annos fuerunt. Quo[2] cum venerimus, tum denique vivemus. Nam hæc quidem vita mors est, quam lamentari possem, si liberet. »

II. Si au contraire l'âme est anéantie, il n'y a pas lieu non plus de craindre la mort, puisque, après elle, il n'existe ni sentiment, ni besoin. Aussi dans bien des cas, la mort est une délivrance (83-86), et c'est un préjugé de plaindre ceux qui meurent prématurément (93-94). Suivons donc l'exemple de Théramène, de Socrate (95-97) et de tant d'autres (100-102). Les dieux eux-mêmes nous encouragent (113-114). Ne craignons pas la mort (117-119).

V

La mort est une délivrance

XXXIV. — 83. « A malis mors abducit, non a bonis, verum si quærimus... 84. Etiamne nobis expedit[1] ? qui, et domesticis et forensibus solaciis ornamentisque privati, certe si ante occidissemus, mors nos a malis, non a bonis abstraxisset.

XXXV. — 85. « Sit igitur aliquis, qui nihil mali habeat, nullum a fortuna vulnus acceperit. Metellus[1] ille honoratis quattuor filiis; at quinquaginta Priamus. In utroque ean-

2. *Quo*, à ce terme.

XXXIV. — 1. S.-e. *vivere*. Cicéron fait allusion à la mort de sa fille Tullia et aux malheurs publics.

XXXV. — 1. Q. Cæcilius Métellus Macédonicus, consul en 143, vit trois de ses fils consuls, et l'un des trois, censeur et triomphateur, le quatrième préteur, leurs trois sœurs mariées, après avoir été lui-même consul, censeur, augure et triomphateur. — *At...*, mais on peut lui opposer Priam.

dem habuit fortuna potestatem, sed usa in altero est. Metellum enim multi filii filiæ, nepotes neptes in rogum imposuerunt, Priamum tanta progenie orbatum, cum in aram confugisset, hostilis manus interemit. Hic si, vivis filiis, incolumi regno occidisset,

... Adstante[2] ope barbarica
Tectis cælatis, laqueatis,

utrum tandem a bonis an a malis discessisset? Tum profecto videretur a bonis. At certe ei melius evenisset, nec tam flebiliter illa canerentur :

Hæc omnia vidi inflammari,
Priamo vi vitam evitari[3],
Jovis aram sanguine turpari.

Quasi vero ista vi quicquam tum potuerit ei melius accidere! Quod si ante occidisset, talem eventum omnino amisisset; hoc autem[4] tempore sensum amisit malorum. 86. Pompeio, nostro familiari, cum graviter ægrotaret Neapoli, melius est factum. Coronati Neapolitani fuerunt, nimirum etiam Puteolani[5], vulgo ex oppidis publice gratulabantur. Ineptum sane negotium et Græculum, sed tamen fortunatum. Utrum igitur, si tum esset exstinctus, a bonis rebus an a malis discessisset? Certe a miseris. Non enim cum socero[6] bellum gessisset, non imparatus arma sumpsisset, non domum reliquisset, non ex Italia fugisset, non exercitu amisso nudus in servorum ferrum et manus incidisset. Qui, si mortem tum obisset, in amplissimis fortunis occidisset; is propagatione vitæ quot, quantas, quam incredibiles hausit calamitates!

2. Vers tirés comme les suivants de l'*Andromaque* d'Ennius. — *Adstante ope barbarico*, au temps de la puissance troyenne.

3. *Evitari* = *eripi*. Remarquez l'allitération.

4. *Autem*, du moins. — *Cum* : en 50.

5. Les habitants de Pouzzoles (v. p. 71, n. 9). — *Publice*, officiellement. — *Negotium ineptum*, démonstrations ridicules. — *Græculum*, digne des Grecs. — *Fortunatum*, qui le rendaient heureux.

6. César, qui avait épousé Pompeia, fille de Pompée.

XXXVI. — « Hæc morte effugiuntur, etiamsi non evenerunt, tamen, quia possunt evenire; sed homines ea sibi accidere posse non cogitant. Metelli sperat sibi quisque fortunam, proinde quasi aut plures fortunati sint quam infelices, aut certi quicquam sit in rebus humanis, aut sperare sit prudentius quam timere. »

VI

Ce n'est pas un malheur de mourir jeune

XXXIX.—93. « Pellantur ergo istæ ineptiæ pæne aniles[1], ante tempus mori miserum esse. Quod tandem tempus? naturæne? At ea quidem dedit usuram vitæ tamquam pecuniæ nulla præstituta die. Quid est igitur, quod querare, si repetit, cum vult? ea enim condicione acceperas. Iidem, si puer parvus occidit, æquo animo[2] ferendum putant; si vero in cunis, ne querendum quidem. Atqui ab hoc[3] acerbius exegit natura, quod dederat. Nondum gustaverat, inquit, vitæ suavitatem; hic autem jam sperabat magna, quibus frui cœperat. At id quidem in ceteris rebus melius putatur, aliquam partem quam nullam attingere : cur in vita secus? Quamquam[4] non male ait Callimachus[5] multo sæpius lacrimasse Priamum quam Troilum[6].

« Eorum autem, qui exacta ætate moriuntur, fortuna laudatur. 94. Cur? nam, reor, nullis[7], si vita longior daretur,

XXXIX. — 1. *Ineptiæ aniles*, contes de vieilles femmes. — *Naturæ*, le temps fixé par la nature. — *Usuram*, l'usufruit (v. Bossuet, *Sermon sur la mort*, 1re partie). — *Nulla præstituta die*, sans fixer l'échéance.

2. *Æquo animo*, sans émotion.

3. *Ab hoc*, de ce dernier. — Avec *inquit* s.-e. *aliquis*. — *Hic*, cet autre déjà grand, mais mort prématurément. — *Id* = *aliquem partem*, etc.

4. *Quamquam* = *et tamen* : est-il bien vrai pourtant que mieux vaut mourir à l'âge d'homme que dans l'enfance?

5. Poète de l'époque alexandrine, né à Cyrène vers 320; d'une versification savante et d'un art ingénieux, il manque d'inspiration, et son style est souvent guindé et obscur.

6. Fils de Priam, qui périt tout jeune de la main d'Achille. (V. *Énéide*, I, 474 et s.)

7. *Nullis*, à personne plus qu'aux vieillards. — *Prudentia*, la sa-

posset esse jucundior. Nihil enim est profecto homini prudentia dulcius, quam, ut cetera auferat, affert certe senectus. Quæ vero ætas longa est, aut quid omnino homini longum ? nonne

> Modo pueros, modo[8] adulescentes in cursu a tergo insequens
> Nec opinantes assecuta est

senectus ? Sed quia ultra nihil habemus, hoc longum dicimus. Omnia ista, perinde ut cuique data sunt pro rata parte[9], ita aut longa aut brevia dicuntur. Apud Hypanim[10] fluvium, qui ab Europæ parte in Pontum influit, Aristoteles ait bestiolas quasdam nasci, quæ unum diem vivant. Ex his igitur, hora octava[11] quæ mortua est, provecta ætate mortua est ; quæ vero occidente sole, decrepita, eo magis[12], si etiam solstitiali die. Confer nostram longissimam ætatem cum æternitate ; in eadem propemodum brevitate, qua illæ bestiolæ, reperiemur. »

VII

Exemples de fermeté devant la mort

XL. — 95. « Contemnamus igitur omnes ineptias (quod enim levius[1] huic levitati nomen imponam ?) totamque vim bene vivendi in animi robore ac magnitudine et in omnium rerum humanarum contemptione ac despicientia et in omni virtute ponamus. Nam nunc quidem cogitationibus mollissimis effeminamur, ut, si ante mors adventet, quam Chal-

gesse due à l'expérience. — *Ut*, à supposer que. — *Omnino*, en général.

8. *Modo*, à peine. On ignore l'auteur de ces vers.

9. *Pro rata parte*, litt. : d'après des parties déterminées, en proportion.

10. Aujourd'hui le *Boug*, fleuve de la Russie méridionale. — *Ab Europæ parte*, fleuve d'Europe.

11. A peu près à 1 heure de l'après-midi. La journée allait de 6 h. du matin à 6 h. du soir au début du printemps, et de 4 h. 27 du matin à 7 h. 33 au commencement de l'été et se divisait en 12 heures.

12. S.-e. *decrepita*. — *Solstitiali die*, au solstice d'été, le jour le plus long de l'année.

XL. — 1. *Levius* (mot plus indulgent) forme un jeu de mots avec *levitati*.

dæorum[2] promissa consecuti sumus, spoliati magnis quibusdam[3] bonis, illusi destitutique videamur. 96. Quod si exspectando et desiderando pendemus animis, cruciamur, angimur, pro di immortales! quam illud iter[4] jucundum esse debet, quo confecto nulla reliqua cura, nulla sollicitudo futura sit! Quam me delectat Theramenes[5]! quam elato animo est! Etsi enim flemus, cum legimus, tamen non miserabiliter vir clarus emoritur. Qui cum conjectus in carcerem triginta jussu tyrannorum venenum ut sitiens obduxisset[6], reliquum sic e poculo ejecit, ut id resonaret; quo sonitu reddito arridens : « Propino[7] », inquit, « hoc pulchro Critiæ », qui in eum fuerat tæterrimus. Græci enim *in* conviviis solent nominare cui poculum tradituri sint. Lusit vir egregius extremo spiritu[8], cum jam præcordiis conceptam mortem contineret, vereque ei cui venenum præbiberat, mortem eam est auguratus, quæ brevi consecuta est. 97. Quis hanc maximi animi æquitatem in ipsa morte laudaret, si mortem malum judicaret?

« Vadit in eundem carcerem atque in eundem paucis post annis scyphum Socrates[9] eodem scelere judicum, quo tyrannorum Theramenes. Quæ est igitur ejus oratio, qua facit eum Plato[10] usum apud judices jam morte multatum?

2. *Chaldæorum*. Les astrologues étaient ainsi appelés parce que c'était en Chaldée (pays situé au sud de Babylone) que l'astrologie avait pris naissance.

3. *Quibusdam* : v. p. 17, n. 3.

4. *Illud iter*, le grand voyage.

5. L'un des *Trente Tyrans*, imposés par Sparte à Athènes vaincue : il voulut s'opposer aux procédés illégaux et cruels de ses collègues, et, accusé par eux de trahison, dut boire la ciguë. — *Miserabiliter*, de façon à faire pleurer.

6. *Obduxisset*, boire d'un trait. — *Ut id resonaret*, de manière que cela fît un peu de bruit comme dans le jeu du *cottabe*, dans lequel on lançait un reste de vin sur des plateaux de balance suspendus au-dessus de figurines de bronze, de façon à ce que le choc des plateaux sur ces figurines produisît un son.

7. *Propino*, je bois à. — Critias, le plus cruel des *Trente*, fut tué la même année 403, dans l'assaut donné au Pirée par Thrasybule, à la tête des Athéniens exilés.

8. *Extremo spiritu*, au moment de mourir.

9. Socrate but la ciguë (*eundem scyphum*) en 400.

10. Platon, *Apologie*, XXXII.

XLI. — « Magna me », inquit, « spes tenet, judices, « bene mihi evenire quod mittar ad mortem. Necesse est « enim sit alterum de duobus, ut aut sensus omnino omnes « mors auferat aut in alium quendam locum ex his locis « morte migretur. Quam ob rem, sive sensus exstinguitur « mors-que ei somno similis est, qui non numquam etiam sine « visis somniorum placatissimam quietem affert, di boni, « quid lucri est emori ! aut quam multi dies reperiri possunt, « qui tali nocti anteponantur, cui *si*[1] similis futura est perpe« tuitas omnis consequentis temporis, quis me beatior ? « 98. Sin vera sunt, quæ dicuntur, migrationem esse mortem « in eas oras quas, qui e vita excesserunt, incolunt, id multo « jam beatius est. Tene[2], cum ab iis qui se judicum numero « haberi volunt, evaseris, ad eos venire qui vere judices « appellentur, Minoem[3], Rhadamanthum, Æacum, Tripto« lemum, convenireque eos qui juste *et* cum fide vixerint ! « Hæc peregrinatio mediocris vobis videri potest ? Ut vero « colloqui cum Orpheo[4], Musæo, Homero, Hesiodo liceat, « quanti tandem æstimatis ? Equidem sæpe emori, si fieri « posset, vellem, ut ea, quæ dico, mihi liceret invenire. » 99. Et hæc quidem hoc modo ; nihil autem melius extremo[5] : « Sed tempus est », inquit, « jam hinc abire me, ut « moriar, vos, ut vitam agatis. Utrum autem sit melius, di im« mortales sciunt, hominem quidem scire arbitror neminem. »

XLII. — 100. « Sed quid ego Socratem aut Theramenem, præstantes viros virtutis et sapientiæ gloria, commemoro ? cum Lacedæmonius quidam, cujus ne nomen quidem proditum est, mortem tantopere contempserit ut, cum ad eam duceretur damnatus ab ephoris[1] et esset vultu hilari

XLI. — 1. *Cui si* = *et si ei*.

2. *Tene* est sujet de *venire*. *Ne* marque que cette proposition infinitive est exclamative.

3. Minos et Rhadamanthe, princes crétois, avaient été établis juges aux Enfers, ainsi que Éaque, roi d'Épire, à cause de leur équité dans le gouvernement de leurs peuples. Triptolème mérita le même honneur pour avoir répandu l'agriculture, qu'il tenait de Cérès. — *Convenire eos*, vivre avec eux.

4. Orphée et Musée sont des poètes des temps fabuleux.

5. *Extremo*, la fin de son discours.

XLII. — 1. Les éphores, au nombre de cinq, élus annuelle-

atque læto, dixissetque ei quidam inimicus: « Contemnisne « leges Lycurgi? », responderit : « Ego vero illi maximam « gratiam habeo, qui me ea pœna multaverit quam[2] sine « mutuatione et sine versura possem dissolvere. » O virum Sparta dignum! ut mihi quidem, qui tam magno animo fuerit, innocens damnatus esse videatur. 101. Pari animo Lacedæmonii in Thermopylis[3] occiderunt, in quos Simonides[4] :

Dic, hospes, Spartæ nos te hic vidisse jacentes,
Dum sanctis patriæ legibus obsequimur.

[Quid ille dux Leonidas dicit? « Pergite animo forti, Lace« dæmonii; hodie apud inferos fortasse cenabimus. » Fuit hæc gens fortis, dum Lycurgi leges vigebant.] E quibus unus, cum Perses hostis in colloquio dixisset glorians : « Solem præ jaculorum multitudine et sagittarum non vide« bitis », « In umbra igitur », inquit, « pugnabimus. » 102. Viros commemoro; qualis tandem Lacæna? quæ cum filium in prœlium misisset et interfectum audisset: « Id« circo », inquit, « genueram, ut esset qui[5] pro patria mor« tem non dubitaret occumbere. »

VIII

Les dieux regardent la mort comme la plus grande faveur qu'ils puissent accorder

XLVII. — 113. « Deorum immortalium judicia solent[1] in scholis proferre de morte, nec vero ea fingere ipsi, sed

ment et chargés de surveiller tous les autres pouvoirs à Sparte, faisaient fonctions de juges dans toutes les affaires de police...

2. *Quam*, telle que. — *Mutuatio*, emprunt; *versura*, second emprunt destiné à en solder un premier. — *Dissolvere*, payer.

3. Les Thermopyles, défilé célèbre entre l'Œta et la mer, conduisant de Thessalie en Locride, célèbre par la mort de Léonidas et de ses trois cents Spartiates.

4. Simonide de Céos (Cyclades), le rival de Pindare (ve siècle).

5. *Qui*, tel qu'il.

XLVII. — 1. S.-e. *magistri*. — *Herodoto auctore*, tirés d'Hérodote.

Herodoto auctore aliisque pluribus. Primum Argiæ[2] sacerdotis Cleobis et Biton filii prædicantur. Nota fabula est. Cum enim illam ad sollemne et statum[3] sacrificium curru vehi jus esset satis longe ab oppido ad fanum, morarenturque jumenta, tum juvenes ii, quos modo nominavi, veste posita corpora oleo perunxerunt, ad jugum accesserunt. Ita sacerdos advecta in fanum, cum currus esset ductus a filiis, precata a dea dicitur, ut *id* illis præmii daret pro pietate, quod maximum homini dari posset a deo; post epulatos cum matre adulescentes somno se dedisse, mane inventos esse mortuos. 114. Simili precatione Trophonius et Agamedes[4] usi dicuntur; qui cum Apollini Delphis templum exædificavissent, venerantes deum petiverunt mercedem non parvam quidem operis et laboris sui, nihil certi, sed quod esset optimum homini. Quibus Apollo se id daturum ostendit post ejus diei diem tertium; qui ut illuxit, mortui sunt reperti. Judicavisse deum dicunt, et eum quidem deum cui reliqui di concessissent ut præter ceteros divinaret. »

IX

La mort ne peut être un mal

XLIX. — 117. « Quæ cum ita sint[1], magna tamen eloquentia est utendum atque ita velut superiore e loco[2] contionandum, ut homines mortem vel optare incipiant vel certe timere desistant. Nam si supremus ille dies non exstinctionem, sed commutationem affert loci, quid optabilius? sin autem perimit ac delet omnino, quid melius quam in mediis vitæ laboribus obdormiscere[3] et ita coni-

2. Argos, dans le Péloponèse, honorait beaucoup Junon.

3. *Statum*, périodique.

4. Deux frères, qui élevèrent le temple de Delphes.

XLIX. — 1. *Cum*, quoique (beaucoup aient regardé la mort comme désirable).

2. *Superiore e loco*, du haut de la tribune aux harangues, d'où l'on dominait la foule (par opposition au barreau, où l'on parle *ex inferiore loco*), les sièges des défenseurs étant au-dessous des sièges des juges, et au sénat, où l'on parle *ex æquo loco*, parce que les auditeurs et les orateurs occupent des sièges égaux.

3. On peut voir par ce pas-

ventem somno consopiri sempiterno ? Quod si fiat, melior Ennii[4] quam Solonis oratio. Hic enim noster :

> Nemo me lacrimis decoret, inquit, nec funera fletu
> Faxit !

At vero ille sapiens :

> Mors mea ne careat lacrimis ; linquamus amicis
> Mærorem, ut celebrent funera cum gemitu.

118. « Nos vero, si quid tale acciderit ut a deo denuntiatum videatur ut exeamus e vita, læti et agentes gratias pareamus emittique nos e custodia et levari vinclis arbitremur, ut aut in æternam et plane in nostram domum remigremus[5] aut omni sensu molestiaque careamus ; sin autem nihil denuntiabitur, eo tamen simus animo ut horribilem illum diem aliis, nobis faustum putemus nihilque in malis ducamus, quod sit vel a dis immortalibus vel a natura parente omnium constitutum. Non enim temere nec fortuito sati et creati sumus, sed profecto fuit quædam vis, quæ generi consuleret[6] humano nec id gigneret aut aleret, quod, cum exanclavisset omnes labores, tum incideret in mortis malum sempiternum ; portum potius paratum nobis et perfugium putemus. 119. Quo utinam velis passis[7] pervehi liceat ! Sin reflantibus ventis rejiciemur, tamen eodem paulo tardius referamur necesse est. Quod autem omnibus necesse est, idne miserum esse uni potest ? »

sage combien les esprits les plus éclairés de l'antiquité étaient éloignés de la certitude et de la vérité sur les questions les plus importantes. C'est à peine si Cicéron, un peu plus loin, trahit une préférence pour la première hypothèse. — *Coniventem*, fermant les yeux.

4. Sur Ennius, v. p. 4, n. 12. — Sur Solon, v. p. 51, XXVII, n. 4. — Sur *faxit*, v. p. 126, n. 7.

5. *Remigremus*, v. p. 130, n. 2 et 4.

6. Sur cet imparfait, voir page 44, note 2.

7. *Velis passis* (de *pandere*) à pleines voiles.

LIVRE II

Après un préambule, où il exhorte ses concitoyens à écrire des ouvrages philosophiques, Cicéron aborde la question qui est l'objet du livre II : la souffrance est-elle un mal ? Elle n'est point à coup sûr le plus grand des maux, comme le disent les Épicuriens ; l'infamie, par exemple, est plus à craindre que la douleur. Mais est-elle un mal ? Les Stoïciens jouent sur les mots : ce n'est point un vice, mais c'est un mal ; d'ailleurs, mieux vaut chercher les moyens de la supporter que de discuter cette question oiseuse. L'habitude acquise par des efforts énergiques (33-41), la raison qui nous montre que rien n'est plus beau que la constance contre les maux de la vie et qu'une âme qui se commande à elle-même, ce sont là les deux moyens à employer pour triompher des souffrances. Les plaintes sont indignes du sage (55-57). Songeons à ce que l'honneur exige de nous (58-61.)

I

L'habitude aide à supporter la souffrance

XIV. — 33. « Non ego dolorem dolorem esse nego (cur enim fortitudo desideraretur ?), sed eum opprimi dico patientia, si modo est aliqua[1] patientia ; si nulla est, quid exornamus philosophiam aut quid ejus nomine gloriosi sumus ? Pungit dolor, vel fodiat sane[2] ; si nudus es, da jugulum ; sin tectus « Volcaniis armis », id est fortitudine, resiste ; hæc enim te, nisi ita facies, custos dignitatis relinquet et deseret. 34. Cretum[3] quidem leges, quas *sive*

XIV. — 1. *Est aliqua*, est quelque chose. — *Exornamus*, vantons-nous.

2. *Vel fodiat sane* (supposé), qu'elle vous déchire même tout à fait. — *Nudus*, sans défense. — *Volcaniis armis*, allusion à l'armure d'Achille, fabriquée par Vulcain. — *Dignitatis*, de ton honneur.

3. V. p. 23, n. 11. — Sur Minos, v. p. 136, n. 3. — Lycurgue est le personnage, peut-être légendaire, auquel on attribue les vieilles lois de Sparte.

Juppiter sive Minos sanxit de Jovis quidem sententia, ut poetæ ferunt, itemque Lycurgi laboribus erudiunt juventutem, venando currendo, esuriendo sitiendo, algendo æstuando. Spartæ vero pueri ad aram[4] sic verberibus accipiuntur

Ut multus e visceribus sanguis exeat,

non numquam etiam, ut, cum ibi essem, audiebam, ad necem ; quorum non modo nemo exclamavit umquam, sed ne ingemuit quidem. 35. Quid ergo ? hoc pueri possunt, viri non poterunt ? et mos[5] valet, ratio non valebit !

XVI. — 37. « Nostri exercitus[1] primum unde nomen habeant, vides ; deinde qui labor, quantus agminis : ferre plus dimidiati mensis[2] cibaria ; ferre, si quid ad usum velint ; ferre vallum ; nam scutum[3], gladium, galeam in onere nostri milites non plus numerant quam umeros, lacertos, manus. Arma enim membra militis esse dicunt. Quid ? exercitatio[4] legionum, quid ? ille cursus, concursus, clamor quanti laboris est ! Ex hoc ille animus in prœliis paratus ad vulnera. Adduc pari animo inexercitatum militem : mulier videbitur. 38. Cur tantum interest inter novum et veterem exercitum, quantum experti sumus ? Ætas tironum[5] plerumque melior ; sed ferre laborem, contemnere vulnus consuetudo docet. Quin etiam videmus ex acie efferri sæpe saucios, et quidem rudem illum et inexercitatum quamvis levi ictu ploratus turpissimos edere ; at vero

4. Au pied de l'autel de Diane.
5. *Mos*, l'habitude.
XVI. 1. — *Exercitus* vient de *exerceri*, être exercé, être *entraîné*. — *Agminis*, dans les marches.
2. Les soldats portaient ordinairement pour 17 jours de vivres, quelquefois pour 22. — *Quid*, le bagage particulier. — *Vallum*, le pieu destiné aux palissades du camp.
3. Le *scutum* était un grand bouclier quadrangulaire, convexe, en bois garni de cuir et renforcé de fer en haut et en bas, couvrant presque tout le corps ; le *gladius* était une épée forte à double tranchant. Le *galea* était un casque en cuir.
4. *Exercitatio*, les exercices. — *Concursus*, la mêlée. — *Clamor*, le cri de guerre.
5. *Tironum*, des recrues. On était soldat à Rome de 17 à 60 ans.

ille exercitatus et vetus ob eamque rem fortior medicum modo requirens, a quo obligetur[6].

XVII.— 40. « Aniculæ sæpe inediam biduum aut triduum ferunt. Subduc cibum unum diem athletæ : Jovem Olympium, eum ipsum, cui[1] se exercebit, implorabit; ferre non posse *se* clamabit. Consuetudinis magna vis est. Pernoctant venatores in nive; in montibus uri se patiuntur; pugiles cæstibus[2] contusi ne ingemescunt quidem. 41. Sed quid[3] hos, quibus Olympiorum victoria consulatus ille antiquus[4] videtur? gladiatores, aut perditi homines aut barbari, quas plagas perferunt! quo modo illi, qui bene instituti sunt, accipere plagam malunt quam turpiter vitare! quam sæpe apparet nihil eos malle quam vel domino satis facere vel populo! mittunt etiam vulneribus confecti ad dominos, qui[5] quærant quid velint; si satis iis factum sit[6], se velle decumbere. Quis mediocris gladiator ingemuit, quis vultum mutavit umquam? quis non modo stetit, verum etiam decubuit turpiter? quis, cum decubuisset, ferrum recipere jussus[7] collum contraxit? Tantum exercitatio, meditatio[8], consuetudo valet. Ergo hoc poterit

Samnis[9], spurcus homo, vita illa dignus locoque;

vir, natus ad gloriam, ullam partem animi tam mollem habebit, quam non meditatione et ratione corroboret? »

6. *A quo obligetur*, qui lui bande sa plaie.

XV. — 1. *Cui*, en l'honneur de qui.

2. Le *ceste*, gantelet qui servait aux luttes de pugilat, consistait en courroies de cuir attachées autour des mains et des poignets et garnies de clous de plomb et de fer.

3. S.-e. *commemorem*. — *Olympia*, les *jeux olympiques* avaient lieu à Olympie, en Élide, région située à l'est du Péloponèse : on sait la gloire qui attendait les vainqueurs.

4. *Antiquus*, d'autrefois, quand l'élection était libre.

5. *Qui* a pour antécédent *eos* (des gens) s.-e., compl. de *mittunt*.

6. *Si satis iis satisfactum sit*, si leurs maîtres sont contents. — *Decumbere*, recevoir la mort.

7. Les spectateurs criaient : *recipe telum* ou *da jugulum*, ou bien se contentaient de faire un signe du pouce.

8. *Meditatio*, l'étude, la préparation.

9. Lucilius, *Sat.*, IV, 2. — *Samnis*. Les gladiateurs combattaient souvent avec les armes des anciens Samnites.

II

Les plaintes sont indignes du sage

XXIII. — 55. « In primis refutetur ac rejiciatur Philocteteus ille[1] clamor. Ingemescere non numquam viro concessum est, idque raro, ejulatus ne mulieri quidem. 56. Nec vero umquam ne ingemescit quidem vir fortis ac sapiens, nisi forte ut se intendat ad firmitatem[2], ut in stadio[3] cursores exclamant, quam maxime possunt. Faciunt idem, cum exercentur, athletæ; pugiles vero, etiam cum feriunt adversarium, in jactandis cæstibus ingemescunt, non quod doleant animove succumbant, sed quia profundenda voce omne corpus intenditur venitque plaga vehementior.

XXIV. — 57. « Si gemitus in dolore ad confirmandum animum valebit, utemur; sin erit ille gemitus elamentabilis, si imbecillus, si abjectus, si flebilis, ei[1] qui se dederit, vix eum virum dixerim. Qui quidem gemitus si levationis aliquid afferret, tamen videremus, quid esset[2] fortis et animosi viri; cum vero nihil imminuat doloris, cur frustra turpes esse volumus? Quid est enim fletu muliebri viro turpius? »

III

Dans la souffrance songeons à l'honneur

XXIV. — 58. Ad ferendum igitur dolorem placide atque sedate plurimum proficit toto pectore, ut dicitur, cogitare, quam id honestum sit. Sumus enim natura, ut ante dixi (dicendum est enim sæpius), studiosissimi appetentissi-

XXIII. — 1. *Ille*, fameux. — Sur Philoctète, v. p. 113, n. 8.

2. *Ut se intendat ad firmitatem*, en vue d'acquérir de nouvelles forces.

3. La piste d'Olympie, et par suite les autres pistes.

XXIV. — 1. *Ei* = *gemitui*. — *Qui* a pour antécédent *eum* qui suit.

2. *Videremus quid esset*, même dans ce cas il faudrait voir en quoi il est. — *Vero*, réellement.

mique honestatis; cujus si quasi lumen[1] aliquod adspeximus, nihil est quod, ut eo potiamur, non parati simus et ferre et perpeti. Ex hoc cursu atque impetu animorum ad veram laudem atque honestatem illa pericula adeuntur in prœliis; non sentiunt viri fortes in acie vulnera, vel sentiunt, sed mori malunt quam tantum modo de dignitatis[2] gradu demoveri. 59. Fulgentes gladios hostium videbant Decii[3], cum in aciem eorum irruebant. His levabat omnem vulnerum metum nobilitas mortis et gloria. Num tum ingemuisse Epaminondam[4] putas, cum una cum sanguine vitam effluere sentiret? Imperantem enim patriam Lacedæmoniis relinquebat, quam acceperat servientem. Hæc sunt solacia, hæc fomenta[5] summorum dolorum.

XXV. — 60. Dices: quid in pace, quid domi, quid in lectulo? ad philosophos me revocas, qui in aciem non sæpe prodeunt. E quibus homo sane levis, Heracleotes Dionysius[1], cum a Zenone[2] fortis esse didicisset, a dolore dedoctus est. Nam cum ex renibus laboraret[3], ipso in ejulatu clamitabat falsa esse illa, quæ antea de dolore ipse sensisset. Quem cum Cleanthes[4] condiscipulus rogaret quænam ratio eum de sententia deduxisset, respondit : « Quia, *si*, cum tantum operæ philosophiæ dedissem, dolo« rem tamen ferre non possem, satis esset argumenti malum

XXIV. — 1. *Quasi lumen*..., à la première lueur pour ainsi dire.

2. *De dignitatis*..., s'écarter d'un pas du chemin de l'honneur.

3. P. Décius Mus, consul en 340, se dévoua aux dieux infernaux pour assurer la victoire aux Romains dans le combat de Véséris contre les Latins. Cet acte de dévouement fut renouvelé par son fils à la bataille de Sentinum contre les Gaulois Ombriens (295) et par son petit-fils à celle d'Asculum contre Pyrrhus (279).

4. Blessé à mort à la bataille de Mantinée, Épaminondas (v. p. 124, n. 10) arracha lui-même de sa blessure le trait qui l'avait atteint, aussitôt qu'il sut que Thèbes était victorieuse, en disant : « C'est bien, j'ai assez vécu. »

5. *Fomenta*, remèdes, litt. : application de linges chauds.

XXV. — 1. Denys d'Héraclée, surnommé le *transfuge*, renonça au stoïcisme pour l'épicurisme ou même pour la doctrine cyrénaïque (v. p. 68, n. 13).

2. V. p. 101, n. 10. — *A dolore*, la douleur est personnifiée.

3. *Ex renibus laboraret*, avait mal aux reins.

4. V. p. 101, n. 12.

« esse dolorem. Plurimos autem annos in philosophia con« sumpsi nec ferre possum; malum est igitur dolor. » Tum Cleanthem, cum pede terram percussisset, versum ex Epigonis[5] ferunt dixisse :

Audisne hæc, Amphiarae sub terram abdite?

Zenonem significabat[6], a quo illum degenerare dolebat. 61. At non noster Posidonius[7]; quem et ipse sæpe vidi et id dicam quod solebat narrare Pompeius[8], se, cum Rhodum[9] venisset decedens ex Syria, audire voluisse Posidonium; sed cum audisset eum graviter esse ægrum, quod vehementer ejus artus laborarent, voluisse tamen nobilissimum philosophum visere; quem ut[10] vidisset et salutavisset honorificisque verbis prosecutus esset molesteque se dixisset ferre, quod eum non posset audire, at ille : « Tu vero », inquit, « potes, nec committam ut dolor corporis efficiat « ut frustra tantus vir ad me venerit. » Itaque narrabat eum graviter[11] et copiose de hoc ipso, nihil esse bonum, nisi quod esset honestum, cubantem disputavisse, cumque[12] quasi faces ei doloris admoverentur, sæpe dixisse : « Nihil « agis[13], dolor! quamvis sis molestus, numquam te esse « confitebor malum. »

5. Les *Épigones*, tragédie d'Accius, imitée d'Eschyle ou de Sophocle, aujourd'hui perdue, qui avait pour sujet les *Fils des sept chefs devant Thèbes*.

6. Par ce nom d'Amphiaraüs (devin d'Argos, qui avait suivi son frère Adraste dans l'expédition des Sept et y avait péri) Cléanthe désignait Zénon.

7. Posidonius, dit le Rhodien, né à Apamée vers 135, succéda à Panétius à la tête de l'école stoïcienne de Rhodes; il fut très lié avec Cicéron.

8. Le grand Pompée, voir page 92, note 2.

9. Ile située au sud de l'Archipel. — *Decedere* est le terme consacré pour indiquer le départ d'un magistrat à l'expiration de ses fonctions. — La Syrie s'étendait au sud de l'Asie-Mineure, entre la Méditerranée et l'Arabie déserte. — *Artus*, ses articulations.

10. *Ut*, aussitôt que. Le subj. est voulu par le style indirect.

11. *Graviter*, avec force. — *Esset* : v. p. 44, n. 2.

12. *Cumque*, etc., et quand il sentait, pour ainsi parler, les brûlures de la douleur.

13. *Nihil agis*, tu ne fais rien, tu as beau faire.

LIVRE III

C'est à la philosophie qu'il appartient de guérir les maux de l'âme; Cicéron cherchera donc dans cette troisième Tusculane les moyens de nous guérir du chagrin. D'après les Stoïciens, on évite la tristesse en se persuadant qu'elle n'est pas un mal, ou qu'elle est indigne du sage. Leurs raisonnements sont peut-être abstraits, mais leur doctrine est virile, plus virile que celle des Pythagoriciens, qui, au lieu de supprimer les passions, les modèrent, comme si un mal modéré n'en était pas moins un mal. L'école de Cyrène enseigne qu'il suffit de s'attendre à tous les malheurs, pour ne pas être affligé par ceux qui nous arrivent. La surprise n'est pas l'origine de nos maux, mais c'est une circonstance aggravante, et dans la pensée que tels maux peuvent nous arriver, il y a quelque chose qui peut les alléger (30-34). Pour Épicure, il suffit de faire diversion à l'affliction par l'image du plaisir; on ne saurait admettre un semblable remède (44-45). Ce qu'il faut, c'est d'abord s'attendre toujours au pire, puis ramener le malheur présent à de justes proportions, penser aux exemples des grands hommes qui ont su le braver, à la destinée commune des hommes (59-60), et se persuader que c'est le comble de la folie que de se laisser aller à une douleur tout à fait inutile.

I

La prévision des maux qui peuvent nous atteindre, diminue le chagrin qu'ils nous causent

XIV. — 30. « Id quidem non dubium quin omnia quæ mala putentur, sint improvisa[1] graviora. Itaque quamquam non hæc una res efficit maximam ægritudinem, tamen, quoniam multum potest provisio animi et præparatio ad minuendum dolorem, sint semper omnia homini

XIV. — 1. *Improvisa*, quand ils sont inopinés. — *Res*, la surprise. — *Provisio animi et præparatio*, l'attention à prévoir et à se préparer. — *Meditata* doit être pris au sens passif.

humana meditata. Et nimirum hæc[2] est illa præstans et divina sapientia, et perceptas penitus et pertractatas res humanas habere, nihil admirari, cum acciderit, nihil, antequam evenerit, non evenire posse arbitrari.

Quam ob rem[3] omnes, cum secundæ res sunt maxume, tum maxume
Meditari secum oportet, quo pacto adversam ærumnam ferant.
Pericla, damna peregre rediens semper secum cogitet
Aut fili peccatum aut uxoris mortem aut morbum filiæ,
Communia esse hæc, ne quid horum umquam accidat animo novum;
Quicquid præter spem eveniat, omne id deputare esse in lucro.

XVI. — 34. « Nihil est enim quod tam obtundat elevetque[1] ægritudinem quam perpetua in omni vita cogitatio nihil esse quod non accidere possit, quam meditatio condicionis humanæ, quam vitæ[2] lex commentatioque parendi, quæ non hoc affert ut semper mæreamus, sed ut numquam. Neque enim, qui rerum naturam, qui vitæ varietatem, qui imbecillitatem generis humani cogitat, mæret, cum hæc cogitat, sed tum vel maxime sapientiæ fungitur munere. »

II

Les remèdes proposés par Épicure pour combattre l'affliction sont ridicules

XIX. — 44. « Quærendum igitur, quem ad modum ægritudine privemus eum qui ita dicat :

...pol[1] mihi fortuna magis nunc defit quam genus.
Namque regnum suppetebat mi, ut scias quanto e loco,
Quantis opibus, quibus de rebus lapsa fortuna occidat.

2. *Hæc*, par attraction pour *hoc*.
3. Térence : *Phormion*, II, 1, 11. — *Peregre*, de l'étranger. — *Novum*, sans qu'il s'y attende. — *Spem*, attente.
XVI. — 1. *Elevet*, fasse disparaître.
2. *Vitæ*, etc., que la pensée qu'il nous faut obéir à la loi qui règle la vie humaine...
XIX. — 1. Vers d'Ennius. — *Mi* = *mihi*. — *Ut scias*, sache.

Quid? huic[2] calix mulsi impingendus est, ut plorare desinat, aut aliquid ejus modi? Ecce tibi ex altera parte ab eodem poeta :

Ex opibus summis opis egens, Hector, tuæ[3].

Huic subvenire debemus; quærit enim auxilium :

Quid petam præsidi aut exsequar quove nunc
Auxilio exsili aut fuga freta sim?
Arce et urbe orba sum. Quo accidam? quo applicem?
Cui nec aræ patriæ domi stant, fractæ et disjectæ jacent,
Fana flamma deflagrata, tosti alti stant parietes
Deformati atque abiete crispa...

Scitis quæ sequantur, et illa in primis :

O pater, o patria, o Priami domus,
Sæptum altisono cardine templum!
Vidi ego te, adstante ope barbarica[4],
Tectis cælatis, laqueatis,
Auro, ebore instructam regifice.

45. O poetam egregium! quamquam[5] ab his cantoribus Euphorionis contemnitur. Sentit omnia repentina et necopinata esse graviora. Exaggeratis igitur regiis opibus, quæ videbantur sempiternæ fore, quid adjungit?

Hæc omnia vidi inflammari,
Priamo vi vitam evitari[6],
Jovis aram sanguine turpari.

2. *Huic*, à ce personnage, probablement Télamon. — *Calix mulsi*, une coupe de vin mêlé de miel. — *Impingendus*, donner de force; vulgairement : lui fourrer. Épicure disait qu'il fallait faire diversion aux chagrins par des plaisirs physiques.

3. C'est Andromaque qui parle. — *Auxilio exsili*, secours contre l'exil. — *Crispa*, déformé, tordu; la flamme a racorni le sapin.

4. V. p. 132, n. 2.

5. *Quamquam = et tamen.* — *Ab his cantoribus Euphorionis*, par ceux qui rabâchent les vers d'Euphorion. Ce poète, né vers 272 à Chalcis en Eubée, bibliothécaire d'Antiochus le Grand, roi de Syrie, avait composé des poésies assez légères, qui semblent avoir plu aux Épicuriens.

6. V. p. 132, n. 3.

Præclarum carmen ! 46. Est enim et rebus et verbis et modis lugubre. Eripiamus huic[7] ægritudinem. Quo modo? Collocemus in culcita plumea, psaltriam adducamus, hedychri incendamus scutellam, dulciculæ potionis aliquid videamus et cibi. Hæc tandem bona sunt quibus ægritudines gravissimæ detrahantur; tu enim paulo ante ne intellegere quidem te alia ulla dicebas. »

III

Le malheur des autres est une consolation

XXV. — 59. « Carneades[1] reprendere Chrysippum solebat laudantem Euripideum carmen illud :

Mortalis[2] nemo est quem non attingat dolor
Morbusque; multis sunt humandi liberi,
Rursum creandi, morsque est finita[3] omnibus;
Quæ generi humano angorem nequicquam afferunt.
Reddenda terræ est terra, tum vita omnibus
Metenda, ut fruges. Sic jubet Necessitas.

60. Negabat[4] genus hoc orationis quicquam omnino ad levandam ægritudinem pertinere. Id enim ipsum dolendum esse dicebat, quod in tam crudelem necessitatem incidissemus; nam illam quidem orationem ex commemoratione alienorum malorum ad malevolos consolandos esse accommodatam. Mihi vero longe videtur secus. Nam et necessitas ferendæ condicionis humanæ quasi cum deo pugnare prohibet admonetque[5] esse hominem, quæ cogitatio magno opere luctum levat; et enumeratio exemplorum, non ut animum malevolorum oblectet, affertur, sed ut ille, qui

7. *Huic*, Andromaque. — *Culcita*, lit. — *Psaltriam*, une joueuse de cythare. — *Hedychri*. sorte d'onguent parfumé pour adoucir la peau, parfum. — *Videamus*, pourvoyons à.

XXV. — 1. Carnéade : v. p. 109, n. 4. — Chrysippe : v. p. 101, n. 13.

2. Tiré de l'*Hypsipyle*, que nous n'avons plus.

3. *Finita*, fixée. — *Quæ*, choses qui.

4. S.-e. *Carneades*. — *Id ipsum*, cela même en plus du reste.

5. S.-e. *me*.

mæret, ferundum sibi id censeat, quod videat multos moderate et tranquille tulisse. 61. Omnibus enim modis fulciendi[6] sunt, qui ruunt nec cohærere possunt propter magnitudinem ægritudinis. »

LIVRE IV

Après avoir rappelé les commencements de la philosophie à Rome (5-7), Cicéron définit et divise les passions d'après les Stoïciens (11-14). Elles peuvent toutes se ramener à une seule : l'intempérance (22), et elles sont incompatibles avec la vertu (35-38), et non utiles, comme le veulent les Péripatéticiens : il ne faut pas se contenter de les modérer, mais bien les détruire. Le moyen le plus efficace pour y réussir est de se convaincre que toute passion est un vice.

I

La philosophie à Rome avant Cicéron

III. — 5. Sapientiæ studium vetus id quidem in nostris, sed tamen ante Lælii ætatem[1] et Scipionis non reperio quos appellare possim nominatim. Quibus adulescentibus[2], Stoicum Diogenen et Academicum Carneadem video ad senatum ab Atheniensibus missos esse legatos, qui cum rei publicæ nullam umquam partem attigissent essetque eorum alter Cyrenæus, alter Babylonius, numquam profecto scholis essent excitati[3] neque ad illud munus electi, nisi in quibusdam principibus temporibus illis fuissent

6. *Fulciendi*, étayer.

III. — 1. Au temps de la seconde guerre punique. — Sur Lélius, v. p. 86, n. 11. — Sur Scipion Émilien, v. p. 29, n. 1.

2. En 155 (v. *Intr*. p. VI). — Carnéade (v. p. 109, n. 4) était de Cyrène, en Afrique ; Diogène (v. p. 86, n. 9), de Séleucie, bâtie non loin de Babylone.

3. *Scholis excitati*, tirés de leurs écoles. — *Principibus*, principaux citoyens de Rome. — *Doctrinæ*, de la philosophie.

studia doctrinæ. Qui[4] cum cetera litteris mandarent, alii jus civile, alii orationes suas, alii monumenta majorum, hanc amplissimam omnium artium, bene vivendi disciplinam, vitam magis quam litteris persecuti sunt. 6. Itaque illius veræ elegantisque philosophiæ, quæ ducta a Socrate in Peripateticis adhuc permansit et idem[5] alio modo dicentibus Stoïcis, cum Academici eorum controversias disceptarent, nulla fere sunt aut pauca admodum Latina monumenta sive propter magnitudinem rerum occupationemque hominum, sive etiam quod imperitis ea probari posse non arbitrabantur, cum interim illis silentibus C. Amafinius[6] exstitit dicens, cujus libris editis commota multitudo contulit se ad eam potissimum disciplinam, sive quod erat cognitu perfacilis, sive quod invitabantur illecebris blandis voluptatis, sive etiam, quia nihil erat prolatum melius, illud, quod erat, tenebant. 7. Post Amafinium autem multi ejusdem æmuli rationis[7] multa cum scripsissent, Italiam totam occupaverunt, quodque maximum[8] argumentum est non dici illa subtiliter, quod et tam facile ediscantur et ab indoctis probentur, id illi firmamentum esse disciplinæ putant.

IV. — Sed defendat quod quisque sentit; sunt enim judicia libera; nos institutum tenebimus[9] nullisque unius disciplinæ legibus adstricti, quibus in philosophia necessario pareamus, quid sit in quaque re maxime probabile, semper requiremus.

4. Les Romains.

5. Cicéron a une tendance à identifier les doctrines (v. p. 64, n. 12). — Sur les Péripatéticiens, v. p. 64, n. 14. — Les Stoïciens étaient ainsi appelés parce que leur maître Zénon enseignait sous le *Portique* (Στοὰ ποικίλη) à Athènes. — Les Académiciens (v. p. 64, n. 10) opposaient les uns aux autres les arguments de ces deux écoles sans chercher une conclusion certaine.

6. C. Amafinius fut à Rome le promoteur de l'Épicurisme. — *Dicens* s'oppose à *silentibus*.

7. *Ejusdem æmuli rationis* adeptes du même système.

8. *Maximum*..., une excellente preuve que ce système n'a rien de profond, c'est que..., et les Épicuriens voient en cela une garantie de solidité.

IV. — 1. *Institutum tenebimus*, nous continuerons à agir comme nous l'avons toujours fait. — *Unius disciplinæ*, d'un seul système. — *Probabile*, vraisemblable.

II

Les passions

VI. — 11. « Est Zenonis[1] hæc definitio, ut *perturbatio* sit, quod πάθος ille dicit, aversa a recta ratione contra naturam animi commotio. Quidam brevius perturbationem esse appetitum vehementiorem; sed vehementiorem eum volunt esse, qui longius[2] discesserit a naturæ constantia. Partes[3] autem perturbationum volunt ex duobus opinatis bonis nasci et ex duobus opinatis malis; ita esse quattuor : ex bonis *libidinem* et *lætitiam*, ut sit lætitia præsentium bonorum, libido futurorum; ex malis *metum* et *ægritudinem* nasci censent, metum futuris, ægritudinem præsentibus; quæ enim venientia metuuntur, eadem afficiunt ægritudine instantia[4]. 12. Lætitia autem et libido in bonorum[5] opinione versantur, cùm libido ad id quod videtur bonum, illecta et inflammata rapiatur; lætitia, ut adepta jam aliquid concupitum, efferatur et gestiat. Natura enim omnes ea quæ bona videntur, sequuntur fugiuntque contraria. Quam ob rem simul objecta species est cujuspiam quod bonum videatur, ad id adipiscendum impellit ipsa natura. Id cum constanter[6] prudenterque fit, ejus modi appetitionem Stoici βούλησιν appellant, nos appellemus *voluntatem*. Eam illi putant in solo esse sapiente, quam sic definiunt : voluntas est quæ quid cum ratione desiderat. Quæ autem, *a* ratione aversa, incitata est vehementius, ea libido est vel *cupiditas effrenata*, quæ in omnibus stultis invenitur. 13. Itemque cum ita movemur ut in bono simus[7]

VI. — 1. V. p. 101, n. 10. — *Perturbatio*, passion. — *Commotio*, un mouvement.

2. *Longius*, qui éloigne trop notre âme de cette égalité où la nature la voudrait toujours.

3. *Partes*, les différentes espèces. — *Opinatis*, présumés tels, car d'après les Stoïciens il n'y a qu'un bien, la vertu; qu'un mal, le vice.

4. *Instantia*, quand ils sont arrivés.

5. *In bonorum*, etc., regardent les biens présumés tels.

6. *Constanter*, avec modération. — *Voluntatem*, une volonté raisonnable.

7. *Ita ut in bono simus*, dans la jouissance. — *Gaudium*, joie douce, contentement.

aliquo, dupliciter id contingit. Nam cum ratione animus movetur placide atque constanter, tum illud *gaudium* dicitur; cum autem inaniter et effuse[8] animus exsultat, tum illa *lætitia gestiens* vel *nimia* dici potest, quam ita definiunt : sine ratione animi elationem. Quoniamque, ut bona natura appetimus, sic a malis natura declinamus, quæ declinatio[9] cum ratione fiet, *cautio* appellétur, eaque intellegatur in solo esse sapiente ; quæ autem sine ratione et cum exanimatione humili atque fracta, nominetur *metus;* est igitur metus *a* ratione aversa cautio. **14.** Præsentis autem mali sapientis affectio[10] nulla est ; stultorum ægritudo est, eaque afficiuntur in malis opinatis animosque demittunt et contrahunt rationi non obtemperantes. Itaque hæc prima definitio est ut ægritudo sit animi adversante ratione contractio[11]. Sic quatuor perturbationes sunt; tres constantiæ[12], quoniam ægritudini nulla constantia opponitur.

IX. — 22. « Omnium autem perturbationum fontem esse dicunt *intemperantiam*, quæ est a tota mente defectio[1], sic aversa a præscriptione rationis, ut nullo modo appetitiones animi nec regi nec contineri queant. Quem ad modum igitur temperantia sedat appetitiones et efficit ut eæ rectæ rationi pareant, conservatque[2] considerata judicia mentis, sic huic inimica intemperantia omnem animi statum inflammat, conturbat, incitat ; itaque et ægritudines et metus et reliquæ perturbationes omnes gignuntur ex ea. »

8. *Inaniter et effuse*, en de vains transports. — *Lætitia gestiens*, folle allégresse, qui se manifeste par des gestes. — *Elationem*, transport.

9. *Declinatio*, fuite. — *Cautio*, précaution. — *Exanimatione*, abattement du cœur.

10. *Affectio*, impression. — *Demittunt*, abattent. — *Contrahunt*, resserrent.

11. *Contractio*, un resserrement.

12. *Tres constantiæ* (εὐπάθεια), trois états où l'âme reste en équilibre.

IX. — 1. *A tota mente defectio*, révolte générale contre la raison.

2. *Conservatque*, etc., nous laisse maîtres de réfléchir mûrement.

III

Le sage n'a pas de passions

XVI. — 35. « Quid autem est non miserius solum, sed fœdius etiam et deformius quam ægritudine quis afflictus, debilitatus, jacens ? Cui miseriæ proximus est is qui appropinquans aliquod malum metuit exanimatusque pendet animi[1]. Quam vim mali significantes poetæ impendere apud inferos saxum Tantalo[2] faciunt

Ob scelera animique impotentiam et superbiloquentiam.

Ea communis pœna stultitiæ est. Omnibus enim, quorum mens abhorret a ratione, semper aliqui talis terror impendet. 36. Atque ut hæc tabificæ mentis perturbationes sunt, ægritudinem dico et metum, sic hilariores illæ, cupiditas avide semper aliquid expetens et inanis alacritas, id est lætitia gestiens, non multum differunt ab amentia. Ex quo intellegitur, qualis ille sit, quem tum moderatum, alias modestum, *tum* temperantem, alias constantem continentemque dicimus.

XVII. — 37. « Ergo hic, quisquis est, qui moderatione et constantia quietus animo est sibique ipse placatus, ut nec tabescat molestiis, nec frangatur timore, nec sitienter quid expetens ardeat desiderio, nec alacritate futtili gestiens deliquescat, is est sapiens, quem quærimus, is est beatus, cui nihil humanarum rerum aut intolerabile ad demittendum animum aut nimis lætabile ad efferendum videri potest. Quid enim videatur ei magnum in rebus humanis, cui æternitas omnis totiusque mundi nota sit magnitudo? Nam quid aut in studiis humanis aut in tam exigua brevitate vitæ magnum sapienti videri potest, qui

XVI. — 1. *Pendet animi*, est dans l'attente. *Animi* (dans son cœur) est probablement un ancien locatif.

2. V. p. 84, n. 6. L'auteur du vers cité n'est pas connu.

semper animo sic excubat[1] ut ei nihil improvisum accidere possit, nihil inopinatum, nihil omnino novum ? 38. Atque idem ita acrem in omnes partes aciem[2] intendit ut semper videat sedem sibi ac locum sine molestia atque angore vivendi, ut[3], quemcumque casum fortuna invexerit, hunc apte et quiete ferat; quod quid faciet, non ægritudine solum vacabit, sed etiam perturbationibus reliquis omnibus. His autem vacuus animus perfecte atque absolute beatos efficit, idemque concitatus et abstractus ab integra certaque ratione non constantiam[4] solum amittit, verum etiam sanitatem. »

LIVRE V

La vertu suffit pour être heureux, tel est le sujet de ce livre V. Les épreuves de la vie semblent parfois contredire cette vérité, mais l'âme se retrempe vite au sein de la philosophie (3-5). Le bonheur de chaque être consiste dans la possession du bien vers lequel il tend par sa nature (37-41). Or, à quoi tend l'âme humaine, sinon au développement de la raison, à la vertu. Tout le reste d'ailleurs, santé, richesses, est au-dessus de notre pouvoir, et notre bonheur ne peut résider en des biens incertains, qui du reste n'empêchent pas d'être malheureux, comme le prouve l'exemple de Denys le Tyran (57-66). Les philosophes qui admettent d'autres biens que la vertu, Épicure lui-même, recommandent la sobriété (97-100); le sage, qu'il imagine, supporte facilement la cécité (111-115), la surdité (116-117) et tous les maux, sachant qu'il peut s'y soustraire par la mort et rejeter la coupe si elle lui semble trop amère (117-118).

XVIII. — 1. *Excubat*, litt. : être en sentinelle la nuit, veiller.

2. *Aciem*, la prunelle, la vue. — *Sedem*, une demeure.

3. *Ut*, de sorte que. — *Apte*, comme il faut.

4. *Constantiam*, l'équilibre, le calme.

I

Éloge de la philosophie

I. — 3. « Equidem eos casus[1], in quibus me fortuna vehementer exercuit, mecum ipse considerans, huic incipio sententiæ[2] diffidere interdum et humani generis imbecillitatem fragilitatemque extimescere. Vereor enim ne natura, cum corpora nobis infirma dedisset iisque et morbos insanabiles et dolores intolerabiles adjunxisset, animos quoque dederit et corporum doloribus congruentes et separatim suis angoribus et molestiis implicatos. 4. Sed in hoc me ipse castigo, quod ex aliorum et ex nostra fortasse mollitia, non ex ipsa virtute, de virtutis robore existimo. Illa enim, si modo est ulla virtus, quam dubitationem avunculus tuus[3], Brute, sustulit, omnia quæ cadere in hominem possunt, subter se habet eaque despiciens casus contemnit humanos, culpaque omni carens præter se ipsam nihil censet ad se pertinere. Nos autem omnia adversa cum venientia metu augentes[4], tum mærore præsentia, rerum naturam quam errorem nostrum damnare malumus.

II. — 5. Sed et hujus culpæ[1] et ceterorum vitiorum peccatorumque nostrorum omnis a philosophia petenda correctio est. Cujus in sinum cum a primis temporibus ætatis nostra voluntas studiumque nos compulisset, his gravissimis casibus[2] in eundem portum, ex quo eramus egressi, magna jactati tempestate confugimus. O vitæ philosophia dux, o virtutis indagatrix expultrixque vitiorum! quid non modo nos, sed omnino vita hominum sine te esse

I. — 1. Son exil, la mort de sa fille, son divorce, la dictature de César, etc.

2. *Huic sententiæ* : la vertu suffit au bonheur.

3. V. p. 59, n. 2. — Sur Brutus, v. p. 59, n. 1.

4. *Augentes* a pour complément *venientia* et *præsentia*.

II. — 1. *Culpæ*, erreur.

2. *Casibus*, les malheurs de la guerre civile.

potuisset ? tu urbes peperisti[3], tu dissipatos[4] homines in societatem vitæ convocasti; tu eos inter se primo domiciliis, deinde conjugiis, tum litterarum et vocum communione junxisti ; tu inventrix legum, tu magistra morum et disciplinæ fuisti ; ad te confugimus, a te opem petimus ; tibi nos, ut antea magna ex parte, sic nunc penitus totosque tradimus. Est autem unus dies bene et ex[5] præceptis tuis actus peccanti immortalitati anteponendus. Cujus igitur potius opibus utamur quam tuis, quæ et vitæ tranquillitatem largita nobis es et terrorem mortis sustulisti ? »

II

Seule la vertu donne un bonheur durable

XIII. — 37. « Unde igitur ordiri rectius possumus quam a communi parente natura ? quæ, quicquid genuit, non modo animal, sed etiam quod ita ortum esset[1] e terra, ut stirpibus suis niteretur, in suo quidque genere perfectum esse voluit. Itaque et arbores et vites et ea quæ sunt humiliora neque se tollere a terra altius possunt, alia semper virent, alia hieme nudata verno tempore tepefacta frondescunt, neque est ullum quod non ita vigeat interiore quodam motu[2] et suis in quoque seminibus inclusis, ut aut flores aut fruges fundat aut bacas, omniaque in omnibus, quantum in ipsis sit, nulla vi impediente perfecta sint. 38. Facilius vero etiam in bestiis, quod iis sensus a natura est datus, vis ipsius naturæ perspici potest. Namque alias bestias nantes aquarum incolas esse voluit, alias volucres cælo frui libero, serpentes quasdam, quasdam esse gradientes ; earum ipsarum partim solivagas, partim congre-

3. Cicéron dit la même chose de l'éloquence. *De Or.*, I, § 33.

4. C'était une opinion très répandue alors que les hommes n'avaient pas toujours vécu en société. — *Litterarum et vocum communione*, une langue et une écriture communes.

5. *Ex*, d'après. — *Peccanti immortalitati*, une vie sans fin liée au mal.

XIII. — 1. V. p. 44, n. 2. — *Stirpibus*, racines.

2. *Interiore quodam motu*, par une sorte de mouvement intérieur.

gatas, immanes alias, quasdam autem cicures, non nullas abditas terraque tectas. Atque earum quæque suum tenens munus[3], cum in disparis animantis vitam transire non possit, manet in lege naturæ. Et ut bestiis aliud[4] alii præcipui a natura datum est, quod suum quæque retinet nec discedit ab eo, sic homini multo quiddam præstantius; etsi[5] præstantia debent ea dici quæ habent aliquam comparationnem: humanus autem animus decerptus ex mente divina[6] cum alio nullo nisi cum ipso deo, si hoc fas est dictu, comparari potest. 39. Hic igitur si est excultus, et si ejus acies[7] ita curata est, ut ne cæcaretur erroribus, fit perfecta mens, id est absoluta ratio, quod est idem virtus[8]. Et, si omne beatum est, cui nihil deest, et quod in suo genere expletum atque cumulatum est, idque virtutis est proprium, certe omnes virtutis compotes beati sunt. Sed mihi videntur etiam beatissimi. 40. Quid enim deest ad beate vivendum ei qui confidit[9] suis bonis? aut, qui diffidit, beatus esse qui potest? At diffidat necesse est, qui bona dividit tripertito[10].

XIV. — « Qui enim poterit aut corporis firmitate aut fortunæ stabilitate confidere? Atqui nisi stabili et fixo et permanente bono beatus esse nemo potest. Quid ergo ejus modi istorum[1] est? ut[2] mihi Laconis illud dictum in hos cadere videatur, qui glorianti cuidam mercatori, quod multas naves in omnem oram maritimam dimisisset: « Non « sane optabilis ista quidem », inquit, « rudentibus apta[3]

3. *Suum tenens munus*, fidèle à son instinct.

4. Constr. : *aliud præcipui datum est alii*, si chaque espèce a quelque chose de particulier. — *Ab eo* = *a suo*.

5. *Etsi*, etc., quoiqu'on ne doive appeler supérieures que les choses qui peuvent être comparées à d'autres.

6. Pour Platon et les Stoïciens, l'âme était une émanation de la divinité.

7. *Acies*, litt. : la pupille.

8. Pour Platon, la science se confond avec la vertu.

9. *Confidit*, est sûr de garder.

10. Comme les Péripatéticiens, qui distinguaient les biens du corps, ceux de la fortune et la vertu.

XIV. — 1. *Istorum*, i. e. *corporis firmitatis*, *fortunæ stabilitatis*.

2. *Ut*, de sorte que.

3. *Rudentibus apta*, qui est attaché à des cordages.

« fortuna ». An dubium est quin nihil sit habendum in eo genere, quo vita beata compleatur, si id possit amitti? Nihil enim interarescere, nihil exstingui, nihil cadere debet eorum in quibus vita beata consistit. Nam qui timebit ne quid ex his deperdat, beatus esse non poterit. 41. Volumus enim eum qui beatus sit, tutum esse, inexpugnabilem, sæptum atque munitum, non ut parvo metu præditus sit, sed ut nullo. »

III

Denys le Tyran

XX.—57. « Duodequadraginta annos tyrannus Syracusanorum[1] fuit Dionysius, cum quinque et viginti natus annos dominatum occupavisset[2]. Qua pulchritudine urbem, quibus autem opibus præditam servitute oppressam tenuit civitatem! Atqui[3] de hoc homine a bonis auctoribus sic scriptum accepimus, summam fuisse ejus in victu temperantiam in rebusque gerundis virum acrem et industrium, eundem tamen maleficum natura et injustum. Ex quo omnibus bene veritatem intuentibus videri necesse est miserrimum. Ea enim ipsa quæ concupierat, ne tum quidem cum omnia se posse censebat, consequebatur.

58. « Qui cum esset bonis parentibus atque honesto loco natus (etsi id quidem alius[4] alio modo tradidit) abundaretque et æqualium familiaritatibus et consuetudine propinquorum, credebat[5] eorum nemini; sed iis quos ex familiis locupletium servos delegerat, quibus nomen servitutis ipse detraxerat[6], et quibusdam convenis et feris barbaris corporis custodiam committebat. Ita propter injustam dominatus cupiditatem[7] in carcerem quodam

XX. — 1. Syracuse en Sicile, sur la côte est. — Sur Denys l'Ancien, v. p. 9, n. 11.

2. *Occupavisset*, s'emparer.

3. *Atqui*, et pourtant.

4. Diodore de Sicile, par exemple, dit qu'il fut d'abord écrivain public.

5. *Credebat*, il avait confiance. — *Familiis*, les maisons.

6. Il les avait appelés νεοπολῖται.

7. Par crainte de perdre son injuste pouvoir. — *Artificio*, métier.

modo ipse se incluserat. Quin etiam, ne tonsori collum committeret, tondere filias suas docuit. Ita sordido ancillarique artificio regiæ virgines, ut tonstriculæ, tondebant barbam et capillum patris. Et tamen ab his ipsis, cum jam essent adultæ, ferrum removit, instituitque ut candentibus juglandium putaminibus[8] barbam sibi et capillum adurerent. 59. Idemque, cum in communibus suggestis[9] consistere non auderet, contionari ex turri alta solebat. 60. Atque is cum[10] pila ludere vellet (studiose enim id factitabat) tunicamque poneret, adulescentulo, quem amabat, tradidisse gladium dicitur. Hic cum quidam familiaris jocans dixisset : « Huic quidem certe vitam tuam com« mittis » arrisissetque adulescens, utrumque jussit interfici, alterum, quia viam demonstravisset interimendi sui, alterum, quia dictum id risu approbavisset. Atque eo facto sic doluit, nihil ut tulerit gravius in vita ; quem enim vehementer amarat, occiderat. Sic distrahuntur[11] in contrarias partes impotentium cupiditates. Cum huic obsecutus sis, illi est repugnandum.

XXI. — 61. « Quamquam hic quidem tyrannus ipse judicavit quam esset beatus. Nam cum quidam ex ejus assentatoribus, Damocles, commemoraret in sermone copias ejus, opes, majestatem dominatus, rerum abundantiam, magnificentiam ædium regiarum, negaretque umquam beatiorem quemquam fuisse, « Visne igitur », inquit, « o Da« mocle[1], quoniam te hæc[2] vita delectat, ipse eam degustare « et fortunam experiri meam ? » Cum se ille cupere dixisset, collocari jussit hominem in aureo lecto, strato[3] pulcherrimo textili stragulo, magnificis operibus picto, abacosque

8. *Juglandium putaminibus*, coquilles de noix

9. *Suggestis*, tribunes.

10. *Cum*, un jour que. — *Pila*, à la balle (σφαῖρα), un des jeux favoris des Grecs, dont tous les gymnases renfermaient un jeu de paume. — *Tunicam*, la tunique, vêtement de dessous.

11. *Distrahuntur*, sont tiraillés. — *Huic*, s.-e. *cupiditati*.

XXI. — 1. Les noms grecs en *ēs* ont deux vocatifs l'un en *ēs*, l'autre en *ĕ*.

2. *Hæc* (pron. de la 1e pers.), que je mène.

3. *Strato*, couvert de. — *Magnificis operibus picto*, brodé de dessins artistiques. — *Abacos*, buffets, dressoirs.

complures ornavit argento auroque cælato. Tum ad mensam eximia forma pueros[4] delectos jussit consistere, eosque, nutum illius intuentes, diligenter ministrare. 62. Aderant unguenta, coronæ; incendebantur odores; mensæ conquisitissimis epulis exstruebantur[5]. Fortunatus sibi Damocles videbatur. In hoc medio apparatu fulgentem[6] gladium e lacunari sæta equina aptum demitti jussit, ut impenderet illius beati cervicibus. Itaque nec pulchros illos ministratores adspiciebat, nec plenum artis argentum; nec manum porrigebat in mensam; jam ipsæ defluebant coronæ; denique exoravit tyrannum ut abire liceret, quod jam beatus nollet esse. Satisne videtur declarasse Dionysius nihil esse ei beatum, cui semper aliqui terror impendeat? Atque ei ne integrum[7] quidem erat, ut ad justitiam remigraret, civibus libertatem et jura redderet; iis enim se adulescens improvida ætate irretierat[8] erratis, eaque commiserat ut salvus esse non posset, si sanus esse cœpisset.

XXII. — 63. « Quantopere vero amicitias desideraret, quarum infidelitatem extimescebat, declaravit in[1] Pythagoriis duobus illis, quorum cum alterum vadem mortis[2] accepisset, alter, ut vadem suum liberaret, præsto fuisset ad horam mortis destinatam : « Utinam ego », inquit, « tertius vobis amicus adscriberer ! » Quam huic erat miserum carere consuetudine amicorum, societate victus, sermone omnino familiari, homini præsertim docto a puero[3] et artibus ingenuis erudito ! Musicorum[4] vero perstudiosum, poetam etiam tragicum (quam bonum, nihil[5] ad rem; in

4. *Pueros*, de jeunes esclaves.

5. *Exstruebantur*, étaient chargés de.. Les plats formaient comme un édifice sur les tables.

6. *Fulgentem*, nu. — *Lacunari*, plafond plat formé par un entrecroisement de poutres. — *Aptum*, attaché. — *Defluebant*, tombaient.

7. *Ei ne integrum quidem erat ut*, il n'était même plus le maître de...

8. *Se irretierat erratis*, par suite de ses emportements. Il était comme pris dans un filet. — *Si sanus esse cœpisset*, s'il voulait agir avec sagesse.

XXII. — 1. *In*, à propos de. Il s'agit de Damon et de Phintias, si célèbres par leur amitié.

2. *Vadem mortis*, caution de sa mort, répondant de sa vie.

3. V. p. 45, n. 5.

4. *Musicorum*, au neutre : les arts des Muses.

5. S.-e. *pertinet*.

hoc enim genere nescio quo pacto magis quam in aliis suum cuique pulchrum est. Adhuc neminem cognovi poetam, et mihi fuit cum Aquinio[6] amicitia, qui sibi non optimus videretur. Sic se res habet : te tua, me delectant mea) — sed ut ad Dionysium redeamus, omni cultu et victu humano carebat[7] ; vivebat cum fugitivis, cum facinerosis, cum barbaris ; neminem, qui aut libertate dignus esset aut vellet omnino liber esse, sibi amicum arbitrabatur.

XXIII. 64. « Non ego jam cum hujus vita, qua tætrius, miserius, detestabilius excogitare nihil possum, Platonis aut Archytæ[1] vitam comparabo, doctorum hominum et plane sapientium; ex eadem urbe[2] humilem homunculum[3] a pulvere et radio excitabo, qui multis annis post[4] fuit, Archimedem. Cujus ego quæstor[5] ignoratum ab Syracusanis, cum esse omnino negarent, sæptum undique et vestitum vepribus et dumetis indagavi sepulcrum. Tenebam[6] enim quosdam senariolos, quos in ejus monumento esse inscriptos acceperam, qui declarabant in summo sepulcro sphæram esse positam cum cylindro. 65. Ego autem cum omnia collustrarem oculis (est enim ad portas Agragentinas[7] magna frequentia sepulcrorum), animadverti columellam non multum e dumis eminentem, in qua inerat

6. Mauvais poète du temps.

7. Anacoluthe. La parenthèse a fait oublier à l'écrivain que *perstudiosum* et *poetam tragicum* devaient être des compléments. — *Humano*, digne d'un homme.

XXIII. — 1. V. p. 90, n. 4.

2. V. p. 159, n. 1.

3. *Humilem homunculum*, un homme d'une condition obscure. — *A pulvere et radio*, est rattaché par les uns à *homunculum*, par les autres à *excitabo*. Les premiers traduisent : un simple géomètre (les mathématiciens se servaient d'un bâton (*radius*) pour tracer leurs figures sur une table recouverte de poussière (*pulvere*). L'expression serait à rapprocher de celles-ci : *servus ab epistolis, a rationibus*, un secrétaire, un comptable). La traduction des seconds semble préférable : j'irai chercher à son bâton et à sa poussière.

4. Plus de 150 ans après. — Sur Archimède, v. p. 9, n. 13.

5. Questeur (v. p. 58, n. 5) de Lilybée, ville située à la pointe occidentale de la Sicile; Cicéron habitait près du préteur à Syracuse (76 av. J.-C.)

6. *Tenebam*, je savais par cœur. — *Senariolos*, trimètres iambiques.

7. Agrigente (aujourd'hui *Girgenti*) sur la côte sud de la Sicile.

sphæræ figura et cylindri. Atque ego statim Syracusanis (erant autem principes mecum) dixi me illud ipsum arbitrari esse, quod quærerem. Immissi cum falcibus multi purgarunt et aperuerunt locum. 66. Quo cum patefactus esset aditus, ad adversam basim[8] accessimus. Apparebat epigramma exesis posterioribus partibus versiculorum dimidiatis fere. Ita nobilissima Græciæ civitas, quondam vero etiam doctissima, sui civis unius acutissimi monumentum ignorasset, nisi ab homine Arpinate[9] didicisset. Sed redeat, unde aberravit, oratio. Quis est omnium, qui modo cum Musis, id est cum humanitate et cum doctrina, habeat aliquod commercium, qui se non hunc mathematicum malit quam illum tyrannum ? »

IV

Éloge de la sobriété

XXXIV. — 97. « Quis hoc non videt, desideriis omnia ista[1] condiri ? Darius[2] in fuga cum aquam turbidam et cadaveribus inquinatam bibisset, negavit umquam se bibisse jucundius. Numquam videlicet sitiens biberat. Nec esuriens Ptolomæus[3] ederat; cui cum peragranti Ægyptum, comitibus non consecutis, cibarius in casa panis datus esset, nihil visum est illo pane jucundius. Socraten ferunt, cum usque ad vesperum contentius[4] ambularet, quæsitumque esset ex eo quare id faceret, respondisse se, quo melius cenaret, obsonare ambulando famem. 98. Quid?

8. *Adversam basim*, la face antérieure du piédestal. — *Epigramma*, une inscription. — *Exesis dimidiatis*, rongés à moitié.
9. V. p. 43, n. 5.
XXXIV. — 1. *Omnia ista*, tout ce qui concerne la table. — *Desideriis... condiri*, le besoin est ici le meilleur assaisonnement.
2. Darius Codoman, le vaincu d'Issus (333) et d'Arbelles (331).
3. Ptolémée Soter, le fondateur de la dynastie des Lagides, mort en 283. — *Cibarius panis*, pain grossier, destiné aux esclaves.
4. *Contentius*, sans discontinuer. — *Cenaret*. Il s'agit du principal repas (*cena*) qui se prenait au coucher du soleil. — *Obsōnare*, faire provision de..., (litt. : aller acheter au marché).

victum Lacedæmoniorum in philitiis[5] nonne videmus? Ubi cum tyrannus cenavisset Dionysius, negavit se jure illo nigro[6] quod cenæ caput erat, delectatum. Tum is qui illa coxerat : « Minime mirum; condimenta enim defuerunt ». — « Quæ tandem? » inquit ille. — « Labor in venatu, « sudor, cursus ad Eurotam[7], fames, sitis. His enim rebus « Lacedæmoniorum epulæ condiuntur. » Atque hoc non ex hominum more solum, sed etiam ex bestiis intellegi potest, quæ, ut quicquid objectum est, quod modo a natura non sit alienum, eo contentæ non quærunt amplius. 99. Civitates quædam universæ more doctæ[8] parsimonia delectantur, ut de Lacedæmoniis paulo ante diximus. Persarum a Xenophonte[9] victus exponitur, quos negat ad panem adhibere quicquam præter nasturcium[10]. Quamquam, si quædam etiam suaviora natura desideret, quam multa ex terra arboribusque gignuntur cum copia facili, tum suavitate præstanti! Adde siccitatem[11], quæ consequitur hanc continentiam in victu, adde integritatem valetudinis. 100. Confer sudantes, ructantes, refertos epulis tamquam opimos boves; tum intelleges, qui voluptatem maxime sequantur, eos minime consequi, jucunditatemque victus esse in desiderio, non in satietate.

XXXV. — « Timotheum[1], clarum hominem Athenis et principem civitatis, ferunt, cum cenavisset apud Platonem eoque convivio admodum delectatus esset vidissetque eum

5. *In philitiis*, dans leurs repas publics, institués par Lycurgue pour entretenir l'amitié. — Sur Denys, v. p. 9, n. 11.

6. *Jure illo nigro*, le fameux brouet noir, composé probablement de graisse de porc, assaisonnée de vinaigre et de sel. — *Caput*, le mets principal.

7. *Ad Eurotam*, sur les bords de l'Eurotas, petit fleuve qui arrose Sparte.

8. *More doctæ*, formés par l'habitude. — *Parsimonia*, sobriété.

9. Dans la *Cyropédie*, roman d'éducation plutôt qu'histoire véritable.

10. *Nasturcium*, le cresson.

11. *Siccitatem*, un corps sans humeurs et par suite sain.

XXXV.—1. Timothée, fils de Conon (IVe siècle), fut un des derniers généraux d'Athènes. Il fut si heureux dans ses expéditions qu'un peintre le représenta endormi et tenant un filet dans lequel les villes venaient se prendre elles-mêmes. — *Vestræ*, vos repas en commun à l'Académie.

postridie, dixisse : « Vestræ quidem cenæ non solum in « præsentia, sed etiam postero die jucundæ sunt. » Quid, quod[2] ne mente quidem recte uti possumus multo cibo et potione completi ? »

V

Les infirmités ne nuisent pas au bonheur du sage

XXXVIII. — 111. « Animo multis modis variisque delectari licet, etiamsi non adhibeatur adspectus[1]. Loquor enim de docto homine et erudito, cui vivere est cogitare. Sapientis autem cogitatio non ferme[2] ad investigandum adhibet oculos advocatos. 112. Etenim si nox non adimit vitam beatam, cur dies nocti similis[3] adimat ?

XXXIX. — 113. « Diodotus Stoicus[1] cæcus multos annos nostræ domi vixit. Is vero, quod credibile vix esset, cum in philosophia multo etiam magis assidue quam antea versaretur et cum fidibus Pythagoreorum more uteretur, cumque ei libri noctes et dies legerentur, quibus in studiis oculis non egebat, tum, quod sine oculis fieri posse vix videtur, geometriæ munus tuebatur[2] verbis præcipiens discentibus, unde quo quamque lineam scriberent. 114. Democritus[3], luminibus amissis, alba scilicet discernere et atra non poterat, at vero bona mala, æqua iniqua, honesta turpia, utilia inutilia, magna parva poterat, et sine varietate colorum licebat vivere beate, sine notione rerum non

13. *Quid, quod*, pourquoi, si ce n'est parce que. — *Completi*, quand nous avons l'estomac rempli.

XXXVIII. — 1. *Adspectus*, le sens de la vue.

2. *Non ferme*, ne... jamais.

3. Un jour semblable à la nuit, la cécité.

XXXIX. — 1. Philosophe stoïcien qui, après avoir été le maître de Cicéron, habita et mourut chez lui.

2. *Munus tuebatur*, il enseignait. — *Unde quo quamque*. Le latin admet plusieurs interrogations avec un seul verbe.

3. Démocrite, d'Abdère en Thrace ou de Milet en Ionie, contemporain de Platon, est avec Leucippe l'inventeur de l'*atomisme*. On dit qu'il se serait privé lui-même de la vue. — *Scilicet*, naturellement.

licebat. Atque hic vir impediri etiam animi aciem[4] adspectu oculorum arbitrabatur, et cum alii sæpe, quod ante pedes esset, non viderent, ille *in* infinitatem omnem peregrinabatur, ut nulla in extremitate[5] consisteret. Traditum est etiam Homerum cæcum fuisse; at ejus picturam, non poesin[6] videmus. Quæ regio, quæ ora, qui locus Græciæ, quæ species formaque pugnæ, quæ acies, quod remigium[7], qui motus hominum, qui ferarum non ita expictus est ut[8], quæ ipse non viderit, nos ut videremus, effecerit? Quid ergo? aut Homero delectationem animi ac voluptatem aut cuiquam docto defuisse umquam arbitramur? 115. Aut, ni ita se res haberet, Anaxagoras[9] aut hic ipse Democritus agros et patrimonia sua reliquissent, huic discendi quærendique divinæ delectationi toto se animo dedissent? Itaque augurem Tiresiam[10], quem sapientem fingunt poetæ, numquam inducunt deplorantem cæcitatem suam. At vero Polyphemum[11] Homerus cum immanem ferumque finxisset, cum ariete etiam colloquentem facit[12] ejusque laudare fortunas, quod, qua vellet, ingredi posset et, quæ vellet, attingere. Recte hic quidem; nihilo enim erat ipse Cyclops quam aries ille prudentior.

XL. — 116. « In surditate vero quidnam est mali? Erat surdaster[1] M. Crassus, sed aliud[2] molestius, quod male audie-

4. *Animi aciem*, la pénétration de l'âme.

5. *Nulla in extremitate*, en aucun point, quelque éloigné qu'il fût.

6. C'est un peintre plutôt qu'un poète.

7. *Remigium*, manœuvre navale.

8. Constr. : *ut* (de sorte que) *effecerit ut nos videremus quæ ipse*...

9. Anaxagore de Clazomène (500-428), qui vint d'Ionie à Athènes, où il eut pour élèves Thémistocle, Périclès, Euripide, etc.

10. *Augurem Tiresiam*, le devin Tirésias de Thèbes (V. *Œdipe-Roi*).

11. Polyphème, le Cyclope dans l'antre duquel Ulysse et ses compagnons furent retenus prisonniers (V. *Odyssée*, IX); Homère ne prête pas à Polyphème le langage rapporté par Cicéron.

12. *Facit colloquentem*, il le *représente* causant; *facit laudare*, il *suppose* qu'il le félicite. (V. Riemann, *Synt. lat.*, 264, a). — *Fortunas*, son bonheur.

XL. — 1. *Surdaster*, qui a l'oreille dure. — Sur Crassus le triumvir, v. p. 92, n. 1.

2. S.-e. *erat ei*. — *Quod*, ce fait que. — *Male audiebat* (cf. χαχῶς ἀχούειν), entendre mal parler de soi, avoir une mauvaise réputation. — *Etiamsi*, quoique.

bat, etiamsi, ut mihi videbatur, injuria. Nostri Græce[3] fere nesciunt, nec Græci Latine[4]. Ergo hi in illorum et illi in horum sermone surdi, omnesque item nos in iis linguis quas non intellegimus, quæ sunt innumerabiles, surdi profecto sumus. At vocem citharœdi non audiunt. Ne stridorem quidem[5] serræ, tum cum acuitur; aut grunditum, cum jugulatur, suis; nec, cum quiescere volunt, fremitum murmurantis maris; et si cantus eos forte delectant, primum cogitare debent, ante quam hi sint inventi, multos beate vixisse sapientes, deinde multo majorem percipi posse legendis his[6] quam audiendis voluptatem. 117. Tum, ut paulo ante cæcos ad aurium traducebamus voluptatem, sic licet surdos ad oculorum. Etenim, qui secum loqui poterit, sermonem alterius non requiret.

« Congerantur in unum omnia[7], ut idem oculis et auribus captus sit; prematur etiam doloribus acerrimis corporis. Qui primum per se ipsi plerumque conficiunt hominem; sin forte longinquitate producti vehementius tamen torquent quam ut causa sit cur ferantur, quid est tandem, di boni, quod laboremus? Portus enim præsto[8] est [quoniam mors ibidem est] æternum nihil sentiendi receptaculum. Theodorus[9] Lysimacho[10] mortem minitanti: « Magnum « vero, » inquit, « effecisti, si cantharidis[11] vim consecutus « es ». 118. Paulus[12] Persi deprecanti, ne in triumpho duceretur : « In tua id quidem potestate est[13]. »

3. S.-e. *loqui*.
4. S.-e. *sciunt loqui*.
5. *Ne... quidem*, ni non plus. — *Tum cum*, au moment où. — *Suis* : gén. de *sus*.
6. *Legendis his*, en lisant les lyriques.
7. *Omnia*, tous ces prétendus maux. — *Captus*, privé. — *Primum*, premièrement. — *Conficiunt*, tuent.
8. *Præsto*, tout près. Ici encore Cicéron exhorte au suicide, qu'il condamne ailleurs, et semble ne pas admettre la vie future.
9. Théodore de Cyrène, surnommé l'Athée, fut poursuivi par l'Aréopage et dut peut-être boire la ciguë.
10. Probablement le roi de Macédoine, qui fut battu par Séleucus en 281 à Cyropédion.
11. Mouche venimeuse employée aujourd'hui dans les vésicatoires et servant autrefois à empoisonner.
12. Paul-Émile (L. Æmilius Paulus Macedonius), le père de Scipion Émilien et le vainqueur de Persée, dernier roi de Macédoine, à Pydna, en 168.
13. En te donnant la mort.

XLI. — « Mihi quidem in vita servanda videtur illa lex, quæ in Græcorum conviviis obtinetur[1] : « Aut bibat », inquit, « aut abeat[2]. » Et recte. Aut enim fruatur aliquis pariter cum aliis voluptate potandi, aut, ne sobrius in violentiam vinulentorum incidat, ante discedat. Sic injurias fortunæ, quas ferre nequeas, defugiendo relinquas. »

XLI. — 1. *Obtinetur*, est observée.
2. Ἢ πίθι ἢ ἄπιθι.

DE NATURA DEORUM

Dans les trois livres du *De Natura Deorum*, composés en même temps que les *Tusculanes* et dédiés comme elles à M. Brutus, Cicéron imagine une conversation se passant pendant les féries latines de l'an 77 entre l'Épicurien C. Velléius (v. p. 175, XXVI, n. 4), le stoïcien T. Lucilius Balbus (v. p. 172, n. 5) et l'académicien C. Aurélius Cotta, qui fut consul en 75. Dans le livre Ier, Velléius développe les théories épicuriennes sur la divinité, et Cotta les réfute; le livre II est l'exposé des idées stoïciennes sur le même sujet par Balbus; le livre III est la réfutation de ce dernier système par Cotta, qui va jusqu'à nier l'existence des dieux et de la Providence. Cicéron ajoute bien à la fin quelques restrictions, et regarde comme *plus vraisemblables* les théories de Balbus : la conclusion n'en est pas moins vague, presque sceptique.

LIVRE I

Cicéron commence par exposer l'état de la question (3-4) et introduit les personnages. Après avoir critiqué brièvement les idées de Platon et des Stoïciens sur la divinité, Velléius expose le système d'Épicure (43-56). Cotta attaque alors la méthode des épicuriens (71-80), et termine en montrant qu'en fait Épicure ruine toute religion (121-124).

I

Opinions diverses sur la Providence

II. — 3. Sunt philosophi[1] et fuerunt, qui omnino nullam habere censerent rerum humanarum procurationem deos. Quorum si vera sententia est, quæ potest esse pietas[2],

II. — 1. En particulier les Epicuriens, qui admettent l'existence de Dieu, mais nient la Providence.

2. *Pietas*, la piété, l'amour des dieux; *sanctitas*, la connaissance du culte; *religio*, le culte.

quæ sanctitas, quæ religio? Hæc enim omnia pure atque caste tribuenda deorum numini ita sunt, si[3] animadvertuntur ab iis, et si est aliquid a diis immortalibus hominum generi tributum. Sin autem dii neque possunt nos juvare nec volunt, nec omnino curant, nec quid agamus animadvertunt, nec est quod ab iis ad hominum vitam permanare possit, quid est quod[4] ullos diis immortalibus cultus, honores, preces adhibeamus? In specie autem fictæ[5] simulationis, sicut reliquæ virtutes, item pietas inesse non potest, cum qua simul sanctitatem et religionem tolli necesse est, quibus sublatis perturbatio vitæ sequitur et magna confusio; 4. atque haud scio an[6] pietate adversus deos sublata fides etiam et societas generis humani et una excellentissima virtus, justitia, tollatur. Sunt autem alii philosophi[7], et ii quidem magni atque nobiles, qui deorum mente atque ratione omnem mundum administrari et regi censeant, neque vero id solum, sed etiam ab isdem hominum vitæ[8] consuli et provideri; nam et fruges et reliqua, quæ terra pariat, et tempestates ac temporum varietates cælique mutationes, quibus omnia quæ terra gignat maturata pubescant, a dis immortalibus tribui generi humano putant.

II

Idées épicuriennes sur la divinité

XVI. — 43. « Solus vidit[1] primum esse deos, quod in omnium animis eorum notionem impressisset ipsa natura.

3. *Ita si*, à la condition que.
4. *Quid est quod*, quelle raison avons-nous de. — *Cultus* répond à *religio*; *honores* à *sanctitas*; *preces* à *pietas*.
5. *In specie fictæ simulationis*, sous de vains dehors.
6. *Haud scio an*, peut-être (V. Ragon, *G. lat.*, 456). — *Fides*, la bonne foi. — *Societas generis humani*, toute société civile.
7. Comme les Stoïciens.
8. *Hominum vitæ*, la vie de chacun de nous. — *Tempestates*, les saisons. — *Temporum varietates*, les changements de température. — *Cæli mutationes*, la variété des climats.

XVI. — 1. S.-entendez *Epicurus*. — *Impressisset* : le subjonctif, comme exprimant la pensée d'Épicure.

Quæ est enim gens aut quod genus hominum, quod non habeat sine doctrina[2] anticipationem quandam deorum?

XVII. — 44. « Cum enim non instituto[1] aliquo aut more aut lege sit opinio constituta maneatque ad unum[2] omnium firma consensio, intellegi necesse est esse deos, quoniam insitas eorum vel potius innatas cognitiones habemus; de quo autem omnium natura consentit, id verum esse necesse est; esse igitur deos confitendum est. 45. Quæ nobis natura informationem[3] ipsorum deorum dedit, eadem insculpsit in mentibus, ut eos æternos et beatos haberemus. Quod si ita est, vere exposita illa sententia est ab Epicuro : quod beatum æternumque sit, id nec habere ipsum negotii quicquam[4] nec exhibere alteri; itaque neque ira neque gratia teneri, quod, quæ talia essent, imbecilla essent omnia. Si nihil aliud quæreremus, nisi ut deos pie coleremus et ut superstitione liberaremur, satis erat dictum ; nam et præstans deorum natura hominum pietate coleretur, cum et æterna esset et beatissima (habet enim venerationem justam quicquid excellit), et metus omnis a[5] vi atque ira deorum pulsus esset ; intellegitur enim a beata immortalique natura et iram et gratiam segregari; quibus remotis nullos a superis impendere metus. Sed ad hanc confirmandam opinionem anquirit animus et formam et vitæ actionem[6] mentisque agitationem in deo.

XVIII. — 46. « Ac de forma quidem partim natura[1] nos admonet, partim ratio docet. Nam a natura habemus omnes omnium gentium speciem nullam aliam nisi humanam deorum; quæ enim forma alia occurrit umquam aut vigi-

2. *Sine doctrina*, avant tout enseignement. — *Anticipationem*, connaissance anticipée, innée.

XVII.—1. *Instituto*, l'éducation.

2. *Ad unum*, sans exception.

3. *Informationem*, l'idée.

4. *Nec negotii quicquam*, point d'embarras.

5. *A*, provenant de.

6. *Vitæ actionem*, comme ils vivent. — *Mentis agitationem*, à quoi s'occupe leur esprit.

XVIII. — 1. Par *natura* Velléius entend ces notions innées dont il a déjà parlé. — *Omnium gentium*; il y a là une exagération : les Égyptiens par exemple adoraient les dieux sous forme d'animaux.

lanti cuiquam aut dormienti? Sed ne omnia revocentur ad primas notiones : ratio hoc idem ipsa declarat. 47. Nam cum præstantissimam naturam, vel quia beata est vel quia sempiterna, convenire videatur eandem esse pulcherrimam, quæ compositio[2] membrorum, quæ conformatio lineamentorum, quæ figura, quæ species humana potest esse pulchrior?

49. « Nec tamen ea species[3] corpus est, sed quasi corpus, nec habet sanguinem, sed quasi sanguinem.

XIX. — « Epicurus, qui res occultas èt penitus abditas non modo viderit animo, sed etiam sic tractet ut manu, docet eam esse vim[1] et naturam deorum ut primum non sensu, sed mente cernatur, nec soliditate quadam[2] nec ad numerum, ut ea quæ ille propter firmitatem στερέμνια appellat; sed imaginibus[3] similitudine et transitione perceptis cum infinita simillimarum imaginum series ex innumerabilibus individuis exsistat et ad nos affluat, cum maximis voluptatibus in eas imagines mentem intentam infixamque nostram intellegentiam capere, quæ sit et beata natura et æterna. 50. Et quærere a nobis[4], Balbe[5], soletis[6], quæ vita deorum sit, quæque ab iis degatur ætas. 51. Ea videlicet, qua nihil beatius, nihil omnibus bonis affluentius cogitari potest. Nihil enim agit[7], nullis occupationibus est implicatus, nulla opera molitur, sua sapientia et virtute gaudet, habet exploratum fore se semper cum in maximis, tum in æternis voluptatibus.

2. *Compositio*, arrangement, harmonie. — *Conformatio*, contour. — *Species*, extérieur.

3. *Ea species*, cette forme. — *Quasi corpus*, comme un corps.

XIX. — 1. *Vim*, l'essènce.

2. S.-e. *sit*. — *Ad* (ayant rapport à) *numerum*, qu'on puisse compter.

3. *Imaginibus*.., par des images ressemblantes et passagères. — *Exsistat*, s'échappe. Épicure explique la connaissance au moyen des *simulacres*, images subtiles et ressemblantes, qui se détachent, comme de très minces pellicules, de la surface des objets, et viennent frapper nos organes.

4. Nous, les Épicuriens.

5. Q. Lucilius Balbus, élève du Stoïcien Posidonius.

6. Vous, les Stoïciens.

7. S.-e. *Deus*. — *Habet exploratum*, il sait de science certaine.

XX. — 52. « Hunc deum rite beatum dixerimus[1], vestrum vero laboriosissimum[2]. Sive enim ipse mundus deus est, quid potest esse minus quietum quam nullo puncto temporis intermisso versari circum axem cœli admirabili celeritate ? nisi quietum autem, nihil beatum est. Sive in ipso mundo deus inest aliquis, qui regat, qui gubernet, qui cursus astrorum, mutationes temporum, rerum vicissitudines ordinesque conservet, terras et maria contemplans hominum commoda vitasque tueatur, ne[3] ille est implicatus molestis negotiis et operosis ! 53. Nos autem beatam vitam in animi securitate et in omnium vacatione munerum ponimus. Docuit enim nos idem[4], qui cetera, natura effectum esse mundum, nihil opus fuisse fabrica, tamque eam rem esse facilem, quam vos effici negatis sine divina posse sollertia, ut innumerabiles natura mundos effectura sit, efficiat, effecerit. Quod[5] quia quem ad modum natura efficere sine aliqua mente possit, non videtis, ut tragici poetæ[6], cum explicare argumenti exitum non potestis, confugitis ad deum ; 54. cujus operam profecto non desideraretis[7], si immensam et interminatam in omnes partes magnitudinem regionum videretis, in quam se injiciens animus et intendens ita late longeque peregrinatur, ut nullam tamen oram ultimi videat, in qua possit insistere. In hac igitur immensitate latitudinum, longitudinum, altitudinum infinita vis innumerabilium volitat atomorum, quæ[8], interjecto inani, cohærescunt tamen inter se et aliæ alias apprehendentes continuantur ; ex quo efficiuntur eæ rerum formæ et figuræ, quas vos effici posse sine follibus et incudibus non putatis. Itaque imposuistis in cervicibus nostris sempiter-

XX. — 1. *Dixerimus*, nous pouvons dire (v. p. 80, n. 4).
2. *Laboriosissimum*, accablé de travail, puisqu'il gouverne le monde, s'il n'est pas le monde lui-même, comme le veulent la plupart des Stoïciens.
3. *Ne*, à coup sûr.
4. Épicure.
5. Constr. : (*Et*) *quia non videtis quem ad modum natura id...*
6. Qui ont recours à un Dieu (*Deus ex machina*) pour amener le dénouement.
7. *Desideraretis*, vous n'auriez pas besoin de... — *Ultimi*, terme.
8. *Atomus* est du féminin. Épicure pensait que le monde était formé par la rencontre fortuite d'atomes innombrables se mouvant dans le vide (*inani*).

num dominum, quem dies et noctes timeremus[9]. Quis enim non timeat omnia providentem et cogitantem et animadvertentem et omnia ad se pertinere putantem curiosum[10] et plenum negotii deum? 55. Hinc vobis exstitit primum illa fatalis necessitas, quam εἱμαρμένην dicitis, ut, quicquid accidat, id ex æterna veritate causarumque continuatione[11] fluxisse dicatis. Quanti autem hæc philosophia æstimanda est, cui tamquam aniculis, et iis quidem indoctis, facto fieri videantur omnia? Sequitur μαντική[12] vestra, quæ Latine *divinatio* dicitur, qua tanta imbueremur superstitione, si vos audire vellemus, ut haruspices[13], augures, harioli, vates, conjectores nobis essent colendi. 56. His terroribus ab Epicuro soluti et in libertatem vindicati, nec metuimus eos quos intellegimus nec sibi fingere ullam molestiam nec alteri quærere, et pie sancteque colimus naturam excellentem atque præstantem. »

III

Réfutation de la doctrine épicurienne sur la nature des dieux

XXVI. — 71. « Mirabile videtur, quod non rideat haruspex[1], cum haruspicem viderit; hoc mirabilius, quod vos inter vos risum tenere possitis. « Non est corpus, sed quasi cor- « pus[2] ». Hoc intellegerem quale esset, si in ceris fingeretur[3] aut fictilibus figuris; in deo quid sit « quasi corpus »

9. *Quem timeremus*, qu'il nous faut craindre.

10. *Curiosum*, se mêlant à tout.

11. *Continuatione*, l'enchaînement.

12. Votre art divinatoire. Si tout se tient fatalement dans les événements, on peut dans le présent apercevoir l'avenir.

13. Velléius énumère dédaigneusement les différents noms de ceux qui s'occupaient de divination. Les *haruspices* interprétaient les signes célestes et lisaient l'avenir dans les entrailles des victimes; de là sans doute leur nom, *hira* en sanscrit signifiant *intestin*. D'après cette étymologie presque certaine, il n'est pas exact de dire que l'haruspicisme soit d'origine étrusque. — Sur les Augures, v. p. 177, n. 7 et 8.

XXVI. — 1. V. *supra*, n. 13. — *Vos*, les Épicuriens.

2. V. § 49. — Avec *est* s.-e. *deus*.

3. *Si in ceris fingeretur*..., s'il

aut « quasi sanguis », intellegere non possum; ne tu quidem, Vellei[4], sed non vis fateri.

XXVII. — 75. « Fac[1] id, quod ne intellegi quidem est, mihi esse persuasum. Cedo[2] mihi istorum adumbratorum deorum lineamenta atque formas. 76. Non deest hoc loco copia rationum[3], quibus docere velitis humanas esse formas deorum,.. 77. Arripere mihi videmini, quasi vestro jure[4], rem nullo modo probabilem. Omnino quis tam cæcus in contemplandis rebus umquam fuit ut non videret species istas hominum[5] collatas in deos aut consilio quodam sapientum, quo facilius animos imperitorum ad deorum cultum a vitæ pravitate converterent, aut superstitione, ut essent simulacra, quæ venerantes[6] deos ipsos se adire crederent? Auxerunt autem hæc eadem poetæ, pictores, opifices : erat enim non facile, agentes aliquid et molientes deos, in aliarum formarum imitatione servare. Accessit etiam ista opinio fortasse, quod homini homine nihil pulchrius videatur. Sed tu hoc, physice[7], non vides quam blanda conciliatrix et quasi sui sit lena natura? An tu aquilam aut leonem aut delphinum ullam anteferre censes figuram suæ! Quid igitur mirum si hoc eodem modo homini natura præscripsit ut nihil pulchrius quam hominem putaret? 78. Quid censes? si ratio esset in beluis, non suo quasque generis plurimum tributuras fuisse?...

XXIX. — 80. « Ecquos[1], si non tam strabones, at pætulos esse arbitramur? ecquos nævum habere? ecquos silos, flaccos, frontones, capitones; quæ sunt in nobis? an omnia

s'agissait d'un modelé en cire ou en argile.

4. C. Velléius, né à Lanuvium, tribun en 90, ami de l'orateur Crassus.

XXVII. — 1. *Fac*, mais suppose.

2. *Cedo*, dis-moi.

3. V. § 46.

4. Comme étant un droit acquis.

5. *Species istas hominum*, ces formes humaines.

6. *Ut essent simulacra, quæ venerantes*, pour qu'il y eût des simulacres et que ceux qui viendraient les vénérer...

7. *Tu, physice*, vous, qui vous donnez comme savant dans les sciences de la nature. — *Blanda conciliatrix sui*, habile à se faire aimer. — *Lena*, séductrice.

XXIX. — 1. *Ecquos*, y a-t-il des dieux que... — *At pætulos*, du moins aux yeux un peu iné-

emendata in illis? Detur id vobis[2]; num etiam una est omnium facies? nam si plures, aliam esse alia pulchriorem necesse est. Igitur aliquis non pucherrimus deus[3]. Si una omnium facies est, florere in cælo Academiam[4] necesse est; si enim nihil inter deum et deum differt, nulla est apud deos cognitio, nulla perceptio. »

IV

Le système d'Épicure détruit toute religion

XLIII. — 121. « Epicurus ex animis hominum extraxit radicitus religionem, cum dis immortalibus et opem et gratiam[1] sustulit. Cum[2] enim optimam et præstantissimam naturam dei dicat esse, negat idem esse in deo gratiam; tollit id quod maxime proprium est optimæ præstantissimæque naturæ. Quid enim melius aut quid præstantius bonitate et beneficentia? Qua cum carere deum vultis, neminem ab eo amari[3], neminem diligi vultis. Ita fit ut non modo homines a diis, sed ipsi dii inter se ab aliis alii neglegantur.

XLIV. — « Quanto Stoici melius, qui a vobis reprehenduntur! Censent autem sapientes sapientibus etiam ignotis esse amicos, Nihil est enim virtute amabilius; quam qui adeptus erit, ubicumque erit gentium, a nobis diligetur.

gaux. — *Nævum*, verrue. — *Silos*, au nez camus. — *Flaccos*, aux oreilles pendantes. — *Frontones*, au front trop large. — *Capitones*, à la tête trop grosse. — *Quæ*, choses qui. — *Emendata*, sans défaut.

2. Je vous l'accorde.

3. *Non pulcherrimus (est)*, n'est pas la beauté parfaite.

4. *Academiam*, la doctrine académique, d'après laquelle on ne peut arriver à la certitude. Les dieux ne pouvant trouver entre eux aucune différence doivent se prendre les uns pour les autres et vivre ainsi dans une erreur perpétuelle.

XLIII. — 1. *Opem et gratiam*, la puissance et le désir du bien (v. §§ 51 et sq.).

2. *Cum*, quoique.

3. *Amare*, aimer par penchant (contraire de *odisse*); *diligere*, aimer par estime (contraire de *neglegere*).

122. « Vos autem quid mali datis[1], cum *in* imbecillitate gratificationem et benevolentiam ponitis! Ut enim omittam vim[2] et naturam deorum, ne homines quidem censetis, nisi imbecilli essent, futuros beneficos et benignos fuisse? Nulla est caritas naturalis inter bonos? Carum ipsum verbum est amoris[3], ex quo amicitiæ nomen est ductum; quam si ad fructum nostrum referemus, non ad illius commoda quem diligemus, non erit ista amicitia, sed mercatura quædam utilitatum suarum. Prata et arva et pecudum greges diliguntur isto modo, quod fructus ex iis capiuntur; hominum caritas et amicitia[4] gratuita est. Quanto igitur magis deorum[5], qui nulla re egentes et inter se diligunt et hominibus consulunt! Quod ni ita sit, quid veneramur, quid precamur deos? cur sacris pontifices[6], cur auspiciis[7] augures[8] præsunt? quid optamus a diis immortalibus? quid vovemus?

« At etiam[9] liber est Epicuri de sanctitate. 123. Ludimur ab homine non tam faceto[10] quam ad scribendi licentiam libero. Quæ enim potest esse sanctitas, si dii humana non curant? quæ autem animans natura[11] nihil curans? Verius

XLIV. — 1. *Quid mali datis*, que de mal vous faites. — *In imbecillitate*, uniquement dans les êtres faibles.

2. *Vim*, l'essence.

3. *Ipsum verbum amoris*, rien que le mot d'amour.

4. Il y a entre *amicitia* et *caritas* la même différence qu'entre *amare* et *diligere* (v. p. 176, XLIII, n. 3).

5. S.-e. *caritas*.

6. Les *pontifes* (ainsi nommés parce qu'ils avaient fait construire sur le Tibre et devaient entretenir le *pons Sublicius*) avaient la garde du calendrier, pourvoyaient au service de plusieurs cultes, ceux de *Vesta*, des *Penates*, etc., et jugeaient toutes les questions qui se rapportaient au culte.

7. C'étaient des présages généralement tirés du vol des oiseaux. L'espèce, la direction du vol, la façon dont mangeaient les poulets sacrés étaient autant d'indices de la volonté divine : la consultation n'avait pour but que de s'assurer si les dieux étaient ou non favorables à l'acte qu'on allait entreprendre.

8. Les *augures*, au nombre de 15 depuis Sylla, étaient chargés d'interpréter les auspices ; c'était une place fort recherchée ; en déclarant par exemple que les auspices avaient été *violata*, on pouvait faire annuler une loi ou casser une élection.

9. *At etiam* amène une objection : mais encore une fois.

10. *Non tam faceto*, etc..., qui a moins de grâce à plaisanter que de hardiesse à écrire tout ce qui lui plaît.

11. Avec *animans natura* (être animé), s.-e. *est*.

est igitur nimirum illud quod familiaris omnium nostrum Posidionus[12] disseruit in libro quinto de natura deorum, nullos esse deos Epicuro videri, quæque is de diis immortalibus dixerit, invidiæ detestandæ gratia[13] dixisse. Neque enim tam desipiens fuisset ut homunculi similem deum fingeret, lineamentis dumtaxat[14] extremis, non habitu solido, membris hominis præditum omnibus, usu membrorum ne minimo quidem, exilem quendam[15] atque perlucidum, nihil cuiquam tribuentem, nihil gratificantem, omnino nihil curantem, nihil agentem. Quæ natura primum nulla esse potest, idque videns Epicurus re tollit, oratione relinquit deos; 124. deinde, si maxime[16] talis est deus ut nulla gratia, nulla hominum caritate teneatur, valeat; quid enim dicam « propitius sit »? Esse enim propitius potest nemini, quoniam, ut dicitis, omnis in imbecillitate et gratia et caritas. »

LIVRE II

Dans ce livre, Balbus expose successivement les quatre parties de la théologie stoïcienne : il y a des dieux, ce sont les astres et l'univers, ils gouvernent le monde, ils prennent soin des hommes. I. — *Existence des dieux*. Après avoir rappelé que l'existence des dieux résulte avec évidence du spectacle du ciel et du consentement universel des peuples (4-5), des apparitions et de la divination, Balbus expose les arguments métaphysiques de Cléanthe (13-15) et de Chrysippe (16-17), puis les preuves physiques, et en particulier la nécessité d'une force ordonnatrice et impulsive.

12. V. p. 145, n. 7.

13. *Invidiæ detestandæ gratia*, pour se dérober à l'indignation publique.

14. *Lineamentis dumtaxat* (v. p. 38, n. 21) *extremis*, n'ayant que l'extérieur d'un homme.

15. *Quendam*, tout à fait (v. p. 17, n. 3).

16. *Si maxime*, à supposer même que. — *Valeat*, qu'il aille se promener.

I

Le spectacle du ciel et le consentement universel prouvent l'existence de Dieu

II. — 4. « Quid potest esse tam apertum tamque perspicuum, cum cælum suspeximus cælestiaque contemplati sumus, quam esse aliquod numen præstantissimæ mentis, quo hæc regantur? Quod ni ita esset, qui[1] potuisset assensu omnium dicere Ennius :

Aspice[2] hoc sublime candens, quem invocant omnes Jovem

illum vero[3] et Jovem et dominatorem rerum et omnia nutu regentem et, ut idem Ennius,

patrem divumque hominumque

et præsentem ac præpotentem deum? Quod qui dubitet, haut sane intellego cur non idem, sol sit an nullus sit, dubitare possit. 5. Qui[4] enim est hoc illo evidentius? Quod nisi[5] cognitum comprehensumque animis haberemus, non tam stabilis opinio permaneret nec confirmaretur diuturnitate temporis nec una cum sæclis ætatibusque hominum inveterari potuisset. Etenim videmus ceteras opiniones fictas atque vanas diuturnitate extabuisse. Quis enim Hippocentaurum[6] fuisse aut Chimæram putat? quæve anus tam excors[7] inveniri potest, quæ illa quæ quondam crede-

II. — 1. *Qui*, comment.

2. Vers du *Thyeste* d'Ennius. — *Sublime candens*, voûte brillante. — *Quem* par attraction pour *quod*. — *Jovem*, sous le nom de Jupiter, que les Stoïciens identifiaient avec le ciel.

3. *Illum vero*, oui vraiment.

4. *Qui*, en quoi. — *Hoc*, l'existence du soleil. — *Illo*, l'existence de la divinité.

5. Si ce n'était pas une notion innée, mais une idée factice, arbitraire.

6. *Hippocentaurum*, animal fabuleux, moitié homme, moitié cheval. — *Chimæram*, monstre lançant des flammes, à la tête de lion, au ventre de chèvre et à la croupe de dragon, qui fut tué par Bellérophon monté sur Pégase.

7. *Excors*, sotte; le cœur a été considéré dans l'antiquité comme le siège de l'intelligence.

bantur apud inferos portenta extimescat? Opinionis enim commenta[8] delet dies, naturæ judicia confirmat. »

II

Preuves de l'existence de Dieu d'après Cléanthe

V. — 13. « Cleanthes[1] noster quattuor de causis dixit in animis hominum informatas deorum esse notiones. Primam posuit eam, de qua modo dixi, quæ[2] orta esset ex præsensione rerum futurarum; alteram, quam ceperimus ex magnitudine commodorum, quæ percipiuntur cæli temperatione[3], fecunditate terrarum aliarumque commoditatum complurium copia; 14. tertiam, quæ terreret[4] animos fulminibus, tempestatibus, nimbis, nivibus, grandinibus, vastitate[5], pestilentia, terræ motibus et sæpe fremitibus lapideisque imbribus et guttis imbrium quasi cruentis; tum labibus aut repentinis terrarum hiatibus; tum præter naturam hominum pecudumque portentis; tum facibus visis cælestibus; tum stellis iis quas Græci cometas, nostri cincinnitas[6] vocant, quæ nuper bello Octaviano[7] magnarum fuerunt calamitatum prænuntiæ; tum sole geminato[8], quod, ut e patre audivi, Tuditano et Aquilio consulibus[9] evenerat, quo quidem anno P. Africanus sol alter exstin-

8. *Opinionis commenta*, les fausses opinions. — *Dies*, le temps.

V. — 1. V. p. 101, n. 12. — *Noster*, il était Stoïcien.

2. *Quæ*, qui *d'après lui*. — *Præsentione rerum futurarum*, la divination.

3. *Cæli temperatione*, la température.

4. *Quæ terreret*, ce qui effraye (v. p. 44, n. 2).

5. *Vastitate*, les dévastations, les ravages. — *Lapideis imbribus*, probablement la chute d'aérolithes. — *Guttis cruentis* : parfois la pluie se charge, en traversant l'atmosphère, de poussières organiques ou autres, d'une coloration rouge, ce qui a fait croire à des pluies de sang. — *Labibus*, des éboulements.

6. *Cincinnitas*, frisés, chevelus.

7. Guerre soutenue, pendant que Sylla combattait Mithridate, par Cn. Octavius, consul en 87, partisan de Sylla, contre son collègue Cinna, partisan de Marius : elle fut suivie des fameuses proscriptions.

8. Les *parhélies*.

9. En 129. — Sur le deuxième Africain, v. p. 29, n. 1.

ctus est; quibus exterriti homines vim quandam esse cælestem et divinam suspicati sunt. 15. Quartam causam esse, eamque vel maximam, æquabilitatem[10] motus conversionumque cœli; solis, lunæ siderumque omnium distinctionem, varietatem, pulchritudinem, ordinem; quarum rerum adspectus ipse satis indicaret non esse ea fortuita. Ut, si quis in domum aliquam aut in gymnasium aut in forum venerit, cum videat omnium rerum rationem, modum, disciplinam, non possit ea sine causa fieri judicare, sed esse aliquem intellegat qui præsit et cui pareatur : multo magis in tantis motionibus tantisque vicissitudinibus, tam multarum rerum atque tantarum ordinibus, in quibus nihil umquam immensa et infinita vetustas mentita sit[11], statuat necesse est ab aliqua mente tantos naturæ motus gubernari. »

III

Preuve de l'existence de Dieu d'après Chrysippe

VI. — 16. « Chrysippus[1] quidem, quamquam est acerrimo ingenio, tamen ea dicit ut ab ipsa natura didicisse, non ut ipse repperisse videatur. « Si enim », inquit, « est aliquid « in rerum natura, quod hominis mens, quod ratio, quod vis, « quod potestas humana efficere non possit, est[2] certe id, « quod illud efficit, homine melius. Atqui res cælestes om- « nesque eæ quarum est ordo sempiternus, ab homine confici « non possunt; est igitur id a quo illa conficiuntur, homine « melius. Id autem quid potius dixeris quam deum? Etenim « si di non sunt, quid esse potest in rerum natura homine « melius? In eo enim solo est ratio, qua nihil potest esse « præstantius. Esse autem hominem, qui nihil in omni

10. *Æquabilitatem*, la régularité.

11. Qui ne s'est jamais démenti en rien pendant un temps immense et infini.

VI. — 1. V. p. 101, n. 13. — *Acerrimo*, si pénétrant, si inventif (ὀξύτατος). — *Tamen*. Il s'est tellement surpassé, qu'il semble sur ce point avoir été inspiré par la nature même.

2. Construisez : *id quod efficit illud* (son auteur) *est melius homine*.

« mundo melius esse quam se putet, desipientis arrogantiæ « est; ergo est aliquid melius; est igitur profecto deus. »

17. « An vero, si domum magnam pulchramque videris, non possis adduci ut, etiamsi dominum non videas, muribus illam et mustelis ædificatam putes? tantum ergo ornatum mundi, tantam varietatem pulchritudinemque rerum cælestium, tantam vim et magnitudinem maris atque terrarum si tuum, ac non deorum immortalium domicilium putes, nonne plane desipere videare? An ne hoc quidem intellegimus, omnia supera esse meliora, terram autem esse infimam[3], quam crassissimus circumfundat aer; ut ob eam ipsam causam quod etiam quibusdam regionibus atque urbibus contingere videmus, hebetiora ut sint hominum ingenia propter cæli pleniorem naturam[4], hoc idem generi humano evenerit, quod in terra, hoc est in crassissima regione mundi, collocati sint? »

II. — *Nature des dieux.* Les dieux n'ont pas la forme humaine, comme le veulent les Épicuriens, qui ne peuvent se détacher des données des sens; ils ne sont pas non plus oisifs, mais au contraire ils sont l'activité même. Ce sont d'abord les astres et l'univers tout entier, qui, à la forme la plus belle de toutes, la forme sphérique, joignent le plus parfait des mouvements, le mouvement circulaire. On a divinisé encore les biens physiques, comme le blé, les biens moraux comme l'intelligence, et certains grands hommes comme Hercule. L'activité éparse en toutes choses, voilà le commun objet des différentes formes du culte.

III et IV. — *Les dieux gouvernent le monde et s'occupent de l'homme.* Il s'ensuit que les dieux doivent appliquer tout d'abord leur activité à ce qui en est le plus digne, à l'univers. D'ailleurs le sentiment et la vie sont partout dans la nature, dont les ouvrages sont plus achevés que ceux de l'art, et si l'œuvre d'art révèle le sentiment de l'artiste, l'ordre de l'univers révèle la Providence (87-94). C'est l'habitude qui affaiblit en nous l'impression de la beauté du spectacle que nous avons sous les yeux (96-97). Que de merveilles en effet dans la nature! la terre et les mers (98-100), les astres, les plantes et les animaux (120-123), les hommes enfin. Ce corps humain, ces sens, ces yeux (142-143), ces oreilles (144), ces mains (150-162), tout cela peut-il s'expliquer par le hasard?

3. *Infimam*, la plus basse de toutes.

4. *Pleniorem naturam*, air plus épais.

IV

Existence de la Providence

XXXIV. — 87. « Si meliora sunt ea quæ natura, quam illa quæ arte perfecta sunt, nec ars efficit quicquam sine ratione[1], ne natura quidem rationis expers est habenda. Qui igitur convenit[2], signum aut tabulam pictam cum adspexeris, scire adhibitam esse artem; cumque procul cursum navigii videris, non dubitare quin id ratione[3] atque arte moveatur; aut, cum solarium vel discriptum[4] vel ex aqua contemplere, intellegere declarari horas arte, non casu; mundum autem, qui et has ipsas artes et earum artifices et cuncta complectatur, consilii et rationis esse expertem putare? 88. Quod si in Scythiam[5] aut in Britanniam sphæram aliquis tulerit hanc, quam nuper familiaris noster effecit Posidonius, cujus singulæ conversiones idem efficiunt in sole et in luna et in quinque stellis errantibus[6], quod efficitur in cælo singulis diebus et noctibus, quis in illa barbaria dubitet quin ea sphæra sit perfecta ratione[7]?

XXXVII. — 93. « Hic ego non mirer[1] esse quemquam, qui sibi persuadeat corpora quædam solida atque individua[2] vi et gravitate ferri, mundumque effici ornatissimum et pulcherrimum ex eorum corporum concursione fortuita?

XXXIV. — 1. *Sine ratione*, sans le secours de la raison. — *Ne... quidem*, non plus.

2. *Qui convenit*, comment cela s'accorde-t-il (*scire adhibitam*, etc., et *putare mundum expertem*, etc.)

3. *Ratione*, d'après des principes.

4. *Solarium discriptum*, cadran solaire. — *Solarium ex aqua*, horloge à eau, clepsydre.

5. Ce pays, dont il est difficile de préciser les limites entre les Carpathes et le Don, est choisi ici, ainsi que la Grande Bretagne, pour désigner des pays tout à fait barbares (*in illa barbaria*). —Sur Posidonius, v. p. 145, n. 7.

6. Les planètes : v. p. 127, n. 4.

7. *Perfecta ratione*, ouvrage de la raison.

XXXVII. — 1. *Non mirer*, et je ne m'étonnerais pas?

2. *Atque individua*, et cependant indivisibles. Sur les atomes d'Épicure, v. p. 173, n. 8. — *Vi et gravitate*, par la force de la gravitation, par la pesanteur.

Hoc qui existimat fieri potuisse, non intellego cur non idem putet, si innumerabiles unius et viginti formæ litterarum[3] vel aureæ vel qualeslibet aliquo conjiciantur, posse ex iis in terram excussis Annales Ennii, ut deinceps[4] legi possint, effici; quod nescio an ne in uno quidem versu possit tantum valere fortuna. 94. Isti autem quem ad modum asseverant ex corpusculis[5] non calore, non qualitate aliqua, quem ποιότητα Græci vocant, non sensu præditis, sed concurrentibus temere atque casu mundum esse perfectum, vel innumerabiles potius in omni puncto temporis alios[6] nasci, alios interire? Quod si mundum efficere potest concursus atomorum, cur porticum, cur templum, cur domum, cur urbem non potest? quæ sunt minus operosa[7] et multo quidem faciliora.

XXXVIII. — 96. « Assiduitate cotidiana et consuetudine oculorum assuescunt animi, neque admirantur, neque requirunt rationes earum rerum quas semper vident; proinde quasi[1] novitas nos magis quam magnitudido rerum debeat ad exquirendas causas excitare. 97. Quis enim hunc hominem[2] dixerit, qui cum tam certos cæli motus, tam ratos astrorum ordines tamque inter se omnia conexa et apta viderit, neget in his ullam inesse rationem eaque casu fieri dicat, quæ quanto[3] consilio gerantur, nullo consilio assequi possumus? An[4], cum machinatione quadam moveri

3. *Innumerabiles formæ unius vinginti litterarum*, les vingt et une lettres de l'alphabet en quantité innombrable. I s'employait pour I et pour J ; U pour U et pour V ; Y et Z sont deux lettres grecques qui n'appartenaient pas à l'écriture latine primitive. — Sur les *Annales* d'Ennius, v. p. 4, n. 12.

4. *Deinceps*, dans leur suite. — *Nescio an ne... quidem*, peut-être même (V. Ragon, *G. lat.*, 456).

5. *Corpusculis*, atomes. — *In omni puncto temporis*, à tous les moments de leur durée.

6. S.-e. *mundos*.

7. *Operosa*, demandant du travail.

XXXVIII. — 1. *Proinde quasi*, comme si.

2. *Hominem* est attribut. — *Dixerit*, v. p. 80, n. 4.

3. *Quanto... gerantur* dépend de *assequi*.

4. *An...non dubitamus, cum... dubitamus*, eh quoi! tandis que nous ne doutons pas, lorsque... est-ce que nous doutons. — Cet emploi de *an* devant deux propositions est familier à Cicéron quand

aliquid videmus, ut sphæram, ut horas, ut alia permulta, non dubitamus quin illa opera sint rationis; cum autem impetum[5] cæli cum admirabili celeritate moveri vertique videamus constantissime conficientem vicissitudines anniversarias cum summa salute et conservatione rerum omnium, dubitamus quin ea non solum ratione fiant, sed etiam excellenti divinaque ratione? »

V

La Terre et les Mers

XXXIX. — 98. « Ac principio[1] terra universa cernatur, locata in media mundi sede, solida et globosa et undique ipsa in sese nutibus suis[2] conglobata, vestita floribus, herbis, arboribus, frugibus, quorum omnium incredibilis multitudo insatiabili varietate distinguitur. Adde huc fontium gelidas perennitates, liquores perlucidos amnium, riparum vestitus viridissimos, speluncarum concavas altitudines, saxorum asperitates, impendentium montium altitudines immensitatesque camporum; adde etiam reconditas auri argentique venas infinitamque vim[3] marmoris. 99. Quæ vero et quam varia genera bestiarum vel cicurum vel ferarum! qui volucrum lapsus[4] atque cantus! qui pecudum pastus! quæ vita silvestrium! Quid jam de hominum genere dicam? qui quasi cultores terræ constituti[5] non pa-

il veut rendre plus évidente l'absurdité d'une assertion en arguant du moins au plus (V. Ragon, *G. lat.* 429, Rem. III). — *Horas*, horloge.

5. *Impetum*, l'étendue. — *Vicissitudines anniversarias*, successions annuelles des saisons.

XXXIX. — 1. *Ac principio*, et tout d'abord. — *Universa*, dans son ensemble. — *In media mundi sede*. Pour les Anciens, la terre était immobile au centre du monde.

2. *Nutibus suis*, par l'effet de la pesanteur, qui, obligeant toutes les parties dont se compose la masse à se diriger vers le même point, le centre de la terre, les groupes en forme de sphère autour de ce centre (*conglobata in sese*).

3. *Vim*, quantité.

4. *Lapsus*, vol à tire-d'ailes qui semble glisser.

5. *Quasi constituti*, établis par une sorte de décret de la nature. — *Efferari*, venir à l'état sauvage.

tiuntur eam nec immanitate beluarum efferari nec stirpium asperitate vastari, quorumque operibus agri, insulæ, littoraque collucent, distincta[6] tectis et urbibus. Quæ si, ut animis, sic oculis videre possemus, nemo cunctam intuens terram de divina ratione dubitaret. 100. At vero quanta maris est pulchritudo! quæ species universi[7]! quæ multitudo et varietas insularum! quæ amœnitates orarum ac littorum! quot genera quamque disparia partim submersarum, partim fluitantium et innantium beluarum, partim ad saxa nativis testis inhærentium. »

VI

Les plantes et les animaux

XLVII. — 120. « Age[1], ut a cælestibus rebus ad terrestres veniamus, quid est in his, in quo non naturæ ratio intellegentis appareat? Principio[2] eorum quæ gignuntur e terra, stirpes et stabilitatem dant iis quæ sustinent, et e terra succum trahunt, quo alantur ea quæ radicibus continentur, obducunturque libro[3] aut cortice trunci, quo sint a frigoribus et caloribus tutiores. Jam vero[4] vites sic claviculis adminicula tamquam manibus apprehendunt atque ita se erigunt, ut animantes. Quin etiam a caulibus[5], si propter sati sint, ut a pestiferis et nocentibus, refugere dicuntur nec eos ulla ex parte contingere. 121. Animantium vero quanta varietas est! quanta ad eam rem vis, ut in suo quæque genere permaneat! Quarum aliæ coriis tectæ sunt,

6. *Distincta*, embellis.

7. *Universi* (*maris*), de la mer dans son ensemble. — *Orarum*, le rivage, considéré comme limite de la terre; *littorum*, la côte, considérée comme limite de la mer. — *Testis*, coquilles, écailles.

XLVII. — 1. *Age*, poursuivons.

2. *Principio*, d'abord. — *Stirpes eorum quæ...*, les racines des plantes (*stirps*, le pivot; *radices*, le chevelu, les radicelles) — *Continentur*, sont maintenus.

3. *Libro*, écorce, litt. : l'écorce intérieure d'un arbre; *cortice*, enveloppe, litt. la membrane extérieure de toute plante.

4. *Jam vero*, de plus. — *Claviculis*, vrilles. — *Adminicula*, échalas.

5. La vigne passait pour avoir de l'antipathie pour les choux. — *Sati*, de *sero*.

aliæ villis vestitæ, aliæ spinis hirsutæ; pluma alias, alias squama videmus obductas; alias esse cornibus armatas, alias habere effugia pennarum[6]. Pastum autem animantibus large et copiose natura eum qui cuique aptus erat, comparavit. Enumerare possum[7], ad eum pastum capessendum conficiendumque quæ sit in figuris animantium et quam sollers subtilisque descriptio partium quamque admirabilis fabrica membrorum. Omnia enim, quæ quidem intus inclusa sunt, ita nata atque ita locata sunt, ut nihil eorum supervacaneum sit, nihil ad vitam retinendam non necessarium. 122. Dedit autem eadem natura beluis et sensum[8] et appetitum, ut altero[9] conatum haberent ad naturales pastus capessendos, altero[10] secernerent pestifera a salutaribus. Jam vero alia animalia gradiendo alia serpendo ad pastum accedunt, alia volando, alia nando; cibumque partim oris hiatu et dentibus ipsis capessunt, partim unguium tenacitate arripiunt, partim aduncitate rostrorum; alia sugunt[11], alia carpunt, alia vorant, alia mandunt. Atque etiam aliorum ea est humilitas, ut cibum terrestrem rostris facile contingant. 123. Quæ autem altiora sunt, ut anseres, ut cycni, ut grues, ut cameli, adjuvantur proceritate collorum. Manus[12] etiam data elephanto est, quia propter magnitudinem corporis difficiles aditus habebat ad pastum. At quibus bestiis erat is cibus ut alius generis bestiis vescerentur, aut vires natura dedit aut celeritatem. Data est quibusdam etiam machinatio quædam atque sollertia: ut[13] in araneolis aliæ quasi rete texunt, ut, si quid inhæserit, conficiant; aliæ autem ex inopinato observant, et si quid incidit, arripiunt idque consumunt. »

6. *Effugia pennarum*, des ailes pour s'enfuir.

7. *Possum*, je pourrais (Ragon, *G. l.*, 422). — *Conficiendum*, manger, consommer. — *Quam sollers*, etc., avec quel art et quelle délicatesse les parties du corps sont façonnées.

8. *Sensum*, l'instinct.

9. *Altero*, l'appétit.

10. *Altero*, l'instinct.

11. *Sugunt*, sucent; *carpunt*, broutent; *vorant*, avalent; *mandunt*, mâchent.

12. *Manus*, une trompe.

13. *Ut*, par exemple. — *Ex opinato*, à l'improviste. — *Incidit*, vient à portée.

VII

Merveilleuse structure de l'œil et de l'oreille

LVII. — 142. « Quis vero opifex præter[1] naturam, qua nihil potest esse callidius, tantam sollertiam persequi potuisset in sensibus? quæ primum[2] oculos membranis tenuissimis vestivit et sæpsit; quas primum perlucidas fecit, ut per eas cerni posset, firmas autem, ut continerentur[3]. Sed lubricos[4] oculos fecit, et mobiles, ut et declinarent, si quid noceret, et adspectum, quo vellent, facile converterent; aciesque[5] ipsa, qua cernimus, quæ pupilla vocatur, ita parva est ut ea quæ nocere possint, facile vitet; palpebræque, quæ sunt tegmenta oculorum, mollissimæ tactu, ne læderent aciem, aptissimæ factæ sunt et ad claudendas pupillas, ne quid incideret, et ad aperiendas : idque providit ut identidem[6] fieri posset cum maxima celeritate. 143. Munitæque sunt palpebræ tanquam vallo pilorum[7] : quibus[8], et apertis oculis, si quid incideret, repelleretur, et somno coniventibus, cum oculis ad cernendum non egeremus, ii[9] tamquam involuti quiescerent. Latent præterea utiliter[10], et excelsis undique partibus sæpiuntur. Primum enim superiora, superciliis obducta, sudorem a capite et a fronte defluentem repellunt. Genæ deinde ab inferiore parte tutantur subjectæ leniterque eminentes. 144. Auditus autem semper patet; ejus enim sensu etiam dormientes

LVII. — 1. *Præter*, en dehors de. — *Callidius* indique l'habileté acquise par la pratique, l'adresse de main; *sollertia* (opposé de *iners*) exprime la fécondité d'esprit, l'ingéniosité.

2. Pour parler premièrement des yeux.

3. *Ut continerentur*, afin que l'organe ait de la consistance.

4. *Lubricos*, glissants (correspond à *ut declinarent*); *mobiles*, mobiles (correspond à *facile converterent*).

5. *Acies*, la prunelle.

6. *Identidem*, coup sur coup.

7. *Tamquam vallo pilorum*, comme d'une palissade de poils.

8. *Quibus* est compl. de *et*... *repelleretur* et de *et*... *tanquam involuti*. — *Oculis* est s. e. avec *coniventibus*.

9. *Ii* = *oculi*. A la place de *ii* les manuscrits donnent *ut qui*, qui est difficilement explicable (vu qu'ils sont...).

10. *Utiliter*, avec avantage.

egemus[11] : a quo cum sonus est acceptus, etiam e somno excitamur. Flexuosum iter habet, ne quid intrare possit, si [12] simplex et directum pateret; provisum etiam ut, si qua minima bestiola conaretur irrumpere, in sordibus aurium tamquam in visco inhæresceret. Extra autem eminent, quæ appellantur aures, et tegendi causa factæ tutandique sensus, et ne adjectæ voces laberentur atque errarent, priusquam sensus, ab his pulsus esset. Sed duros et quasi corneolos habent introitus multisque cum flexibus, quod his naturis relatus[13] amplificatur sonus. Quocirca et in fidibus[14] testudine resonatur aut cornu, et ex tortuosis locis et inclusis soni referuntur ampliores. »

VIII

Utilité des mains

LX. — 150. « Quam vero aptas quamque multarum artium ministras manus natura homini dedit ! Digitorum enim contractio facilis facilisque porrectio propter molles commissuras[1] et artus nullo in motu laborat. Itaque ad pingendum, ad fingendum[2], ad scalpendum, ad nervorum eliciendos sonos ac tibiarum apta manus est admotione digitorum. Atque hæc oblectationis[3]; illa necessitatis, cultus dico agrorum exstructionesque tectorum, tegumenta corporum vel texta vel suta, omnemque fabricam æris et ferri; ex quo intellegitur, ad inventa animo, percepta sensibus adhibitis[4] opificum manibus, omnia nos consecutos,

11. *Egemus*, nous avons besoin. — *Flexuosum*, tortueux.

12. Ce qui ne manquerait pas d'arriver si....

13. *His naturis relatus*, par des corps de cette sorte.

14. *In fidibus*..., dans les instruments à cordes, ce qui résonne, c'est l'écaille.

LX. — 1. *Molles commissuras*, la souplesse des jointures.

2. *Fingendum*, modeler. — *Scalpendum*, sculpter et graver. — *Admotione*, à l'aide de.

3. *Hæc oblectationis*, voilà pour l'agrément. — *Illa necessitatis*, voici les choses nécessaires. — *Texta*, tissés ; *suta* cousus.

4. *Adhibitis* a pour complément *ad inventa* et (*ad*) *percepta*. — *Salvi*, protégés.

ut tecti, ut vestiti, ut salvi esse possemus, urbes, muros, domicilia, delubra haberemus. — 151. Jam vero[5] operibus hominum, id est manibus, cibi etiam varietas invenitur et copia. Nam et agri multa efferunt manu quæsita[6], quæ vel statim consumantur vel mandentur condita[7] vetustati, et præterea vescimur bestiis et terrenis et aquatilibus et volantibus partim capiendo, partim alendo. Efficimus etiam domitu[8] nostro quadrupedum vectiones, quorum celeritas atque vis nobis ipsis affert vim et celeritatem. Nos onera quibusdam bestiis, nos juga imponimus; nos elephantorum acutissimis sensibus, nos sagacitate canum ad utilitatem nostram abutimur[9]; nos e terræ cavernis ferrum eligimus, rem ad colendos agros necessariam; nos æris, argenti, auri venas penitus abditas invenimus et ad usum aptas et ad ornatum decoras; arborum autem consectione omnique materia et culta et silvestri[10] partim ad calefaciendum corpus igni adhibito et ad mitigandum cibum utimur, partim ad ædificandum, ut tectis sæpti frigora caloresque pellamus. 152. Magnos vero usus affert ad navigia facienda, quorum cursibus suppeditantur omnes undique ad vitam copiæ[11]; quasque res violentissimas natura genuit, earum moderationem nos soli habemus, maris atque ventorum, propter nauticarum rerum scientiam, plurimisque[12] maritimis rebus fruimur atque utimur. Terrenorum[13] item commodorum omnis est in homine dominatus. Nos campis, nos montibus fruimur; nostri sunt amnes, nostri lacus; nos fruges serimus, nos arbores; nos aquarum inductionibus terris fecunditatem damus; nos flumina arcemus, derigimus, avertimus; nostris denique manibus in rerum natura quasi alteram naturam efficere conamur. »

5. *Jam vero*, de plus.
6. *Manu quæsita*, par le travail des mains.
7. *Condita*, après avoir été *apprêtés* (de *condire*), ou bien *mis en réserve* (de *condere*).
8. *Domitu*, le dressage.
9. *Abutimur*, nous détournons à notre profit.
10. *Et culta et silvestri*, plantés à dessein ou venus d'eux-mêmes.
11. *Ad vitam copiæ*, les commodités de la vie.
12. *Plurimisque*, etc., nous tirons de la mer une foule de jouissances et de ressources.
13. *Terrenorum*, etc., sur terre également l'homme est partout le maître.

IX

L'homme est le roi de la nature

LXII. — 156. « Terra feta frugibus et vario leguminum genere, quæ cum maxima largitate fundit, ea ferarumne an hominum causa gignere videtur? Quid de vitibus olivetisque dicam[1]? quarum uberrimi lætissimique fructus nihil omnino ad bestias pertinent. Neque enim serendi neque colendi nec tempestive demetendi percipiendique fructus neque condendi ac reponendi ulla pecudum scientia est, earumque omnium rerum hominum est et usus et cura.

LXIII. — 157. « Ut fides igitur et tibias eorum causa factas dicendum est, qui illis uti possent[1], sic ea quæ dixi iis solis confitendum est esse parata qui utantur, nec, si quæ bestiæ furantur aliquid ex iis aut rapiunt, illarum quoque causa[2] ea nata esse dicemus. Neque enim homines murum aut formicarum causa frumentum condunt[3], sed conjugum et liberorum et familiarum suarum. Itaque bestiæ furtim, ut dixi, fruuntur, domini palam et libere. 158. Hominum igitur causa eas rerum copias comparatas fatendum est, nisi forte[4] tanta ubertas et varietas pomorum eorumque jucundus non gustatus solum, sed odoratus etiam et adspectus dubitationem affert quin[5] hominibus solis ea natura donaverit. Tantumque abest ut hæc bestiarum etiam causa parata sint, ut ipsas bestias hominum gratia generatas esse videamus. Quid enim oves aliud afferunt, nisi ut earum villis[6] confectis atque contextis homines vestiantur? quæ quidem neque ali neque sustentari neque ullum fructum edere ex se sine cultu hominum et curatione potuis-

LXII. — 1. *Quid dicam*, pourquoi parler....
LXIII. — 1. V. p. 44, n. 2.
2. *Illarum quoque causa*, pour elles aussi.
3. *Condunt*, font provision.
4. *Nisi forte* (à moins que par hasard) se construit avec l'indic. (V. Ragon, *G. l.*, 404, Rem.)
5. *Dubitationem affert quin*, ne soit une raison de douter que.
6. *Villis*, laine. — *Sine cultu*, sans le secours, etc.

sent. Canum vero tam fida custodia tamque amans dominorum adulatio, tantumque odium in externos et tam incredibilis ad investigandum sagacitas narium, tanta alacritas in venando quid significat aliud nisi se ad hominum commoditates esse generatos? 159. Quid de bubus loquar? quorum ipsa terga declarant non esse se ad onus accipiendum figurata; cervices autem natæ ad jugum, tum vires umerorum et latitudines ad aratra trahenda.

LXIV. — 160. « Sus vero quid habet præter escam[1]? cui quidem, ne putesceret, animam ipsam pro sale datam dicit esse Chrysippus[2]; qua pecude, quod erat ad vescendum hominibus apta, nihil genuit natura fecundius. Quid multitudinem suavitatemque piscium dicam? quid avium? ex quibus tanta percipitur voluptas, ut interdum Pronœa nostra[3] Epicurea fuisse videatur. Atque eæ[4] ne caperentur quidem nisi hominum ratione atque sollertia; quamquam aves quasdam, et alites et oscines, ut nostri augures appellant, rerum augurandarum causa esse natas putamus. 161. Jam vero immanes et feras beluas nanciscimur venando, ut et vescamur iis et exerceamur in venando ad similitudinem bellicæ disciplinæ et utamur domitis et condocefactis[5], ut elephantis; multaque ex earum corporibus remedia morbis et vulneribus eligamus, sicut ex quibusdam stirpibus et herbis, quarum utilitates longinqui temporis usu et periclitatione[6] percepimus. Totam licet animis tamquam oculis lustrare terram mariaque omnia; cernes jam spatia frugifera atque immensa camporum vestitusque densissimos montium, pecudum pastus, tum incredibili cursus maritimos[7] celeritate. 162. Nec vero[8] supra terram, sed etiam in intimis ejus tenebris plurimarum rerum latet

LXIV. — 1. *Quid habet præter escam*, à quoi est-il bon, sinon à être mangé?

2. V. p. 101, n. 13. — Sur *pecude*, v. p. 88, n. 4.

3. *Pronœa nostra*, notre Providence (πρόνοια) — *Epicurea* (à cause des plaisirs qu'elle offre à l'homme) est attribut.

4. *Eæ* = *aves*. — *Quamquam*, d'ailleurs. — *Alites et oscines*, par leur vol ou par leur chant. — *Augures*: v. p. 177, n. 7 et 8.)

5. *Condocefactis*, domestiques.

6. *Periclitatione*, l'expérience.

7. *Cursus maritimos*, des navires qui sillonnent la mer.

8. S.-e. *tantum*.

utilitas, quæ ad usum hominum orta ab hominibus solis invenitur. »

LIVRE III

Cotta critique successivement les quatre points de la théologie stoïcienne. A propos du dernier, il développe ces idées souvent reprises, que la raison est un présent funeste, et que souvent les méchants jouissent d'une prospérité plus grande que les bons (83-84).

I

Prospérité des méchants

XXXIV.—83. « Dionysius[1], cum fanum Proserpinæ Locris expilavisset, navigabat Syracusas; isque cum secundissimo vento cursum teneret, ridens: « Videtisne, inquit, « amici, quam bona a dis immortalibus navigatio sacrilegis « detur ? » Idque homo acutus[2] cum bene planeque percepisset, in eadem sententia perseverabat. Qui cum ad Peloponnesum[3] classem appulisset et in fanum venisset Jovis Olympii[4], aureum ei detraxit amiculum grandi pondere, quo Jovem ornarat e manubiis[5] Carthaginiensium tyrannus Gelo[6], atque in eo etiam cavillatus est : æstate grave esse aureum amiculum, hieme frigidum; eique laneum pallium injecit, cum id esse aptum ad omne anni tempus diceret.

XXXIV. — 1. Denys le Tyran, v. p. 9, n. 11. — Proserpine, fille de Jupiter et de Cérès, femme de Pluton, était tout spécialement honorée à Locres, ville située au S.-E. du Bruttium. — Sur Syracuse, v. p. 159, n. 1.

2. *Acutus*, ingénieux, clairvoyant. — *Cum bene*, etc., ce coup d'essai lui ayant réussi.

3. *Peloponnesum* : aujourd'hui la Morée.

4. V. p. 142, n. 3.

5. *Manubiis*, argent provenant de la vente du butin.

6. Gélon, tyran de Syracuse, (485-478) est célèbre par la douceur et la modération qu'il apporta dans son gouvernement.

« Idemque Æsculapii[7] Epidauri barbam auream demi jussit; neque enim convenire barbatum esse filium, cum in omnibus fanis pater imberbis esset. 84. Etiam mensas argenteas de omnibus delubris jussit auferri, in quibus cum more[8] veteris Græciæ inscriptum esset BONORUM DEORUM, uti se eorum bonitate velle dicebat. Idem Victoriolas[9] aureas et pateras coronasque, quæ simulacrorum porrectis manibus sustinebantur, sine dubitatione tollebat; eaque se accipere, non auferre dicebat; esse enim stultitiam, a quibus bona precaremur, ab iis porrigentibus et dantibus nolle sumere. Eundemque ferunt hæc, quæ dixi, sublata de fanis in forum protulisse et per præconem[10] vendidisse, exactaque pecunia edixisse ut, quod quisque a sacris haberet, id ante diem certam in suum quidque fanum referret. Ita ad impietatem in deos in homines adjunxit injuriam.

XXXV. — « Hunc igitur nec Olympius Juppiter fulmine percussit nec Æsculapius misero diuturnoque morbo tabescentem interemit, atque in suo lectulo mortuus in rogum illatus est, eamque potestatem, quam ipse per scelus erat nanctus, quasi justam et legitimam hereditatis loco filio tradidit. »

7. Esculape, le dieu de la médecine en Grèce, avait un temple célèbre à cinq milles d'Épidaure, ville de l'Argolide, sur le golfe Saronique. Apollon, son père, était toujours représenté sans barbe.

8. *Cum more*, selon une coutume. — *Bonorum deorum* est un génitif de possession : *Aux bons dieux*.

9. On plaçait souvent dans les mains des statues des dieux des statuettes représentant la Victoire. — Les *patères* étaient des coupes plates et larges.

10. *Per præconem*, par la voix du héraut. — *Exacta pecunia*, en ayant touché l'argent. — *A sacris*, venant des lieux saints.

DE DIVINATIONE

Le *De Divinatione*, composé en 44, peu après le *De Natura*, dont il est l'appendice, est un entretien entre Cicéron et son frère. Dans le livre I, Quintus expose les arguments des Stoïciens en faveur de la divination ; dans le livre II, Cicéron lui répond au nom des Académiciens, en ménageant autant que possible les superstitions populaires et les institutions politiques.

LIVRE I

Quintus distingue deux divinations : la divination artificielle (inspection des entrailles, augures, etc.) et la divination naturelle (pythonisme, songes). Pour en démontrer l'existence, il énumère un grand nombre de faits dont l'histoire a perpétué le souvenir, comme le songe si connu des deux Arcadiens (57), ou fait appel à des souvenirs personnels (59). Il indique les causes qui ont poussé les différentes nations à pratiquer de préférence telle ou telle espèce de divination (93-94), et termine en donnant la théorie stoïcienne de la divination (127-128).

I

Songe de deux Arcadiens

XXVII. — 57. « Ita traditum[1] clarum admodum somnium : cum duo quidam Arcades[2] familiares iter una facerent et Megaram[3] venissent, alterum ad cauponem devertisse, ad hospitem alterum. Qui ut[4] cenati quiescerent, concubia

XXVII. — 1. S.-e. *est*. — *Clarum admodum*, tout à fait célèbre.
2. L'Arcadie est au centre du Péloponèse.
3. Située dans l'isthme de Corinthe, près de la frontière de l'Attique.
4. *Ut*, dès que. Le subjonctif est voulu par le style indirect. — *Concubia nocte*, pendant le premier sommeil.

nocte visum esse in somnis ei qui erat in hospitio, illum alterum orare ut subveniret, quod sibi a caupone interitus pararetur, eum primo perterritum somnio surrexisse; dein cum se collegisset[5] idque visum pro nihilo habendum esse duxisset, recubisse; tum ei dormienti eundem illum visum esse rogare ut, quoniam sibi vivo non subvenisset, mortem suam ne[6] inultam esse pateretur; se interfectum in plaustrum a caupone esse conjectum et supra stercus[7] injectum; petere ut mane ad portam adesset, priusquam plaustrum ex oppido exiret. Hoc vero eum somnio commotum mane bubulco præsto ad portam fuisse[8], quæsisse ex eo quid esset in plaustro; illum perterritum fugisse, mortuum erutum esse, cauponem re patefacta pœnas dedisse. »

II

Songe de Cicéron

XXVIII. — 59. « Audivi equidem ex te ipso, sed mihi sæpius noster Sallustius[1] narravit, cum, in illa fuga nobis gloriosa, patriæ calamitosa, in villa quadam campi Atinatis[2] maneres magnamque partem noctis vigilasses, ad lucem[3] denique arte et graviter dormire te cœpisse; itaque, quamquam iter instaret, tamen silentium fieri jussisse *se*[4] neque esse passum te excitari; cum autem experrectus esses hora secunda[5] fere, te sibi somnium narravisse : visum tibi esse, cum in locis solis[6] mæstus errares, C. Ma-

5. *Cum se collegisset*, revenu à soi.
6. Rapprocher *ne* de *ut*.
7. *Stercus* (du fumier) est sujet de *injectum supra*.
8. *Bubulco præsto fuisse*, s'être trouvé en présence d'un charretier.

XXVIII. — 1 Affranchi de Cicéron. — *Fuga*, exil. Poursuivi par Clodius pour avoir fait exécuter sans jugement des citoyens, complices de Catilina, Cicéron vécut dans l'exil (58-57).
2. Atina est un bourg du pays des Volsques, à l'est d'Arpinum.
3. *Ad lucem*, à l'aube. — *Arte*, profondément.
4. *Se* : Salluste.
5. *Hora secunda*, vers la deuxième heure, 7 heures du matin (V. p. 134, n. 11).
6. *Solis*, solitaires.

rium[7] cum fascibus[8] laureatis quærere ex te quid tristis esses; cumque tu te patria vi pulsum esse dixisses, prehendisse eum dextram tuam et bono animo te jussisse esse[9], lictorique proximo tradidisse ut te in monumentum suum[10] deduceret, et dixisse in eo tibi salutem fore. Tum et se exclamasse Sallustius narrat reditum tibi celerem et gloriosum paratum, et te ipsum visum somnio delectari. Nam illud mihi ipsi celeriter[11] nuntiatum est, ut[12] audivisses in monumento Marii de tuo reditu magnificentissimum illud senatus consultum esse factum referente[13] optimo et clarissimo viro consule, idque frequentissimo theatro incredibili clamore et plausu comprobatum, dixisse te nihil illo Atinati somnio fieri posse divinius[14]. »

III

Causes qui ont amené certains peuples à étudier telle ou telle espèce de divination

XLII. — 93. « Ac mihi quidem videntur e locis quoque ipsis, qui a quibusque incolebantur, divinationum oportunitates esse ductæ. Etenim Ægyptii[2] et Babylonii in camporum patentium æquoribus habitantes, cum ex terra nihil emineret quod contemplationi cæli officere posset, omnem

7. Le vainqueur des Cimbres et des Teutons.

8. Les *faisceaux* étaient des bottes de verges que les licteurs portaient devant les consuls et les préteurs, rappelant le pouvoir d'infliger un châtiment corporel.

9. *Bono animo esse*, d'avoir bon courage. — *Proximo*, le plus près de lui.

10. Le décret qui rappela Cicéron de l'exil, fut voté par le Sénat dans le temple de Jupiter, élevé par Marius.

11. *Celeriter*, bientôt après.

12. *Ut*, aussitôt que (dépend de *te dixisse*).

13. *Referente*, sur la proposition de... Le consul dont il est question, est P. Cornelius Lentulus Spinther, qui mourut après Pharsale en gagnant la côte d'Asie.

14. *Divinius*, plus par l'inspiration des dieux.

XLII. — 1. *Oportunitates*, la raison de s'adonner à telle ou telle espèce de divination.

2. L'Égypte est un pays plat (*æquora*) ainsi que la Babylonie, qui s'étendait dans les plaines du Tigre et de l'Euphrate.

curam in siderum cognitione posuerunt; Etrusci[3] autem, quod, religione imbuti, studiosius et crebrius hostias immolabant, extorum cognitioni se maxime dediderunt, quodque propter aeris crassitudinem de cælo apud eos multa fiebant, et quod ob eamdem causam multa invisitata partim e cælo, alia ex terra oriebantur, quædam[4] etiam ex hominum pecudumve conceptu et satu, ostentorum exercitatissimi interpretes exstiterunt. Quorum quidem vim[5], ut tu soles dicere, verba ipsa prudenter a majoribus posita declarant. Quia enim ostendunt, portendunt, monstrant, prædicunt, ostenta[6], portenta, monstra, prodigia dicuntur. 94. Arabes[7] autem et Phryges et Cilices, quod pastu pecudum maxime utuntur, campos et montes hieme et æstate peragrantes, propterea facilius cantus avium et volatus notaverunt. »

IV

Théorie de la divination

LVI. — 127. « Non illa quæ futura sunt subito exsistunt, sed est, quasi rudentis explicatio[1], sic traductio temporis

3. Les Étrusques habitaient le pays compris entre la Ligurie et le Latium (aujourd'hui la Toscane). — *Extorum* : le cœur, les poumons, le foie, le fiel, les entrailles. — *De cælo*, venant du ciel. — *Invisitata*, prodiges (non encore vus).

4. *Quædam*, etc., certaines conceptions et productions monstrueuses : veaux à deux têtes, etc.

5. *Quorum vim*, le sens de toutes ces choses.

6. Ces étymologies sont fantaisistes, comme la plupart de celles qu'ont imaginées les Stoïciens : *Ostentum* et *portentum* signifient littéral. : « ce qui est placé devant », et non pas « ce qui indique quelque chose »; *monstrum* a signifié d'abord « avertissement » (cf. *moneo*), et a donné naissance au verbe *monstrare; prodigium* (de *prodigo*, pousser devant) veut dire « ce qui doit être éloigné » ou peut-être « ce qui dépasse la mesure normale ».

7. Les Arabes habitaient la presqu'île située au sud de la Syrie; la Cilicie (capitale Tarse), s'étendait au sud de l'Asie-Mineure, entre la Syrie et la Pisidie; la Phrygie était située au centre de l'Asie-Mineure, entre la Bithynie au nord et la Pisidie au sud.

LVI. — 1. *Quasi rudentis explicatio*, comme un câble que l'on déroule. — *Primum quidque replicantis*, c'est la répétition continuelle des mêmes faits.

nihil novi efficientis et primum quidque replicantis. Quod et ii vident quibus naturalis divinatio data est, et ii quibus cursus rerum observando[2] notatus est. Qui etsi causas ipsas non cernunt, signa tamen causarum et notas cernunt; ad quas adhibita memoria et diligentia et monumentis superiorum[3], efficitur ea divinatio, quæ artificiosa dicitur, extorum[4], fulgorum, ostentorum signorumque cælestium. 128. Non est igitur ut[5] mirandum sit ea præsentiri a divinantibus, quæ nusquam sint; sunt enim omnia, sed tempore absunt. Atque ut in seminibus vis inest earum rerum, quæ ex iis progignuntur, sic in causis conditæ sunt res futuræ, quas esse futuras aut concitata[6] mens aut soluta somno cernit aut ratio aut conjectura præsentit. Atque ut ii qui solis et lunæ reliquorumque siderum ortus, obitus motusque cognorunt, quo quidque tempore eorum futurum sit, multo ante prædicunt; sic, qui cursum rerum eventorumque consequentiam diuturnitate pertractata[7] notaverunt, aut semper, aut, si id difficile est, plerumque, quod si ne id quidem conceditur, non numquam certe, quid futurum sit, intellegunt. Atque hæc quidem et quædam ejusdem modi argumenta, cur sit divinatio, ducuntur a fato. »

LIVRE II

Au début du livre II, Cicéron résume avec netteté son œuvre philosophique (1-4), puis, réfutant l'exposé de Quintus, il montre que la divination est impossible et plus nuisible qu'utile (22-24) : il combat alors les différentes espèces de divination, les haruspices (50-51), les pluies de sang (58-59), les auspices, les sorts, les oracles (115-118) et les songes, et termine en disant qu'il faut combattre la superstition (148-150).

2. *Observando* s'oppose à *naturalis*.
3. *Monumentis superiorum*, les traditions des générations précédentes.
4. V. p. 198, n. 3.
5. *Non est ut*, il n'y a pas de raison de. — *Tempore absunt*, elles existent dans un autre temps.
6. *Concitata*, inspirée.
7. *Diuturnitate pertractata*, à travers les siècles.

I

L'œuvre philosophique de Cicéron

I. — 1. Quærenti mihi multumque et diu cogitanti, quanam re possem prodesse quam plurimis, ne quando[1] intermitterem consulere rei publicæ, nulla major occurrebat quam si optimarum artium vias[2] traderem meis civibus ; quod compluribus jam libris me arbitror consecutum.

Nam et cohortati sumus, ut maxime potuimus, ad philosophiæ studium eo libro qui est inscriptus Hortensius[3]; et, quod genus philosophandi minime arrogans maximeque et constans et elegans arbitraremur, quattuor Academicis libris[4] ostendimus. 2. Cumque fundamentum esset philosophiæ positum in finibus[5] bonorum et malorum, perpurgatus est is locus a nobis quinque libris, ut, quid a quoque, et quid contra quemque philosophum diceretur, intellegi posset. Totidem subsecuti libri Tusculanarum disputationum[6] res ad beate vivendum maxime necessarias aperuerunt. Primus enim est de contemnenda morte, secundus de tolerando dolore, de ægritudine lenienda tertius, quartus de reliquis animi perturbationibus, quintus eum locum complexus est qui totam philosophiam maxime illustrat ; docet enim ad beate vivendum virtutem se ipsa esse contentam. 3. Quibus rebus editis, tres libri perfecti sunt de natura deorum, in quibus omnis ejus loci quæstio continetur. Quæ ut plane esset cumulateque perfecta, de divinatione ingressi sumus his libris scribere; quibus, ut est in animo, de fato[7] si adjunxerimus, erit abunde satis factum toti huic quæstioni.

I. — 1. *Ne quando*, afin que.. jamais. — *Consulere*, être utile. — Avec *nulla*, s.-e. *res*.

2. Traduction du mot grec ὁδός ou μέθοδος; ici, science, connaissances.

3. V. *Introd.*, p. xii et p. 69, n. 2. — *Arrogans*, présomptueux. — *Constans*, logique. — *Elegans*, exquis, distingué.

4. V. p. 62, *notice*.

5. *In finibus*, etc., dans la détermination du souverain bien (v. p. 73, *notice*). — *Perpurgatus*, nettoyé, éclairci. — *Is locus*, ce point.

6. V. p. 121, *notice* — *Perturbationibus*, émotions, passions.

7. V. p. 208, *notice*.

Atque his libris adnumerandi sunt sex de re publica[8], quos tum scripsimus cum gubernacula rei publicæ tenebamus. Magnus locus philosophiæque proprius, a Platone, Aristotele, Theophrasto totaque Peripateticorum familia tractatus uberrime. Nam quid ego de Consolatione[9] dicam? quæ mihi quidem ipsi sane aliquantum medetur; ceteris item multum illam profuturam puto. Interjectus est etiam nuper liber is quem ad nostrum Atticum de senectute[10] misimus; in primisque, quoniam philosophia vir bonus efficitur et fortis, Cato noster[11] in horum librorum numero ponendus est. 4. Cumque Aristoteles itemque Theophrastus, excellentes viri cum subtilitate[12], tum copia, cum philosophia dicendi etiam præcepta conjunxerint, nostri quoque oratorii libri in eundem librorum numerum referendi videntur. Ita tres erunt de oratore[13], quartus Brutus, quintus orator.

II

La connaissance de l'avenir serait nuisible

IX. — 22. « Ego ne utilem quidem arbitror esse nobis futurarum rerum scientiam. Quæ enim vita fuisset Priamo, si ab adulescentia scisset, quos eventus senectutis esset habiturus? Abeamus a fabulis, propiora videamus. Ut omittamus superiores[1], Marcone Crasso putas utile fuisse tum cum maximis opibus fortunisque florebat, scire sibi, interfecto Publio filio exercituque deleto, trans Euphratem cum ignominia et dedecore esse pereundum? An Cn.

8. V. p. 1, *notice*. — Sur Platon, v. p. 64, n, 10; sur Aristote, v. p. 88, n. 3; sur Théophraste, v. p. 111, n. 4; sur les Péripatéticiens, v. p. 64, n. 14.

9. V. *Introd.*, p. XI.

10. V. p. 210, *notice*. — Sur Atticus, v. p. 36, n. 1.

11. Mon *Caton*; éloge de Caton d'Utique, aujourd'hui perdu.

12. *Subtilitate*, avec pénétration.

13. Le *De Oratore* est un traité complet de rhétorique sous forme dialoguée; le *Brutus* est une histoire de l'éloquence latine également en dialogue; l'*Orator* est le portrait de l'orateur parfait.

IX. — 1. *Superiores*, les Anciens. — Sur Crassus, v. p. 92, n. 1. — *Fuisse*, qu'il aurait été. — Sur l'Euphrate, v. p. 197, n. 2.

Pompeium[2] censes tribus suis consulatibus, tribus triumphis, maximarum rerum gloria lætaturum fuisse, si sciret se in solitudine Ægyptiorum trucidatum iri amisso exercitu; post mortem vero ea consecutura quæ sine lacrimis non possumus dicere? 23. Quid vero Cæsarem[3] putamus, si divinasset fore ut in eo senatu, quem majore ex parte ipse cooptasset, in curia Pompeia ante ipsius Pompeii simulacrum, tot centurionibus suis inspectantibus, a nobilissimis civibus, partim etiam a se omnibus rebus ornatis, trucidatus ita jaceret ut ad ejus corpus non modo amicorum, sed ne servorum quidem quisquam accederet, quo cruciatu animi vitam acturum fuisse? Certe igitur ignoratio futurorum malorum utilior est quam scientia. 24. Nam illud quidem dici, præsertim a Stoicis, nullo modo potest: « non isset ad arma Pompeius, non transisset Crassus « Euphratem, non suscepisset bellum civile Cæsar ». Non igitur[4] fatales exitus habuerunt; vultis autem evenire omnia fato; nihil ergo illis profuisset divinare; atque etiam omnem fructum vitæ superioris perdidissent; quid enim posset iis esse lætum exitus suos cogitantibus? »

III

Origine de l'haruspicine

XXIII. — 50. « Ortum videamus haruspicinæ[1]; sic facillime, quid habeat auctoritatis, judicabimus. Tages[2] quidam dicitur in agro Tarquiniensi, cum terra araretur et sulcus altius esset impressus, exstitisse repente et eum affatus esse qui arabat. Is autem Tages, ut in libris est Etruscorum, puerili specie dicitur visus, sed senili fuisse prudentia.

2. Le Grand Pompée (v. p. 92, n. 2). — *Si sciret*, s'il avait su. — *In solitudine*, sur la plage solitaire.

3. J. César, assassiné en 44. — *Pompeia*, bâtie par Pompée. — *Partim etiam*, les uns même.

4. C'est donc que leur fin n'était pas marquée par le destin. — *Superioris*, antérieure à ce moment.

XXIII. — 1. V. p. 174, n. 13.

2. Ce *Tages* est inconnu. — De Tarquinies (auj. *Corneto*), ville d'Étrurie, d'où les Tarquins sont originaires.

Ejus adspectu cum obstupuisset bubulcus clamoremque majorem cum admiratione[3] edidisset, concursum esse factum, totamque brevi tempore in eum locum Etruriam convenisse; tum illum plura locutum multis audientibus, qui omnia verba ejus exceperint litterisque mandarint; omnem autem orationem fuisse eam, qua[4] haruspicinæ displicina contineretur; eam postea crevisse rebus novis cognoscendis et ad eadem illa principia referendis. Hæc accepimus ab ipsis, hæc scripta conservant, hunc fontem habent disciplinæ. 51. Num ergo opus est ad hæc refellenda Carneade? num Epicuro? estne quisquam ita desipiens, qui credat exaratum esse[5], deum dicam an hominem? Si deum, cur se contra naturam in terram abdiderat, ut patefactus aratro lucem adspiceret? quid? idem nonne poterat deus hominibus disciplinam superiore e loco[6] tradere? Si autem homo ille Tages fuit, quonam modo potuit terra oppressus vivere? unde porro illa potuit quæ docebat alios, ipse didicisse? Sed ego insipientior quam illi ipsi, qui ista credunt, qui quidem contra eos tam diu disputem.

XXIV. — « Vetus autem illud Catonis admodum scitum est, qui mirari se aiebat, quod non rideret haruspex, haruspicem cum vidisset. »

IV

Les prodiges ne méritent pas créance

XXVII.—58. « Sanguine pluisse[1] senatui nuntiatum est; atratum etiam fluvium fluxisse sanguine; deorum sudasse simulacra. Num censes his nuntiis Thalen[2] aut Anaxago-

3. *Clamorem cum admiratione*, des cris d'étonnement.

4. *Eam, qua*... le fond de... — *Cognoscendis*, par la connaissance (V. Ragon, *G. lat.*, 387).

5. *Exaratum esse*, avoir été déterré par la charrue.

6. *Superiore e loco*, en venant du ciel.

XXVII. — 1. *Sanguine pluisse*, qu'il a plu du sang.

2. V. p. 48, n. 3. — Sur Anaxagore, v. p. 166, n. 9.

ran aut quemquam physicum crediturum fuisse? nec enim sanguis nec sudor nisi e corpore. Sed et decoloratio quædam ex aliqua contagione terrena[3] maxime potest sanguini similis esse, et umor allapsus extrinsecus, ut in tectoriis videmus austro, sudorem videtur imitari. Atque hæc in bello plura et majora videntur timentibus; eadem non tam animadvertuntur in pace; accedit illud etiam quod in metu et periculo cum creduntur facilius, tum finguntur impunius. 59. Nos autem ita leves atque inconsiderati sumus ut, si mures corroserint aliquid, quorum est opus hoc unum, monstrum putemus? Ante vero Marsicum bellum[4] quod clipeos Lanuvii mures rosissent, maximum id portentum haruspices esse dixerunt; quasi vero quicquam intersit, mures diem noctem aliquid rodentes, scuta an cribra corroserint! Nam si ista sequimur, quod Platonis Politian[5] nuper apud me mures corroserunt, de re publica debui pertimescere; aut, si Epicuri de voluptate liber rosus esset, putarem annonam[6] in macello cariorem fore. »

V

Les oracles de Delphes

LVI. — 115. « Sed jam ad te venio,

O sancte[1] Apollo, qui umbilicum certum terrarum obsides,
Unde superstitiosa primum sæva evasit vox fera.

Tuis enim oraculis Chrysippus[2] totum volumen implevit

3. *Contagione terrena*, contact du terrain. — *Allapsus extri-secus*, provenant de l'extérieur. — *Austro*, par le vent humide du Midi.

4. La guerre Sociale (90-88), entreprise par les Marses (peuple du centre de l'Italie, près du lac Fucin) et les autres tribus du Samnium contre Rome qui leur refusait le droit de cité. — Sur Lanuvium, v. p. 93, n. 1.

5. La République.

6. *Annonam*, les vivres.

XXVIII. — 1. Vers d'un auteur inconnu. — *Umbilicum*, le centre : Delphes était regardée par les Anciens comme étant sûrement (*certum*) le centre du monde. — *Obsides*, habites.

2. V. p. 101, n. 13. — *In omni oratione*, dans tout ce que l'on dit. — *Flexiloquis*, énigmatiques.

partim falsis, ut ego opinor; partim casu veris, ut fit in omni oratione sæpissime; partim flexiloquis et obscuris, ut interpres egeat interprete et sors[3] ipsa ad sortes referenda sit; partim ambiguis[4], et quæ ad dialecticum[5] deferendæ sint. Nam cum illa sors edita est opulentissimo regi[6] Asiæ :

Crœsus Halyn penetrans[7] magnam pervertet opum vim,

hostium vim se perversurum putavit; pervertit autem suam. 116. Utrum[8] igitur eorum accidisset, verum oraclum fuisset. Cur autem hoc credam umquam editum Crœso? aut Herodotum cur veraciorem ducam Ennio? Num minus ille[9] potuit de Crœso quam de Pyrrho[10] fingere Ennius? Quis enim est qui credat Apollinis ex oraculo Pyrrho esse responsum :

Aio te, Æacida, Romanos vincere posse?

Primum latine Apollo numquam locutus est; deinde ista sors inaudita Græcis est; præterea Pyrrhi temporibus jam Apollo versus facere desierat; postremo, quamquam semper fuit, ut apud Ennium est,

stolidum[11] genus Æacidarum,
Bellipotentes sunt magis quam sapientipotentes,

tamen hanc amphiboliam versus intellegere potuisset, « vincere te Romanos » nihilo magis in se quam in Romanos valere; nam illa amphibolia, quæ Crœsum decepit, vel

3. *Sors*, l'oracle. Le mot *sors* désigne ordinairement les tablettes, cailloux ou dés qui servaient pour les oracles. — *Referenda sit*, il faut recourir à propos de l'oracle lui-même.
4. *Ambiguis*, ambigus, offrant deux sens.
5. *Dialecticum*, un logicien.
6. Crésus : v. p. 99, n. 8.
7. *Halyn penetrans*, en passant l'Halys (le *Kizil Yrmack*), fleuve de l'Asie-Mineure qui se jette dans le Pont-Euxin.
8. *Utrum*, que l'un des deux événements....
9. *Ille* = *Herodotus*.
10. Pyrrhus, le roi d'Épire qui fit la guerre aux Romains dans le premier quart du IIIe siècle av. J.-C., se disait descendant d'Achille, petit-fils d'Éaque (v. p. 136, n. 3).
11. Vers des *Annales* d'Ennius.

Chrysippum[12] optuisset fallere, hæc vero ne Epicurum quidem.

LVII. — 117. « Sed, quod caput[1] est, cur isto modo jam oracla Delphis non eduntur non modo nostra ætate, sed jam diu, jam ut nihil possit esse contemptius ? Hoc loco cum urgentur[2], evanuisse aiunt vetustate vim loci ejus, unde anhelitus ille terræ fieret, quo Pythia mente incitata oracla ederet. De vino aut salsamento putes[3] loqui, quæ evanescunt vetustate ; de vi loci agitur, neque solum naturali, sed etiam divina ; quæ quo tandem modo evanuit ? Vetustate, inquies. Quæ vetustas est quæ vim divinam conficere possit ? quid tam divinum autem quam afflatus[4] e terra mentem ita movens ut eam providam rerum futurarum efficiat ? ut ea[5] non modo cernat multo ante, sed etiam numero versuque pronuntiet. Quando ista vis autem evanuit ? an postquam homines minus creduli esse cœperunt ? 118. Demosthenes quidem, qui abhinc annos prope trecentos fuit, jam tum φιλιππίζειν Pythiam dicebat, id est quasi cum Philippo facere[6]. Hoc autem eo spectabat ut eam a Philippo corruptam diceret ; *ex* quo licet existimare in aliis quoque oraculis Delphicis aliquid non sinceri fuisse. Sed nescio quo modo isti philosophi superstitiosi et pæne fanatici quidvis malle videntur quam se non ineptos[7]. Evanuisse mavultis et exstinctum esse id, quod si umquam fuisset, certe æternum esset, quam ea, quæ non sunt credenda, non credere. »

VI

Il faut détruire la superstition

LXXII. — 148. « Nec vero (id enim diligenter intellegi

12. Chrysippe (v. p. 101, n. 13) avait l'esprit très pénétrant ; Cicéron disait des Épicuriens : *minime malitiosum genus.*

LVII. — 1. *Caput*, le principal.

2. S.-e. *Stoici.* — *Vim*, la vertu. — *Anhelitus*, vapeur.

3. *Putes*, on dirait. — *Quæ*, choses qui... — *Evanescunt*, s'évaporent.

4. *Afflatus*, une exhalaison.

5. *Ea*, l'avenir.

6. *Quasi cum Philippo facere*, en quelque sorte être du parti de Philippe.

7. *Quam se non ineptos*, que d'être raisonnables.

volo) superstitione tollenda[1] religio tollitur. Nam et majorum instituta tueri sacris cærimoniisque retinendis sapientis est; et esse præstantem aliquam æternamque naturam, et eam suspiciendam admirandamque hominum generi pulchritudo mundi ordoque rerum cælestium cogit confiteri. 149. Quam ob rem, ut religio propaganda etiam est, quæ est juncta cum cognitione naturæ, sic superstitionis stirpes omnes eligendæ[2]. Instat[3] enim et urget et, quo te cumque verteris, persequitur, sive tu vatem sive tu omen audieris; sive immolaris; sive avem adspexeris; si Chaldæum[4], si haruspicem videris; si fulserit, si tonuerit, si tactum aliquid erit de cælo[5]; si ostenti simile natum factumve quippiam; quorum necesse est plerumque aliquid eveniat, ut numquam liceat quieta mente consistere. 150. Perfugium[6] videtur omnium laborum et sollicitudinum esse somnus. At ex eo ipso plurimæ curæ metusque nascuntur; qui quidem ipsi per se minus valerent et magis contemnerentur, nisi somniorum patrocinium philosophi suscepissent, nec ii quidem contemptissimi, sed in primis acuti[7] et consequentia et repugnantia videntes, qui prope jam absoluti et perfecti putantur. »

LXXII. — 1. *Superstitione tollenda*, en détruisant la superstition (v. Ragon, *G. lat.*, 387). — *Retinendis*, en conservant.

2. *Eligendæ*, il faut arracher.

3. S.-e. *superstitio* (v. Lucrèce, I, 65). — Rattacher *quo* à *cumque*. — *Vates*, un devin.

4. V. p. 135, n. 2.

5. Si la foudre a touché quelque objet.

6. *Perfugium*, le moyen d'échapper à. — *Patrocinium suscipere*, se faire le défenseur.

7. Les Stoïciens. — *Prope jam*, presque.

DE FATO

Complément du *De Divinatione* et écrit aussitôt après lui, le *De Fato* est en grande partie une réfutation des idées stoïciennes sur le Destin. Cicéron combat ces idées, en présence d'Hirtius, en 44, dans sa maison de Pouzzoles. Nous en tirons cette page où il défend la liberté humaine (9-11).

I

La liberté humaine

V. — 9. « Non enim, si alii ad alia propensiores sunt propter causas naturales et antecedentes[1], idcirco etiam nostrarum voluntatum atque appetitionum sunt causæ naturales et antecedentes. Nam nihil esset in nostra potestate, si ita se res haberet. Nunc vero fatemur, acuti[2] hebetesne, valentes imbecilline simus, non esse id in nobis. Qui autem ex eo cogi[3] putat, ne ut sedeamus quidem aut ambulemus, voluntatis esse, is non videt quæ[4] quamque rem res consequantur. Ut[5] enim et ingeniosi et tardi ita nascantur antecedentibus causis itemque valentes et imbecilli, non sequitur tamen ut etiam sedere eos et ambulare et rem agere aliquam principalibus causis definitum et constitutum sit? 10. Socraten nonne legimus quem ad modum notarit Zopyrus physiognomon[6], qui se profitebatur

V. — 1. *Antecedentes*, déterminantes. — *Non... idcirco... sunt causæ*, ce n'est pas une raison pour qu'il y ait des causes. — *Appetitio*, élan qui nous pousse à l'action.

2. *Acuti*, que nous ayons de l'esprit. — *Valentes*, que nous ayons un corps sain. — *Id* = *acuti hebetesne... simus*. — *Non in nobis*, non en notre pouvoir.

3. *Cogi*, être conclu. — *Ne ut sedeamus*, etc. est sujet de *esse*.

4. *Quæ*, etc., ce que c'est qu'une vraie conséquence.

5. *Ut*, en admettant que. — *Ita*, avec ces dispositions. — *Principalibus*, déterminantes.

6. Zopyre le physionomiste.

hominum mores naturasque ex corpore, oculis, vultu, fronte pernoscere? Stupidum esse Socraten dixit et bardum, quod jugula concava non haberet; obstructas eas partes et obturatas esse dicebat. 11. Sed hæc ex naturalibus causis vitia nasci possunt; exstirpari autem et funditus tolli, ut is ipse qui ad ea propensus fuerit, a tantis vitiis avocetur, non est id positum in naturalibus causis, sed in voluntate, studio, disciplina. »

CATO MAJOR DE SENECTUTE

Composé en 44, avant le *De Divinatione*, le *Cato major*, dédié à Atticus, rapporte un dialogue qui aurait eu lieu en 150 entre Caton l'Ancien, Lélius et Scipion Émilien. C'est un éloge bien ordonné de la vieillesse, où se trouve dessinée avec soin la figure de Caton.

Après avoir montré que la vieillesse ne nous interdit pas le soin des affaires, qu'elle n'affaiblit ni la mémoire, ni l'intelligence, et que, si le corps est moins valide, bien que la tempérance et l'exercice lui conservent quelque chose de son ancienne vigueur, l'âge n'enlève rien à l'esprit de son activité (37-38), Caton fait connaître les plaisirs qui accompagnent la vieillesse : les charmes de la conversation (44-46) et de la vie champêtre (51-59). L'approche de la mort n'a rien d'effrayant (77-84).

I

La vieillesse n'enlève à l'esprit rien de son activité

XI. — 37. « Quattuor robustos[1] filios, quinque filias, tantam domum, tantas clientelas Appius regebat et cæcus et senex ; intentum enim animum tamquam arcum habebat, nec languescens succumbebat senectuti ; tenebat non modo auctoritatem[2], sed etiam imperium in suos, metuebant servi, verebantur liberi, carum omnes habebant ; vigebat

XI. — 1. *Robustos*, dans la force de l'âge. — *Clientelas*. On attribue à Appius (v. p. 123, n. 12) 5000 clients. On appelait ainsi les personnes rattachées à une *gens*, non pas par la naissance, mais par le lien d'une dépendance imposée ou librement consentie, et liées à leur *patronus* (chef de la *gens*) par certaines obligations réciproques. Le *patronus* leur devait le conseil dans les questions de droit, l'assistance devant les tribunaux et des secours dans le besoin. Les *clients* devaient prendre les armes avec le patron, l'aider à doter ses filles, le saluer le matin et l'accompagner au forum, etc.

2. *Auctoritatem*, pouvoir moral, influence ; *imperium*, pouvoir réel.

in illa domo patrius mos et disciplina. 38. Ita enim senectus honesta est, si[3] se ipsa defendit, si jus suum retinet, si nemini emancipata[4] est, si usque ad ultimum spiritum dominatur in suos. Ut enim adulescentem, in quo est senile[5] aliquid, sic senem, in quo est aliquid adulescentis, probo; quod qui sequitur, corpore senex esse poterit, animo numquam erit. Septimus mihi liber Originum est in manibus[6]; omnia antiquitatis monumenta colligo; causarum illustrium, quascumque defendi, nunc cum maxime conficio orationes; jus augurium[7], pontificium[8], civile tracto, multum etiam Græcis litteris utor[9]. Pythagoreorumque more[10] exercendæ memoriæ gratia, quid quoque die dixerim, audierim, egerim, commemoro vesperi. Hæ sunt exercitationes ingenii, hæc curricula[11] mentis, in his desudans atque elaborans corporis vires non magno opere desidero. Adsum[12] amicis, venio in senatum frequens ultroque affero res multum et diu cogitatas easque tueor animi, non corporis viribus. Quas si exsequi nequirem, tamen me lectulus[13] meus oblectaret ea ipsa cogitantem, quæ jam agere non possem. »

3. *Ita... si*, à la condition que. — *Honesta*, honorable.

4. *Emancipata*, assujettie. *Emancipare*, litt. : aliéner par une vente, se dit spécialement du fils qui est vendu par son père : comme d'après la loi des Douze Tables le fils vendu trois fois devenait libre, on procédait à une vente fictive pour affranchir l'enfant de l'autorité paternelle (v. p. 78, n. 5).

5. *Senile*, d'un vieillard. — *Quod*, cette parole.

6. *Est in manibus*, est sur le métier. — *Nunc cum maxime*, juste en ce moment. — *Conficio*, je termine. On en comptait 150 du temps de Cicéron.

7. Le *jus augurium* était l'ensemble des règles d'après lesquelles on interprétait les auspices (v. p. 177, n. 7.)

8. Le *jus pontificium* était l'ensemble des décrets rendus par le collège des *Pontifes* (v. p. 177, n. 6) sur tout ce qui constituait le culte. — Sur le *jus civile*, v. p. 1, n. 4.

9. *Utor*, je m'occupe de.

10. Les *Vers dorés*, attribués à Pythagore, recommandent de ne pas s'endormir sans avoir repassé dans son esprit (*commemoro*) les diverses actions de la journée. Cicéron ne voit là qu'un exercice de mémoire.

11. *Curricula*, la carrière, le lieu d'exercice.

12. *Adsum*, j'assiste dans les procès. — *Ultro*, de moi-même (*non rogatus*). — *Tueor*, défendre, soutenir.

13. Lit de repos où l'on s'étendait pour lire.

II

Le vieillard peut jouir des plaisirs de la conversation

XIII. — 44. « Caret epulis[1] exstructisque mensis et frequentibus poculis; caret ergo etiam vinolentia et cruditate et insomniis. Sed si aliquid dandum est voluptati, quoniam ejus blanditiis non facile obsistimus (divine enim Plato « escam malorum[2] » appellat voluptatem, quod ea videlicet homines capiantur ut pisces), quamquam immoderatis epulis caret senectus, modicis tamen conviviis delectari potest.

XIV. — 46. « Ego vero propter sermonis delectationem tempestivis[1] quoque conviviis delector, nec cum æqualibus solum, qui pauci admodum restant, sed cum vestra etiam ætate atque vobiscum, habeoque senectuti magnam gratiam, quæ mihi sermonis aviditatem auxit, potionis et cibi sustulit. Quod si quem etiam ista delectant (ne omnino bellum indixisse videar voluptati, cujus est[2] fortasse quidam naturalis modus), non intellego ne in istis quidem ipsis voluptatibus carere sensu[3] senectutem. Me vero et magisteria[4] delectant a majoribus instituta et is sermo[5], qui more majorum a summo adhibetur in poculo, et pocula,

XII. — 1. *Caret* (*senex*) *epulis*, le vieillard manque des plaisirs de la table. — Sur *exstructis mensis*, v. p. 161, n. 5. — *Cruditate*, indigestion.

2. *Escam malorum*, l'appât des maux. — *Videlicet*, apparemment.

XIV. — 1. *Tempestivis*, commencés de bonne heure, longs. La *cena* commençait à 3 heures en hiver, à 4 heures en été. — *Æqualibus*, ceux de mon âge.

2. *Cujus est*..., que la nature autorise dans une certaine mesure.

3. *Carere sensu*, être insensible.

4. *Magisteria*, ces royautés. Le *rex convivii*, tiré au sort, déterminait la quantité d'eau qui devait être mélangée au vin, le nombre de coupes que chacun devait boire, et dirigeait la conversation.

5. *Sermo*. Il s'agit des propos ouverts par celui qui occupait le haut bout de la table (la première place du lit rangé à gauche de la table) et repris par les autres convives à leur tour.

sicut in Symposio[6] Xenophontis est, minuta atque rorantia[7], et refrigeratio[8] æstate et vicissim aut sol aut ignis hibernus : quæ quidem etiam in Sabinis[9] persequi soleo conviviumque vicinorum[10] cotidie compleo, quod ad multam noctem, quam maxime possumus, vario sermone producimus. »

III

Plaisirs des champs

XV. — 51. « Venio nunc ad voluptates agricolarum, quibus ego incredibiliter delector; quæ nec ulla impediuntur senectute et mihi ad sapientis vitam proxime videntur accedere[1]. Habent enim rationem[2] cum terra, quæ numquam recusat imperium nec umquam sine usura reddit, quod accepit, sed alias minore, plerumque majore cum fœnore[3]. Quamquam[4] me quidem non fructus modo, sed etiam ipsius terræ vis ac natura delectat. Quæ cum gremio mollito ac subacto[5] sparsum semen excepit, primum id occæcatum cohibet, ex quo occatio, quæ hoc efficit, nominata est; deinde tepefactum vapore[6] et compressu suo diffundit et elicit herbescentem ex eo viriditatem, quæ, nixa fibris stirpium, sensim adulescit, culmoque erecta geniculato, vaginis jam quasi pubescens includitur; ex quibus cum

6. Dans le *Banquet*, dialogue de Xénophon.
7. *Rorantia*, présentant le vin goutte à goutte, et produisant ainsi, dit Xénophon, un agréable enjouement et non une ivresse grossière.
8. *Refrigeratio*, repas au frais.
9. V. p. 43, n. 8.
10. Compl. de *compleo*. — *Compleo convivium*, je complète le nombre des convives (ordinairement 9).
XV. — 1. *Accedere*, s'accorder avec.
2. *Habent rationem*, on n'a affaire qu'à.
3. *Fœnore*, l'intérêt d'un capital.
4. *Quamquam*, d'ailleurs. — *Fructus*, le produit. — *Vis ac natura*, la fécondité naturelle.
5. *Mollito ac subacto*, défoncé et ameubli. — *Occæcatum*, enfoui. *Occatio* (le hersage, la herse) ne vient pas de *occæcare*, mais, d'après Varron, de *occare*, qui veut dire *briser les mottes.*
6. *Vapore*, l'humidité. — *Compressu*, son poids. — *Diffundit*, fait éclater. — *Elicit*, en fait sortir. — *Geniculato*, noueux. — *Quasi* amène la métaphore *pubescens* (se développant comme un jeune homme).

emersit[7], fundit frugem spici ordine structam et contra avium minorum morsus munitur vallo aristarum.

52. « Quid ego vitium ortus[8], satus, incrementa commemorem? Satiari delectatione non possum, ut[9] meæ senectutis requiem oblectamentumque noscatis. Omitto enim vim ipsam omnium, quæ generantur e terra; quæ ex fici tantulo grano aut ex acini vinaceo[10] aut ex ceterarum frugum aut stirpium minutissimis seminibus tantos truncos ramosque procreet. Malleoli[11], plantæ, sarmenta, viviradices, propagines nonne efficiunt ut quemvis cum admiratione delectent? Vitis quidem, quæ natura caduca est, et, nisi fulta est, fertur ad terram, eadem, ut se erigat, claviculis[12] suis quasi manibus, quicquid est nacta, complectitur; quam, serpentem multiplici lapsu et erratico, ferro amputans, coercet ars agricolarum, ne silvescat sarmentis et in omnes partes nimia fundatur. 53. Itaque, ineunte vere, in iis[13] quæ relicta sunt, exsistit tamquam ad articulos sarmentorum ea quæ gemma dicitur, a qua oriens uva se ostendit; quæ, et suco terræ et calore solis augescens, primo est peracerba gustatu, deinde maturata dulcescit, vestitaque pampinis nec[14] modico tepore caret et nimios solis defendit ardores. Qua quid potest esse cum fructu lætius, tum adspectu pul-

7. *Emersit*, elle s'est échappée. — *Frugem spici ordine structam*, des épis réguliers. — *Aristarum*, barbes.

8. *Vitium ortus*, comment vient la vigne; *satus*, comment on la plante.

9. *Ut*, qui consiste en ce que. — *Vim*, la puissance de végétation.

10. *Acini vinaceo*, le pépin d'un grain de raisin. — *Frugum*, les céréales. — *Stirpium*, végétaux à tige ligneuse.

11. *Malleoli*, crossettes, petites branches de vigne avec un talon de vieux bois destinées à être enfoncées en terre. — *Propagines*, les provins, jeunes pousses de vigne qu'on couche en terre pour qu'elles prennent racine.

12. *Claviculis*, vrilles. — *Serpentem*, s'étendant de proche en proche. — *Multiplici lapsu et erratico*, en multipliant ses jets au hasard. — *Coercet*, réprime. — *Silvescat sarmentis*, elle pousse tout en bois.

13. *Iis* = *sarmentis*. — *Exsistit*, sort. — *Tamquam ad articulos*, aux endroits qui sont comme les articulations. — *Ea quæ* = *id quod*. — *Gemma*, œil, bouton, bourgeon.

14. *Nec... et* = *et non... et*. Tout en laissant arriver une chaleur modérée, ils la défendent contre les ardeurs du soleil. — Sur *cum... tum*, v. p. 12, n. 3. — *Fructu lætius*, plus avantageux en ce qui touche au profit.

chrius? Cujus quidem non utilitas me solum, ut ante dixi, sed etiam cultura et natura ipsa delectat, adminiculorum[15] ordines, capitum jugatio, religatio et propagatio vitium, sarmentorum ea, quam dixi, aliorum amputatio, aliorum immissio.

« Quid ego irrigationes, quid fossiones[16] agri repastinationesque proferam, quibus fit multo terra fecundior? 54. Nec vero segetibus solum et pratis et vineis et arbustis res rusticæ lætæ sunt, sed hortis etiam et pomariis, tum pecudum pastu, apium examinibus, florum omnium varietate. Nec consitiones[17] modo delectant, sed etiam insitiones, quibus nihil invenit agri cultura sollertius.

XVI. — 55. « Possum[1] persequi permulta oblectamenta rerum rusticarum; sed hæc ipsa, quæ dixi, sentio fuisse longiora. Ignoscetis autem; nam et studio rusticarum rerum provectus sum, et senectus est natura loquacior, ne ab omnibus eam vitiis videar vindicare. 56. Mea quidem sententia, haud scio an nulla[2] beatior possit esse, neque solum officio, quod hominum generi universo cultura agrorum est salutaris, sed et delectatione, *de* qua dixi, et saturitate copiaque rerum omnium, quæ ad victum hominum, ad cultum etiam deorum pertinent, ut[3], quoniam hæc quidam desiderant, in gratiam jam cum voluptate redeamus. Semper enim boni assiduique domini referta cella vinaria, olearia, etiam penaria est, villaque tota locuples est, abundat porco, hædo, agno, gallina, lacte, caseo, melle. Jam

15. *Adminiculorum*, les échalas. — *Capitum jugatio*, l'action d'attacher l'extrémité des ceps le long de traverses horizontales supportées par des pieux. — *Religatio*, l'attache des pousses à mesure qu'elles croissent. — *Propagatio*, le provignement. — *Immissio*, l'action de laisser se développer.

16. *Fossiones*, travaux à la bêche. — *Repastinationes*, binages.

17. *Consitiones*, l'action de planter. — *Insitiones*, les greffes.

XVI. — 1. *Possum*, je pourrais (V. Ragon, *G. lat.*, 422). — *Provectus sum*, j'ai été entraîné. — *Ne*, je l'avoue pour ne pas.... — *Vindicare*, exempter.

2. V. p. 72, n. 16. — *Officio*, les services qu'elle rend.

3. *Ut*, et je dis cela afin que. — La *cella penaria* (le cellier aux provisions) contenait les provisions de bouche, de bois, de cire, en réserve pour l'année.

hortum ipsi agricolæ succidiam[4] alteram appellant. Conditiora[5] facit hæc supervacaneis etiam operis aucupium atque venatio. 57. Quid de pratorum viriditate aut arborum ordinibus aut vinearum olivetorumve specie plura dicam? Brevi præcidam[6]. Agro bene culto nihil potest esse nec usu uberius nec specie ornatius; ad quem fruendum[7] non modo non retardat, verum etiam invitat atque allectat senectus. Ubi enim potest illa ætas aut calescere vel apricatione melius vel igni aut vicissim umbris aquisve refrigerari salubrius?...

XVII.—59. « Quam copiose agri cultura laudatur in eo libro qui est de tuenda re familiari, qui Œconomicus[1] inscribitur! Atque ut intellegatis nihil ei tam regale videri quam studium agri colendi, Socrates in eo libro loquitur cum Critobulo Cyrum minorem[2], Persarum regem, præstantem ingenio atque imperii gloria, cum Lysander[3] Lacedæmonius, vir summæ virtutis, venisset ad eum Sardes[4] eique dona a sociis attulisset, et ceteris in rebus[5] comem erga Lysandrum atque humanum fuisse et ei quendam consæptum agrum[6] diligenter consitum ostendisse. Cum autem admiraretur Lysander et proceritates arborum et derectos in quincuncem[7] ordines et humum subactam[8] atque

4. *Succidiam*, un quartier de porc salé.
5. *Conditiora facit*, donne un nouvel assaisonnement. — *Supervacaneis operis*, occupations qui ont lieu dans les moments de loisir.
6. *Brevi præcidam*, j'abrège. — *Usu*, le rapport.
7. *Fruendum* : v. p. 8, n. 8.
XVII. — 1. Dialogue de Xénophon sur le gouvernement d'une maison entre Socrate et Critobule, fils de Criton. — *Loquitur cum*, dit dans son entretien avec.
2. Cyrus le Jeune, fils de Darius II, qui tenta de renverser son frère Artaxerxès II Memnon et fut tué à Cunaxa (401). — *Regem*, prince de la famille royale.
3. Le vainqueur des Athéniens à la bataille d'Ægos-Potamos.
4. Ville située sur la côte ouest d'Asie-Mineure, résidence de Cyrus le Jeune.
5. *Ceteris in rebus*... cf. ἄλλως τε καί.
6. *Consæptum agrum consitum*, un terrain clos de toutes parts et planté, un parc; en grec παράδεισος.
7. *In quincuncem*, en quinconce, comme les cinq points d'un dé, ce qui donne des lignes droites à égale distance les unes des autres, de quelque côté qu'on les regarde.
8. *Subactam*, ameubli. — *Puram*, propre.

puram et suavitatem odorum, qui afflarentur ex floribus, tum eum dixisse mirari se non modo diligentiam, sed etiam sollertiam ejus, a quo essent illa dimensa atque discripta[9]; et Cyrum respondisse : « Atqui ego ista sum omnia dimen« sus; mei sunt ordines, mea discriptio, multæ etiam istarum « arborum mea manu sunt satæ[10]. » Tum Lysandrum intuentem purpuram ejus et nitorem corporis[11] ornatumque Persicum multo auro multisque gemmis dixisse : « Rite vero « te, Cyre, beatum ferunt, quoniam virtuti tuæ fortuna conjuncta est. »

IV

Qu'importe la mort, si l'âme survit au corps

XXI. — 77. « Non video cur, quid ipse sentiam de morte, non audeam vobis dicere; quod eo cernere mihi melius videor[1], quo ab ea propius absum. Ego vestros patres, P. Scipio[2], tuque, C. Læli, viros clarissimos mihique amicissimos, vivere arbitror, et eam quidem vitam[3], quæ est sola vita nominanda. Nam, dum sumus inclusi in his compagibus corporis, munere quodam necessitatis[4] et gravi opere perfungimur; est enim animus cælestis[5] ex altissimo domicilio depressus et quasi demersus in terram, locum divinæ naturæ æternitatique contrarium. Sed credo deos immortales sparsisse animos in corpora humana, ut essent qui terras tuerentur[6], quique cælestium ordinem contemplantes, imitarentur eum[7] vitæ modo atque constantia. Nec me solum ratio ac disputatio[8] impulit ut ita crederem, sed nobilitas etiam summorum philosophorum et auctoritas.

9. *Discripta*, dessinés.
10. *Satæ*, plantées (de *sero*).
11. *Nitorem corporis*, la splendeur dont il était revêtu.
XXI. — 1. *Mihi videor*, je pense. — *Propius absum*, je suis moins éloigné.
2. Scipion Émilien, fils de Paul Émile (v. p. 29, n. 1).
3. *Vivere eam vitam* : accusatif de qualification (V. Ragon, *G. lat.*, 244).
4. *Munere necessitatis*, une tâche imposée par la nécessité.
5. *Cælestis*, d'origine céleste (v. p. 130, n. 4). — *Naturæ æternitatique* = *naturæ æternæ*.
6. *Tuerentur*, être les spectateurs.
7. *Eum*, cette harmonie universelle (idée stoïcienne). — *Modo atque constantia* = *modo constanti*, la régularité.
8. *Disputatio*, la méditation.

XXII.—79. « Apud Xenophontem[1] moriens Cyrus major[2] hæc dicit : « Nolite arbitrari, o mihi carissimi filii[3], me, « cum a vobis discessero, nusquam aut nullum fore. Nec « enim, dum eram vobiscum, animum meum videbatis, sed « eum esse in hoc corpore ex iis rebus quas gerebam intelle« gebatis. Eundem igitur esse creditote[4], etiamsi nullum « videbitis. 80. Nec vero clarorum virorum post mortem[5] « honores permanerent, si nihil eorum ipsorum animi efficerent, quo diutius memoriam sui teneremus. Mihi quidem « numquam persuaderi potuit animos, dum in corporibus « essent mortalibus, vivere, cum[6] excessissent ex iis, emori; « nec vero tum animum esse insipientem[7], cum ex in« sipienti corpore evasisset, sed cum omni admixtione « corporis liberatus, purus et integer esse cœpisset, tum esse « sapientem. Atque etiam cum hominis natura morte dissol« vitur, ceterarum[8] rerum perspicuum est quo quæque disce« dat; abeunt enim illuc omnia, unde orta sunt, animus « autem solus, nec cum adest, nec cum discedit, apparet[9]. « Jam vero videtis nihil esse morti tam simile quam som« num. 81. Atqui dormientium animi maxime declarant divi« nitatem[10] suam : multa enim, cum remissi et liberi sunt, « futura prospiciunt. Ex quo intellegitur, quales futuri sint, « cum se plane corporis vinculis relaxaverint. Quare, si hæc « ita sunt, sic me colitote, » inquit, « ut deum. »

XXIII. — 82. « Nemo umquam mihi, Scipio, persuadebit

XXII. — 1. *Cyropédie*, VIII, VII, 17.

2. Cyrus l'Ancien (VIe siècle), fondateur de la monarchie persane. C'est le héros de la *Cyropédie* (v. p. 164, n. 9).

3. Cambyse et Tanaoxares.

4. *Creditote* : impératif, futur, parce que l'ordre ne doit être exécuté qu'à une époque ultérieure : croyez qu'elle continuera d'exister.

5. *Virorum* est complément de *honores*, les honneurs accordés aux hommes. — *Si nihil animi efficerent quo...*, si leurs âmes n'étaient pas en quelque chose cause que..., c.-à-d. si la pensée que leurs âmes ne sont point anéanties, etc.

6. *Cum*, et qu'au contraire lorsque. L'absence de liaison (*asyndète*) fait ressortir l'opposition.

7. *Insipientem*, privé de la pensée.

8. *Ceterarum*, etc., chacun des autres éléments.

9. *Apparet*, ne se montre.

10. *Divinitatem*, nature divine.

aut patrem tuum Paulum[1] aut duos avos, Paulum[2] et Africanum, aut Africani patrem aut patruum[3] aut multos præstantes viros, quos enumerare non est necesse, tanta esse conatos[4], quæ ad posteritatis memoriam pertinerent, nisi animo cernerent posteritatem ad se ipsos pertinere. An censes, ut de me ipse aliquid more senum glorier[5], me tantos labores diurnos nocturnosque domi militiæque suscepturum fuisse, si isdem finibus gloriam meam, quibus vitam, essem terminaturus? Nonne melius multo fuisset otiosam[6] ætatem et quietam sine ullo aut labore aut contentione traducere? Sed nescio quo modo animus erigens se posteritatem ita semper prospiciebat, quasi, cum excessisset e vita, tum denique victurus esset. Quod quidem ni ita se haberet, ut animi immortales essent, haud optimi cujusque animus maxime ad immortalitatem et gloriam niteretur. 83. Quid? quod[7] sapientissimus quisque æquissimo animo moritur, stultissimus iniquissimo, nonne vobis videtur is animus, qui plus cernat et longius, videre se ad meliora proficisci, ille autem, cujus obtusior sit acies[8], non videre? Equidem efferor studio patres vestros, quos colui et dilexi, videndi, neque vero eos solos convenire aveo, quos ipse cognovi, sed illos etiam, de quibus audivi et legi et ipse conscripsi. Quo[9] quidem me proficiscentem haud sane quis facile retraxerit, nec tamquam Peliam recoxerit. Et si quis deus mihi largiatur ut ex hac ætate repuerascam et in cunis vagiam, valde recusem, nec vero velim quasi

XXIII. — 1. Paul-Émile (v. p. 167, n. 12).

2. Paul-Émile tué à la bataille de Cannes (216) lors de son deuxième consulat. — Sur le premier Africain, v. p. 9, n. 9.

3. V. p. 26, n. 9.

4. *Esse conatos*, etc., qu'ils aient fait de si merveilleux efforts en vue des âges futurs sans avoir le pressentiment qu'ils ne seraient pas étrangers (après leur mort) aux hommages de la postérité.

5. *Gloriam*, la jouissance de la gloire.

6. *Otiosam*, loin des affaires; *quietam*, paisible. — *Victurus*: de *vivo*.

7. *Quod*, parce que, lorsque.

8. *Acies*, la prunelle, l'œil.

9. *Quo* = *ut eo*. — Æson, père de Jason, avait été rajeuni par Médée; les filles de Pélias, frère d'Æson, voulurent aussi rajeunir leur père, elles l'égorgèrent et firent bouillir ses membres dans une chaudière, mais inutilement.

decurso spatio[10] ad carceres a calce revocari. 84. Quid habet enim vita commodi? quid non potius laboris? Sed habeat[11] sane, habet certe tamen aut satietatem aut modum. Non libet enim mihi deplorare vitam, quod multi, et ii docti, sæpe fecerunt, neque me vixisse pænitet, quoniam ita vixi ut non frustra me natum existimem, et ex vita ita discedo tamquam ex hospitio[12], non tamquam e domo. Commorandi enim natura devorsorium nobis, non habitandi dedit. O præclarum diem, cum in illud divinum animorum concilium cœtumque proficiscar, cumque ex hac turba et colluvione[13] discedam! Proficiscar enim non ad eos solum viros, de quibus ante dixi, verum etiam ad Catonem meum[14], quo nemo vir melior natus est, nemo pietate præstantior; cujus a me corpus est crematum (quod contra[15] decuit ab illo meum), animus vero non me deserens, sed respectans[16], in ea profecto loca discessit, quo mihi ipsi cernebat esse veniendum. Quem ego meum casum fortiter ferre visus sum, non quo[17] æquo animo ferrem, sed me ipse consolabar existimans non longinquum inter nos digressum et dicessum fore. »

10. *Quasi decurso spatio*, arrivé à l'extrémité de la carrière, à la ligne blanchie à la chaux (*a calce*), qui marquait le point d'arrivée. Les *carceres* étaient les loges où les chevaux attendaient le signal du départ.

11. S.-e. *commoda* (V. RAGON, *G. lat.*, 436). — *Sane*, j'y consens.

12. *Hospitio*, une hôtellerie. Cette idée, empruntée à Platon, est tout à fait chrétienne : *Non habemus hic manentem civitatem, sed futuram inquirimus* (S. PAUL, *Ad Hebr.*, XIII, 14).

13. *Colluvione* : proprement, ramas d'immondices, fange.

14. Son fils, mort depuis deux ans (152).

15. *Quod contra decuit*, contrairement à quoi il eût été convenable (*meum corpus cremari ab illo*).

16. *Respectans*, regardant en arrière.

17. *Non quo*, non pas que. — *Æquo animo*, sans émotion.

LÆLIUS DE AMICITIA

Ce dialogue, dédié à Atticus, fut composé pendant l'été de l'année 44, après le *De Senectute* et le *De Divinatione*. C'est un éloge de l'amitié, que Cicéron place en 129, peu après la mort de Scipion Émilien, dans la bouche de Lélius le Sage, en présence de ses deux gendres C. Fannius Strabon et Q. Mucius Scévola l'Augure. Le sujet est traité facilement, sans prétentions didactiques, avec abandon et simplicité. On y trouve des digressions et des redites, des passages un peu vagues et des termes mal définis ; mais il y a dans ce traité d'utiles conseils, de touchants tableaux et des idées élevées. Le moraliste et l'ami font souvent place au citoyen, et les préoccupations du politique se font jour au milieu des théories du philosophe.

Interrogé par ses gendres sur la manière dont il a supporté la mort de Scipion, Lélius répond qu'il se console par la pensée que son ami a eu la destinée la plus brillante (10-11), par sa croyance à l'immortalité de l'âme et par l'espoir que le souvenir de leur rare amitié sera célèbre dans la postérité. Fannius et Scévola lui demandent à cette occasion son sentiment sur l'amitié. Lélius dit qu'elle ne peut exister qu'entre gens de bien, qu'elle a pour base la vertu (20-21), et qu'elle présente de grands avantages (22-23). Elle vient d'un penchant naturel ; bien des causes peuvent l'affaiblir ou la rompre (33-35), un ami ne doit point se montrer égoïste (45-47), et à cette occasion Lélius parle des limites de l'amitié (56-61), puis il expose quel doit être le caractère de l'ami que nous voulons choisir (79-82), montre que l'amitié est indispensable à l'homme (86-88), et termine en disant que c'est la vertu qui crée et conserve l'amitié.

I

Éloge de Scipion Émilien

III. — 10. « Ego [1] si Scipionis desiderio me moveri negem, quam id recte faciam, viderint sapientes ; sed certe mentiar. Moveor enim tali amico orbatus, qualis, ut arbitror,

III. — 1. Lélius : v. p. 86, n. 11. — *Quam id*, juger jusqu'à quel point j'agirais bien, c'est l'affaire des sages (V. Ragon, *G. lat.*, 418). Allusion ironique à l'insensibilité stoïcienne.

nemo umquam erit, ut confirmare possum, nemo certe fuit; sed non egeo medicina : me ipse consolor, et maxime illo solacio quod eo errore[2] careo quo amicorum decessu plerique angi solent. Nihil mali accidisse Scipioni puto : mihi accidit, si quid accidit; suis autem incommodis graviter angi non amicum[3], sed se ipsum amantis est. 11. Cum illo vero quis neget actum esse præclare[4]? Nisi enim, quod ille minime putabat, immortalitatem optare vellet, quid non adeptus est quod homini fas esset[5] optare? qui summam spem civium, quam de eo jam puero habuerant, continuo adulescens incredibili virtute superavit; qui consulatum petivit numquam, factus consul est bis[6], primum ante tempus, iterum sibi suo tempore, rei publicæ pæne sero; qui, duabus urbibus eversis[7] inimicissimis huic imperio, non modo præsentia, verum etiam futura bella delevit. Quid dicam de moribus facillimis[8], de pietate in matrem, liberalitate in sorores, bonitate in suos, justitia in omnes? Nota sunt vobis. Quam autem civitati carus fuerit, mærore funeris indicatum est. Quid igitur hunc paucorum annorum[9] accessio juvare potuisset? »

2. *Eo errore*, ce préjugé que la mort est un mal pour celui qui la subit.

3. *Amicum* est complément d'*amantis*.

4. *Cum illo* (*a fortuna*) *actum esse præclare*, il a eu une destinée des plus brillantes.

5. *Fas esset*, il est permis (par les dieux ou la loi naturelle). — *Continuo adulescens*, aussitôt qu'il fut parvenu à l'adolescence; allusion à la bataille de Pydna, où à l'âge de 17 ans, il montra le courage et la présence d'esprit d'un vieux guerrier.

6. En 147, à 36 ans (au temps de Cicéron il fallait avoir 43 ans), et en 134, après les nombreuses défaites que les Romains avaient essuyées dans la guerre de Numance (de là *sero*).

7. Carthage en 246 et Numance en 133.

8. *Moribus facillimis*, caractère si doux. Scipion donna à sa mère, répudiée par Paul-Émile, la fortune considérable que lui laissa la femme du premier Africain; à la mort de celle-ci, il laissa tout l'héritage à ses deux sœurs; il dota encore les deux filles du premier Africain et laissa à son frère, adopté par Fabius Maximus, ce qui lui revenait de son père Paul-Émile.

9. Il mourut à 56 ans (129), empoisonné ou étouffé peut-être par sa femme Sempronia ou par des amis de C. Gracchus.

II

L'Amitié. — Ses Avantages

VI. — 20. « Est amicitia nihil aliud nisi omnium divinarum humanarumque rerum cum benevolentia et caritate consensio[1]; qua quidem haud scio an[2], excepta sapientia, nihil melius homini sit a dis immortalibus datum. Divitias alii præponunt, bonam alii valetudinem, alii potentiam, alii honores, multi etiam voluptates. Beluarum hoc quidem extremum[3]; illa autem superiora caduca et incerta, posita non tam in consiliis nostris quam in fortunæ temeritate. Qui[4] autem in virtute summum bonum ponunt, præclare[5] illi quidem; sed hæc ipsa virtus amicitiam et gignit et continet; nec sine virtute amicitia esse ullo pacto potest. 21. Jam[6] virtutem ex consuetudine vitæ sermonisque nostri interpretemur, nec eam, ut quidam docti[7], verborum magnificentia metiamur, virosque bonos, eos qui habentur[8], numeremus, Paulos, Catones, Galos, Scipiones, Philos[9]: his communis vita contenta est; eos autem omittamus, qui omnino nusquam reperiuntur.

22. « Tales igitur inter viros amicitia tantas oportunitates[10] habet, quantas vix queo dicere. Principio qui[11] potest esse « vita vitalis », ut ait Ennius, quæ non in amici mutua

VI. — 1. *Consensio*, une communauté d'opinions sur les choses divines et humaines.

2. V. p. 72, n. 16.

3. *Hoc extremum* (préférer ce dernier bien, le plaisir) s'oppose à *illa superiora* (les richesses, la santé, etc.).

4. *Qui* : les Stoïciens.

5. S.-e. *ponunt* ou *faciunt*. — *Continet*, maintient.

6. *Jam*, de plus. — *Ex consuetudine*, etc., d'après la pratique de la vie et le langage ordinaire.

7. *Docti*, philosophes de profession.

8. *Qui habentur*, qui passent pour tels. — Sur Paul-Émile, v. p. 167, n. 12. — Sur Caton, v. p. 9, n. 10.

9. C. Sulpicius Galus, consul en 166, fut tribun militaire dans la guerre contre Persée. — Sur Scipion l'Africain, v. p. 9, n. 9. — L. Furius Philus, consul en 136 est un des interlocuteurs du *De Re publica*.

10. *Oportunitates*, avantages.

11. *Qui* = *quomodo*, en quoi. — *Vitalis* : en grec βιωτός, qu'on peut vivre, *vivable*. — Sur Ennius, v. p. 4, n. 12.

benevolentia conquiescit? Quid dulcius quam habere, quicum[12] omnia audeas sic loqui ut tecum? Qui esset tantus fructus[13] in prosperis rebus, nisi haberes, qui illis æque ac tu ipse gauderet? adversas vero ferre difficile esset sine eo qui illas gravius etiam quam tu ferret. Denique ceteræ res, quæ expetuntur, oportunæ[14] sunt singulæ rebus fere singulis : divitiæ, ut utare; opes, ut colare; honores, ut laudere; voluptates, ut gaudeas; valetudo, ut dolore careas et muneribus fungare corporis; amicitia res plurimas continet : quoquo te verteris, præsto est; nullo loco excluditur; numquam intempestiva, numquam molesta est; itaque non aqua, non igni, ut aiunt, locis pluribus[15] utimur quam amicitia. (Neque ego nunc de vulgari aut de mediocri, quæ tamen ipsa et delectat et prodest, sed de vera et perfecta loquor, qualis eorum, qui pauci nominantur, fuit.) Nam et secundas res splendidiores facit amicitia, et adversas, partiens communicansque, leviores.

VII.—23. « Cumque[1] plurimas et maximas commoditates amicitia contineat, tum illa nimirum præstat omnibus, quod bonam spem prælucet in posterum, nec debilitari animos aut cadere patitur. Verum enim amicum qui intuetur, tamquam exemplar aliquod intuetur sui. Quocirca et absentes adsunt[2], et egentes abundant[3], et imbecilli valent, et, quod difficilius dictu est, mortui vivunt; tantus eos honos[4], memoria, desiderium prosequitur amicorum. Ex quo illorum beata mors videtur, horum vita laudabilis. »

12. *Quicum* = *quocum*.

13. *Fructus*, jouissance.

14. *Oportunæ*, etc., ne présentent guère chacune qu'un seul avantage. — *Ut colare*, pour être considéré. — *Opes* désigne tout ce qui peut donner de la considération : la naissance, les richesses, le talent, la situation, etc.

15. *Locis pluribus*, en plus d'occasions.

VII. — 1. Avec *cum... tum* (v. p. 12, n. 3) le subj. peut remplacer l'ind. après *cum* quand on veut souligner l'opposition qui existe entre les deux membres de phrase (RAGON, *G. lat.*, 514). — *Illa*. Entendez *illa commoditas*, sujet de *præstat*, ou bien *illa commodidate* avec *amicitia* comme sujet de *præstat*, comme il l'est de *contineat* et de *patitur*. — *Prælucet* est ici actif, fait luire.

2. Par la pensée.

3. Parce que tout est commun entre amis.

4. *Honos*, les hommages. —

III

Causes qui détruisent l'amitié

X. — 33. « Ille[1] quidem nihil difficilius esse dicebat quam amicitiam usque ad extremum vitæ diem permanere : nam vel ut non idem expediret[2], incidere sæpe, vel ut de re publica non idem sentiretur; mutari etiam mores hominum sæpe dicebat, alias adversis rebus, alias ætate ingravescente. Atque earum rerum[3] exemplum ex similitudine capiebat ineuntis ætatis, quod summi puerorum amores[4] sæpe una cum prætexta toga ponerentur; 34. sin autem ad adulescentiam perduxissent[5], dirimi tamen interdum contentione vel uxoriæ condicionis, vel commodi aliéujus, quod idem adipisci uterque non posset. Quod si qui longius in amicitia provecti essent, tamen sæpe labefactari, si in honoris contentionem incidissent; pestem enim nullam majorem esse amicitiis quam in plerisque pecuniæ cupiditatem, in optimis quibusque[6] honoris certamen et gloriæ : ex quo inimicitias maximas sæpe inter amicissimos exstitisse. 35. Magna etiam discidia et plerumque justa[7] nasci, cum aliquid ab amicis, quod rectum non esset, postularetur, ut aut libidinis ministri aut adjutores essent ad injuriam; quod qui recusarent, quamvis honeste id facerent, jus tamen amicitiæ deserere arguerentur ab iis quibus obsequi nollent; illos autem, qui quidvis ab amico auderent postulare, postulatione ipsa profiteri omnia se amici causa esse factu-

Horum vita laudabilis, ce qui honore la vie de ceux qui restent.

X. — 1. Scipion Émilien.

2. *Ut non idem expediret* (*utrique*), qu'on n'a pas les mêmes intérêts. — *Mores*, le caractère. — *Sæpe* modifie *mutari*.

3. *Rerum*, changements. — *Ineuntis ætatis*, le commencement de l'âge viril.

4. *Amores*, amitiés. Vers le commencement de la dix-septième année, le jeune homme remplaçait la *toga prætexta* (toge blanche bordée de pourpre) des enfants par la *toga virilis*, toute en laine blanche.

5. *Ad adulescentiam perduxissent* (*pueri amores*), s'ils font durer ces amitiés jusque dans l'adolescence. — *Contentione*.... rivalité à propos d'un mariage ou d'un avantage quelconque.

6. Ce pluriel est très rare chez Cicéron.

7. *Justa*, légitimes.

ros. Eorum querela inveterata[8] non modo familiaritates exstingui solere, sed odia etiam gigni sempiterna. Hæc ita multa quasi fata impendere amicitiis, ut omnia subterfugere[9] non modo sapientiæ, sed etiam felicitatis diceret sibi videri. »

IV

De l'égoïsme en amitié

XIII. — 45. « Quibusdam[1] quos audio sapientes habitos in Græcia, placuisse opinor mirabilia quædam (sed nihil est quod illi non persequantur argutiis) : partim[2] fugiendas esse nimias amicitias, ne necesse sit unum sollicitum esse pro pluribus ; satis superque esse sibi suarum cuique rerum, alienis nimis implicari molestum esse ; commodissimum esse quam laxissimas[3] habenas habere amicitiæ, quas vel adducas, cum velis, vel remittas ; caput[4] enim esse ad beate vivendum securitatem, qua frui non possit animus, si tamquam parturiat unus pro pluribus. 46. Alios[5] autem dicere aiunt multo etiam inhumanius præsidii adjumentique causa, non benevolentiæ neque caritatis amicitias esse expetendas ; itaque, ut quisque[6] minimum firmitatis haberet minimumque virium, ita amicitias appetere maxime ; ex eo fieri ut mulierculæ[7] magis amicitiarum

8. *Eorum querela inveterata*, leurs plaintes devenues de la rancune avec le temps.

9. *Omnia subterfugere*, les éviter tous en y échappant par dessous.

XIII. — 1. Les Cyrénaïques (v. p. 68, n. 13) et les Épicuriens (v. p. 68, n. 5). — *Mirabilia*, paradoxes. — *Argutiis*, subtilités.

2. Les Épicuriens, qui veulent avant tout vivre tranquilles.

3. *Quam laxissimas*, etc., avoir des rênes dont le jeu soit le plus libre possible, de façon qu'on puisse les tendre ou les lâcher à volonté.

4. *Caput*, le point principal. — *Securitatem*, l'absence de souci (ἀταραξιά). — *Tamquam parturiat*, souffre en quelque sorte les plus violentes douleurs.

5. *Alios*, les Cyrénaïques. — *Inhumanius*, dans un langage plus offensant encore pour l'humanité. — *Præsidii adjumentique causa*, pour être défendu et assisté.

6. *Ut quisque minimum... ita... maxime*, moins on... plus on (V. Ragon, *G. lat.*, 369).

7. *Mulierculæ*, les faibles femmes.

præsidia quærant quam viri, et inopes quam opulenti, et calamitosi quam ii qui putentur beati. 47. O præclaram sapientiam! Solem enim e mundo tollere videntur, qui amicitiam e vita tollunt, qua nihil a dis immortalibus melius habemus, nihil jucundius. »

V

Des limites de l'amitié

XVI. — 56. « Constituendi autem sunt qui sint in amicitia fines[1] et quasi termini diligendi. De quibus tres video sententias ferri, quarum nullam probo : unam, ut eodem modo erga amicum affecti simus quo erga nosmet ipsos; alteram, ut nostra in amicos benevolentia illorum erga nos benevolentiæ pariter æqualiterque[2] respondeat; tertiam, ut, quanti[3] quisque se ipse facit, tanti fiat ab amicis. 57. Harum trium sententiarum nulli prorsus assentior. Nec enim illa prima vera est, ut, quem ad modum in se quisque sit, sic in amicum sit animatus. Quam multa enim quæ nostra causa[4] numquam faceremus, facimus causa amicorum! precari ab indigno, supplicare, tum acerbius in aliquem invehi insectarique vehementius : quæ[5] in nostris rebus non satis honeste in[6] amicorum fiunt honestissime : multæque res sunt, in quibus de suis commodis viri boni multa detrahunt detrahique patiuntur, ut iis amici potius quam ipsi fruantur. 58. Altera sententia est, quæ definit[7] amicitiam paribus officiis ac voluntatibus. Hoc quidem est nimis exigue et exiliter[8] ad calculos vocare amicitiam, ut par sit ratio

XVI. — 1. *Fines*, limites naturelles; *terminus*, la borne placée à l'extrémité de la carrière. — *Diligendi*, de l'amitié.

2. *Pariter æqualiterque*, de la même manière et dans la même mesure.

3. *Quanti*, etc., il ne faut apprécier un ami qu'autant qu'il s'apprécie lui-même.

4. *Nostra causa*, pour nous.

5. *Quæ*, choses qui. — *In nostris rebus*, quand il s'agit de nos intérêts.

6. S.-e. *rebus*.

7. *Definit*, borne, réduit. — *Officiis*, bons offices.

8. *Exigue et exiliter*, d'une façon mesquine et étroite. — *Vocare ad calculos*, ramener à un calcul. Pour compter on se servait de petits cailloux (*calculi*). — *Ratio*, compte.

acceptorum et datorum. Divitior mihi et affluentior videtur esse vera amicitia nec observare restricte, ne plus reddat quam acceperit. 59. Tertius vero ille finis deterrimus, ut, quanti quisque se ipse faciat, tanti fiat ab amicis. Sæpe enim in quibusdam aut animus abjectior[9] est aut spes amplificandæ fortunæ fractior. Non est igitur amici talem esse in eum, qualis ille in se est, sed potius eniti et efficere ut amici jacentem animum excitet inducatque in spem cogitationemque meliorem.

XVII. — 61. His finibus utendum arbitror, ut, cum emendati[1] mores amicorum sint, tum sit inter eos omnium rerum, consiliorum, voluntatum sine ulla exceptione communitas : ut, etiamsi qua fortuna acciderit ut minus justæ[2] amicorum voluntates adjuvandæ sint, in quibus eorum aut caput agatur aut fama, declinandum de via[3] sit, modo ne summa turpitudo sequatur; est enim quatenus[4] amicitiæ dari venia possit. Nec vero neglegenda est fama[5], nec mediocre telum ad res gerendas existimare oportet benevolentiam civium; quam blanditiis et assentando[6] colligere turpe est; virtus, quam sequitur caritas, minime repudianda est. »

VI

Quels sont ceux qui sont dignes d'amitié

XXI. — « 79. Digni sunt amicitia, quibus in ipsis inest causa cur diligantur. Rarum genus! Et quidem omnia

9. *Abjectior*, trop humble, qui ne s'apprécie pas à sa juste valeur, correspond à *jacentem*. — *Cogitationem meliorem*, un jugement plus favorable.

XVII. — 1. *Emendati*, sans tache. — *Cum... tum*, v. p. 224, n. 1.

2. *Minus justæ*, d'une justice douteuse. — *Caput agatur*, il y va de leur vie (civile ou réelle).

3. *Via*, le droit chemin. On ne s'attendait pas à trouver cette concession après les lignes où Cicéron fait de la vertu la base même de la vertu. Peut-être pense-t-il ici à ses complaisances pour Milon. Ce passage nous est une preuve de la difficulté qu'avaient même les meilleurs pour trouver le criterium du devoir avant le christianisme.

4. *Est quatenus*, il est un point jusqu'où.

5. *Fama*, l'opinion publique. — *Telum ad res gerendas*, une arme offensive pour la vie publique.

6. On attendrait *assentatione*,

præclara rara, nec quicquam difficilius quam reperire quod sit omni ex parte in suo genere perfectum. Sed plerique neque in rebus humanis quicquam bonum norunt, nisi quod fructuosum sit, et amicos tamquam pecudes eos potissimum diligunt, ex quibus sperant se maximum fructum esse capturos. 80. Ita pulcherrima illa et maxime naturali[1] carent amicitia per se et propter se expetita, nec ipsi sibi exemplo sunt[2], hæc vis amicitiæ et qualis et quanta sit. Ipse enim se quisque diligit, non ut aliquam a se ipse mercedem exigat caritatis suæ, sed quod per se sibi quisque carus est. Quod nisi idem in amicitiam transferetur, verus amicus numquam reperietur : est enim is qui est tamquam alter idem[3]. 81. Quod si hoc apparet in bestiis, primum ut se ipsæ diligant, deinde ut requirant atque appetant, ad quas se applicent ejusdem generis animantes, quanto id magis in homine fit natura! qui et se ipse diligit, et alterum anquirit[4], cujus animum ita cum suo misceat, ut efficiat pæne unum ex duobus.

XXII. — 82. Sed plerique perverse[1], ne dicam impudenter, habere talem amicum volunt, quales ipsi esse non possunt, quæque ipsi non tribuunt amicis, hæc ab iis desiderant. Par est[2] autem primum ipsum esse virum bonum, tum alterum similem sui quærere. In talibus ea stabilitas amicitiæ confirmari potest, cum homines benevolentia conjuncti primum cupiditatibus iis, quibus ceteri serviunt, imperabunt, deinde æquitate justitiaque[3] gaudebunt, omniaque alter pro altero suscipiet, neque quicquam umquam nisi honestum et rectum alter ab altero postulabit, neque solum colent inter se ac diligent, sed etiam verebuntur. »

XXI. — 1. *Maxime naturali* : superlatif.

2. *Ipsi sibi exemplo sunt*, ils ne voient pas en s'examinant eux-mêmes, en réfléchissant sur le caractère spontané de l'affection qu'ils ont pour leur propre personne, quelle est vraiment la nature (*quali*), quelle est la force (*quanta*) de l'amitié.

3. *Alter idem*, un autre soi-même.

4. *Anquirit*, cherche avec choix et réflexion, et non *requirit* (chercher par instinct).

XXII. — 1. *Perverse*, par une erreur de jugement. — *Impudenter*, par un manque de délicatesse.

2. *Par est*, il est juste, il faut. — *In talibus*, chez de tels hommes.

3. V. p. 1, n. 5.

VII

L'amitié est naturelle à l'homme

XXIII. — « 86. De amicitia omnes ad unum[1] idem sentiunt, et ii qui ad rem publicam se contulerunt, et ii qui rerum cognitione doctrinaque[2] delectantur, et ii qui suum[3] negotium gerunt otiosi, postremo ii qui se totos tradiderunt voluptatibus, sine amicitia vitam esse nullam, si modo velint aliqua ex parte liberaliter vivere. 87. Serpit enim nescio quo modo per omnium vitas[4] amicitia, nec ullam ætatis degendæ rationem patitur esse expertem sui. Quin etiam si quis asperitate ea est et immanitate naturæ, congressus ut hominum fugiat atque oderit, qualem fuisse Athenis Timonem[5] nescio quem accepimus, tamen is pati non possit ut non anquirat aliquem apud quem evomat virus acerbitatis suæ. Atque hoc maxime judicaretur[6], si quid tale posset contingere ut aliquis nos deus ex hac hominum frequentia tolleret, et in solitudine uspiam collocaret, atque ibi suppeditans omnium rerum, quas natura desiderat, abundantiam et copiam, hominis omnino adspiciendi potestatem eriperet. Quis tam esset ferreus, qui eam vitam ferre posset, cuique[7] non auferret fructum voluptatum omnium solitudo?... 88. Sic natura solitarium nihil amat semperque ad aliquod tamquam adminiculum[8] adnititur; quod in amicissimo quoque dulcissimum est. »

XXIII. — 1. *Ad unum*, jusqu'au dernier.

2. *Rerum cognitione doctrinaque* = *cognitione doctrinali*, connaissance scientifique, étude.

3. *Qui suum*, etc., qui s'occupent de leurs intérêts sans se mêler des affaires publiques, comme les commerçants. — *Aliqua ex parte*, tant soit peu. — *Liberaliter*, dignement.

4. *Vitas* est au pluriel à cause de *omnium*. — *Ætatis degendæ rationem*, condition.

5. Le type du Misanthrope (vᵉ siècle) : il a donné son nom à un dialogue de Lucien.

6. *Hoc maxime judicaretur*, on en jugerait surtout.

7. *Cuique* = *et cui*.

8. *Adminiculum*, échalas, appui.

DE OFFICIIS

Le *De Officiis*, en trois livres, est un traité de philosophie morale adressé par Cicéron à son fils Marcus alors à Athènes. Dans cet ouvrage, composé aussi pendant la seconde partie de l'année 44, Cicéron expose, surtout d'après Panétius et Posidonius, les idées stoïciennes sur les devoirs ordinaires de l'homme. Il a su rester original en y mêlant de nombreux exemples empruntés à l'histoire romaine et en se plaçant au point de vue spécial de l'homme d'État.

LIVRE I

Ce livre traite de l'*Honnête* et de la comparaison des choses honnêtes entre elles.

Après un préambule, où il exhorte Marcus à poursuivre ses études, Cicéron aborde la question du devoir, la plus importante de toutes. Il découvre dans l'étude de la nature de l'homme (11-13) les quatre sources de l'honnête : la prudence, la justice, la force d'âme et la tempérance. Touchant la *prudence*, il faut éviter les jugements irréfléchis, et les recherches exagérées sur les questions trop obscures. A la *justice* il faut joindre la bienséance qui la complète : c'est manquer à la justice non seulement que de causer un dommage, mais encore que de ne pas empêcher, si on le peut, qu'un dommage ne soit causé à autrui. On peut aussi commettre l'injustice en interprétant une loi, une convention d'après la lettre (33). La *force d'âme* ne consiste pas seulement à affronter les périls, mais à se vaincre soi-même, et le courage civique ne le cède pas à la valeur guerrière (74-78). En toutes circonstances, les gouvernants doivent se montrer justes et éviter la violence (85-89). La *tempérance* consiste à maîtriser ses passions (102-103), elle comprend le *decorum*, la bienséance : nous devons choisir un genre de vie conforme à notre caractère (110-121), et garder toujours une grande décence extérieure dans notre démarche et nos soins corporels (130-131), veillant sur les mouvements intérieurs de notre âme qui se manifestent au dehors (136-137), choisissant une profession honorable (150-151). Cicéron termine en donnant la préférence à la vie pratique sur l'étude (154-156).

I

Supériorité de l'homme sur l'animal

IV. — 11. Inter hominem et beluam hoc maximo interest[1] quod hæc tantum quantum sensu movetur, ad id solum quod adest quodque præsens est, se accommodat, paulum admodum sentiens præteritum aut futurum; homo autem, quod rationis est particeps, per quam consequentia cernit, causas rerum videt earumque prægressus et quasi antecessiones[2] non ignorat, similitudines comparat rebusque præsentibus adjungit atque adnectit futuras, facile totius vitæ cursum videt ad eamque degendam præparat res necessarias. 12. Eademque natura vi rationis hominem conciliat[3] homini et ad orationis et ad vitæ societatem ingeneratque in primis præcipuum quendam amorem in eos qui procreati sunt, impellitque ut hominum cœtus[4] et celebrationes et esse et a se obiri velit, ob easque causas studeat parare ea quæ suppeditent ad cultum[5] et ad victum, nec sibi soli, sed conjugi, liberis ceterisque, quos caros habeat tuerique debeat; quæ cura exsuscitat[6] etiam animos et majores ad rem gerendam facit. 13. In primisque hominis est propria veri inquisitio atque investigatio[7]. Itaque cum sumus necessariis negotiis curisque vacui, tum[8] avemus aliquid videre, audire, addiscere cognitionemque rerum

IV. — 1. *Hoc interest*, il y a cette différence.... — *Adest*, se trouve sous les yeux. — *Præsens*, actuel. — *Se accommodat*, ne s'attache qu'à.

2. *Prægressus et quasi antecessiones*, leur marche et pour ainsi dire leurs antécédents. — *Quasi* amène le néologisme *antecessiones*. — *Similitudines*, les rapports.

3. *Conciliat*, rapproche. — *Ad orationis et ad vitæ societatem ingenerat*, les fait converser et vivre ensemble. — *Quendam* : v. p. 17, n. 3.

4. *Cœtus* (cf. *coire*) indique toute assemblée quelle qu'elle soit; *celebratio* désigne une réunion nombreuse. — *A se obiri velit* = *se obire velit celebrationes*.

5. *Cultum*, tout ce qui a rapport à l'ornement de la vie; *victum*, tout ce qui est nécessaire à la conservation.

6. *Exsuscitat*, tient en éveil, stimule.

7. *Investigatio* (cf. *investigare*, suivre à la piste) est une recherche attentive, minutieuse.

8. *Cum... tum*, lorsque... alors.

aut occultarum aut admirabilium ad beate vivendum necessariam ducimus. Ex quo intellegitur, quod verum, simplex sincerumque sit, id esse naturæ hominis aptissimum. Huic veri videndi cupiditati adjuncta est appetitio quædam principatus[9], ut nemini parere animus bene informatus a natura velit nisi præcipienti aut docenti aut utilitatis causa juste et legitime imperanti; ex quo magnitudine animi exsistit humanarumque rerum contemptio.

II

On commet souvent l'injustice en se tenant trop près de la loi

X. — 33. Exsistunt etiam sæpe injuriæ[1] calumnia quadam et nimis callida, sed malitiosa juris interpretatione. Ex quo illud « Summum jus[2] summa injuria » factum est jam tritum sermone proverbium. Quo in genere etiam in re publica multa peccantur, ut ille[3] qui, cum triginta dierum essent cum hoste indutiæ factæ, noctu populabatur agros, quod dierum essent pactæ, non noctium indutiæ. Ne noster quidem[4] probandus, si verum est. Q. Fabium Labeonem seu quem alium (nihil enim habeo præter auditum) arbitrum Nolanis[5] et Neapolitanis de finibus a senatu datum, cum ad locum[6] venisset, cum utrisque separatim locutum, ne cupide quid agerent, ne appetenter, atque ut regredi quam progredi mallent. Id cum utrique fecissent, aliquantum agri in medio relictum est. Itaque illorum fines sic ut ipsi dixerant, terminavit; in medio relictum quod erat, populo Romano adjudicavit.

9. *Appetitio principatus*, désir d'indépendance. — *Bene informatus a natura*, bien né.

X. — 1. *Injuriæ*, des injustices. — *Calumnia*, chicane, subtilité consistant à tirer un parti coupable des lois, qu'on affecte d'interpréter avec une scrupuleuse exactitude et dont on dénature l'esprit.

2. *Summum jus*, une extrême justice.

3. Cléomène, roi de Sparte (519-489).

4. *Ne... quidem*, non plus. — Q. Fabius Labéon, consul en 183, est le petit-fils de Fabius Cunctator.

5. Noles est une ville de Campanie, à l'est de Naples, au nord du Vésuve.

6. *Ad locum*, sur les lieux.

Decipere hoc quidem est, non judicare. Quocirca in omni est re fugienda talis sollertia.

III

Le courage civique

XXII. — 74. Cum plerique arbitrentur res bellicas majores esse quam urbanas[1], minuenda est hæc opinio. Multi enim bella sæpe quæsiverunt propter gloriæ cupiditatem, atque id in magnis animis ingeniisque plerumque contingit, eoque magis si sunt ad rem militarem apti et cupidi bellorum gerendorum. Vere autem si volumus judicare, multæ res exstiterunt urbanæ majores clarioresque quam bellicæ. 75. Quamvis enim Themistocles[2] jure laudetur et sit ejus nomen quam Solonis illustrius, citeturque Salamis clarissimæ testis victoriæ, quæ anteponatur consilio Solonis ei quo primum constituit Areopagitas[3], non minus præclarum hoc quam illud judicandum est ; illud enim semel profuit[4], hoc semper proderit civitati ; hoc consilio[5] leges Atheniensium, hoc majorum instituta servantur ; et Themistocles quidem nihil dixerit[6] in quo ipse Areopagum adjuverit, at ille vere *a* se adjutum Themistoclem ; est enim bellum gestum consilio[7] senatus ejus, qui a Solone erat constitutus. 76. Licet eadem de Pausania[8] Lysandroque dicere,

XXII. — 1. *Urbanas*, civiles. — *Minuenda*, doit être réduite à sa juste valeur.

2. V. p. 124, n. 11. — Sur Solon, v. p. 51, n. 4. — Salamine est une île du golfe Saronique au sud d'Athènes, près de laquelle fut remportée la victoire navale qui ruina la flotte de Xercès. — *Citetur*, soit citée devant le tribunal de l'opinion.

3. L'Aréopage, réorganisé par Solon, était le tribunal suprême d'Athènes, composé d'archontes sortants. Son nom lui venait de la colline d'Arès, à l'ouest de l'Acropole, où il siégeait.

4. La victoire de Salamine se fit sentir pendant de longues années, car elle donna à Athènes la prépondérance ; du reste, sans elle Athènes eût été anéantie.

5. *Consilio*, assemblée.

6. *Nihil dixerit...*, n'aurait pu citer un cas... Que serait donc devenu l'Aréopage si Xercès eût été victorieux ?

7. *Consilio*, d'après les conseils. — *Senatus*, assemblée. Avec le temps, l'Aréopage étendit ses pouvoirs et devint une sorte de conseil dirigeant.

8. Général lacédémonien qui commandait les troupes grecques

quorum rebus gestis quamquam imperium[9] Lacedæmoniis *partum* putatur, tamen ne minima quidem ex parte Lycurgi legibus et disciplinæ conferendi sunt; quin etiam ob has ipsas causas[10] et parentiores habuerunt exercitus et fortiores. Parvi enim sunt foris arma, nisi est consilium domi; nec plus Africanus[11], singularis et vir et imperator, in exscindenda Numantia rei publicæ profuit quam eodem tempore P. Nasica privatus, cum Ti. Gracchum interemit; quamquam hæc quidem res[12] non solum ex domestica est ratione (attingit etiam bellicam, quoniam vi manuque confecta est), sed tamen id ipsum est gestum consilio urbano sine exercitu. 77. Illud autem optimum est in quod invadi[13] solere ab improbis et invidis audio:

Cedant arma togæ, concedat laurea laudi.

Ut enim alios omittam, nobis rem publicam gubernantibus nonne togæ arma cesserunt? neque enim periculum in re publica fuit gravius umquam nec majus otium[14]. Ita consiliis diligentiaque nostra celeriter de manibus audacissimorum civium delapsa arma ipsa[15] ceciderunt. Quæ res igitur gesta umquam in bello tanta? qui triumphus conferendus? 78. Licet enim mihi, M. fili[16], apud te gloriari, ad

à Platées (479). — Sur Lysandre, v. p. 216, n. 3.

9. *Imperium*, l'hégémonie, la prépondérance. — Sur Lycurgue, v. p. 140, n. 3).

10. Parce que les lois avaient assoupli les volontés, et la discipline fortifié les corps.

11. V. p. 29, n. 1. — Sur Scipion Nasica, fils de celui dont il est question p. 118, n. 9, consul en 138, v. p. 54, n. 5.

12. *Hæc res*, cette action de Nasica. — *Ex domestica ratione*, du ressort de la vie civile. — *Consilio urbano*, une décision d'ordre civil.

13. Cicéron était vivement attaqué à cause des louanges qu'il s'était données à lui-même, surtout dans son poème *De Consulatu meo* dont est extrait le vers cité (Liv. III), où il oppose l'éloge civil, accordé par le peuple, aux lauriers des triomphateurs. — La toge, qui se mettait sur la tunique, n'était pas portée à l'armée.

14. *Majus otium*, une paix plus profonde, parce qu'il a pu conjurer le péril sans troubler l'État.

15. *Ipsa*, d'elles-mêmes.

16. Marcus Tullius Cicéron, fils de l'orateur, né en 65, alors à Athènes. Rentré vers 39 à Rome, après avoir servi dans les armées de Brutus et de Sextus Pompée, il fut traité par Octave avec bienveillance. Consul en 31, lieutenant d'Auguste en Syrie, il mourut prématurément des suites de l'ivrognerie, son vice habituel.

quem et hereditas hujus gloriæ et factorum imitatio pertinet. Mihi quidem certe vir abundans bellicis laudibus, Cn. Pompeius[17], multis audientibus hoc tribuit, ut diceret frustra se triumphum tertium deportaturum fuisse[18], nisi meo in rem publicam beneficio, ubi triumpharet, esset habiturus. Sunt igitur domesticæ fortitudines non inferiores militaribus; in quibus[19] plus etiam quam in his operæ studiique ponendum est.

IV

Devoirs des gouvernants

XXV. — 85. Omnino[1] qui rei publicæ præfuturi sunt, duo Platonis præcepta teneant : unum, ut utilitatem civium sic tueantur ut, quæcumque agunt, ad eam referant, obliti commodorum suorum; alterum, ut totum corpus rei publicæ curent, ne, dum partem aliquam tuentur, reliquas deserant. Ut enim tutela, sic procuratio rei publicæ ad eorum utilitatem qui commissi sunt, non ad eorum quibus commissa est, gerenda est. Qui autem parti civium consulunt, partem neglegunt, rem perniciosissimam in civitatem inducunt, seditionem atque discordiam; ex quo evenit ut alii populares[2], alii studiosi optimi cujusque videantur, pauci universorum. 86. Hinc apud Athenienses magnæ discordiæ[3], in nostra re publica non solum seditiones, sed etiam pestifera bella civilia[4]; quæ gravis[5] et fortis

17. Le grand Pompée (v. p. 92, n. 2) triompha trois fois : après sa victoire sur Hiarbas, roi de Numidie (80), après la défaite de Sertorius (71) et après celle de Mithridate (61).

18. *Deportaturum fuisse*..., qu'il aurait mérité..., si mes services ne lui avaient conservé un endroit où...

19. *In quibus* a pour antécédent *domesticæ fortitudines* (les actes de courage civil).

XXV. — 1. *Omnino*, en tout, seulement. — *Unum*. *Rep.*, I, 342 e. — *Alterum*. *Rep.*, IV, 420 b.

2. *Populares*, amis du peuple. — *Studiosi optimi cujusque*, partisans des grands.

3. Par exemple les rivalités de Thémistocle et d'Aristide, de Nicias et de Cléon, etc.

4. Comme celles de Marius et de Sylla, de Pompée et de César.

5. *Gravis*, sage. — *Fortis*, ferme.

civis et in re publica dignus principatu fugiet atque oderit, tradetque se totum rei publicæ, neque opes aut potentiam consectabitur, totamque eam[6] sic tuebitur ut omnibus consulat; nec vero criminibus falsis in odium aut invidiam quemquam vocabit[7], omninoque ita justitiæ honestatique adhæreseet ut, dum ea conservet[8], quamvis graviter offendat, mortemque oppetat potius quam deserat illa quæ dixi. 87. Miserrima omnino est ambitio[9] honorumque contentio, de qua præclare apud eundem est Platonem[10], « similiter facere eos, qui inter se contenderent, uter potius rem publicam administraret, ut si nautæ certarent, quis eorum potissimum gubernaret. »

88. Nec vero audiendi qui graviter inimicis irascendum putabunt idque magnanimi et fortis viri esse censebunt; nihil enim laudabilius, nihil magno et præclaro viro dignius placabilitate atque clementia. In liberis vero populis et in juris æquabilitate[11] exercenda etiam est facilitas et altitudo animi quæ dicitur, ne, si irascamur aut intempestive accedentibus aut impudenter rogantibus, in morositatem inutilem et odiosam incidamus. Et tamen ita probanda est mansuetudo atque clementia, ut[12] adhibeatur rei publicæ causa severitas, sine qua administrari civitas non potest. Omnis autem et animadversio et castigatio contumelia[13] vacare debet, neque ad ejus qui punitur[14] aliquem aut verbis castigat, sed ad rei publicæ utilitatem referri. 89. Cavendum est etiam ne major pœna quam culpa sit, et ne isdem de

6. *Eam* = *rem publicam*. — *Consulere* et le datif, veiller aux intérêts de...

7. *In invidiam quemquam vocabit*, attirer l'animosité sur quelqu'un.

8. *Dum ea* (= *justitiam honestatemque*) *conservet*, pourvu qu'il y reste fidèle. — *Quamvis graviter offendat*, il s'exposerait à tous les froissements, à toutes les inimitiés, quelque graves que vous les supposiez.

9. *Ambitio*, l'ambition, litt. : l'action de briguer une charge, *ambire*. — *Honorum contentio*, rivalité dans la poursuite des honneurs.

10. *Rep.* VI, 488 b, 489 c.

11. *In juris æquabilitate*, où tous les citoyens ont les mêmes droits. — *Facilitas*, la douceur. — *Altitudo animi quæ dicitur*, ce qu'on nomme la largeur d'esprit, la grandeur d'âme. — *In morositatem...*, nous ne nous fassions des ennemis sans utilité.

12. *Ita... ut*, à la condition que.

13. *Contumelia*, injure.

14. *Punitur* : forme déponente.

causis alii plectantur, alii ne appellentur[15] quidem. Prohibenda autem maxime est ira in puniendo; numquam enim, iratus qui accedet ad pœnam, mediocritatem illam[16] tenebit, quæ est inter nimium et parum, quæ placet Peripateticis, et recte placet, modo ne[17] laudarent iracundiam et dicerent utiliter a natura datam. Illa vero omnibus in rebus repudianda est, optandumque ut ii, qui præsunt rei publicæ, legum similes sint, quæ ad puniendum non iracundia, sed æquitate ducuntur.

V

Les appétits doivent obéir à la raison

XXIX. — 102. Efficiendum est ut appetitus rationi obœdiant, eamque neque præcurrant[1] nec propter pigritiam aut ignaviam deserant, sintque tranquilli atque omni animi perturbatione careant; ex quo elucebit omnis constantia omnisque moderatio. Nam qui appetitus longius evagantur et tamquam exsultantes sive cupiendo sive fugiendo non satis a ratione retinentur, ii sine dubio finem et modum transeunt; relinquunt enim et abjiciunt obœdientiam, nec rationi parent, cui sunt subjecti lege naturæ; a quibus non modo animi perturbantur, sed etiam corpora. Licet ora ipsa cernere iratorum, aut eorum qui aut libidine aliqua aut metu commoti sunt aut voluptate nimia gestiunt; quorum omnium vultus, voces, motus statusque mutantur. 103. Ex quibus illud intellegitur, ut ad officii formam[2] revertamur, appetitus omnes contrahendos sedandosque esse excitandamque animadver-

15. *Appellentur*, être appelés en justice.

16. *Mediocritatem illam*, ce juste milieu. — Sur les Péripatéticiens, v. p. 64, n. 14.

17. *Modo ne...*, s'ils ne... pas. Aristote ne condamne pas les passions, mais il veut qu'on les fasse servir au bien.

XXIX. — 1. Cicéron oppose l'appétit, élan instinctif et aveugle, à la raison, la faculté directrice par excellence. — *Præcurrant*, la devancer. — *Deserant*, la laisser agir seule. — *Careant perturbatione*, n'apportent aucun désordre.

2. *Ad officii formam*, à l'idée du devoir. — *Animadversionem*, l'attention.

sionem et diligentiam, ut ne quid temere ac fortuito, inconsiderate neglegenterque agamus.

VI

Il faut être soi-même

XXXI. — 110. Admodum tenenda sunt sua[1] cuique non vitiosa, sed tamen propria, quo facilius decorum illud, quod quærimus, retineatur. Sic enim est faciendum ut contra universam naturam[2] nihil contendamus, ea tamen conservata propriam nostram sequamur, ut, etiamsi sint alia graviora[3] atque meliora, tamen nos studia nostra nostræ naturæ regula metiamur; neque enim attinet[4] naturæ repugnare, nec quicquam sequi quod assequi non queas. Ex quo magis emergit, quale sit decorum illud, ideo quia[5] nihil decet invita Minerva, ut aiunt, id est adversante et repugnante natura. 111. Omnino si quicquam est decorum, nihil est profecto magis quam æquabilitas[6] *cum* universæ vitæ, tum singularum actionum, quam conservare non possis, si aliorum naturam imitans omittas tuam. Ut enim sermone[7] eo debemus uti, qui innatus est nobis, ne, ut quidam, Græca verba inculcantes jure optimo rideamur, sic in actiones omnemque vitam nullam discrepantiam conferre debemus. 113. Quæ contemplantes expendere oportebit quid quisque habeat sui, eaque[8] moderari nec velle experiri quam se aliena deceant; id enim maxime quemque decet, quod est cujusque maxime suum. — 114. *Suum* quisque igitur noscat ingenium acremque se et bonorum et

XXXI. — 1. *Sua*, sa vraie nature. — *Non vitiosa...*, non en ce qu'elle a de vicieux, mais en ce qu'elle a de particulier. — *Decorum*, la bienséance.

2. *Universam naturam*, le caractère général de la nature humaine.

3. *Graviora*, occupations plus hautes.

4. *Attinet*, il est utile.

5. *Ideo quia*, par cela même que. — *Invita Minerva*. V. Hor., *Ars poet.*, 385.

6. *Æquabilitas*, l'unité.

7. *Sermone*, langue. — *Inculcantes*, fourrant, mêlant. — *Discrepentiam*, les disparates.

8. *Eaque* = *quid habeat sui*, ce qu'il a de personnel. — *Aliena*, la conduite du voisin.

vitiorum suorum judicem præbeat, ne scænici[9] plus quam nos videantur habere prudentiæ. Illi enim non optimas, sed sibi accommodatissimas fabulas eligunt. Ergo histrio hoc[10] videbit in scæna, non videbit sapiens vir in vita? Ad quas igitur res aptissimi erimus, in iis potissimum elaborabimus; sin aliquando necessitas nos ad ea detruserit, quæ nostri ingenii non erunt, omnis adhibenda erit cura, meditatio, diligentia, ut ea si non decore[11], at quam minime indecore facere possimus.

VII

Du choix d'un état

XXXII. — 117. Ineunte adulescentia, cum est maxima imbecillitas consilii[1], tum id sibi quisque genus ætatis degendæ constituit, quod maxime adamavit; itaque ante implicatur aliquo certo genere cursuque vivendi, quam potuit, quod optimum esset, judicare. 118. Plerumque autem parentium præceptis imbuti ad eorum consuetudinem moremque[2] deducimur; alii multitudinis judicio feruntur, quæque majori parti pulcherrima videntur, ea maxime exoptant; non nulli tamen sive felicitate quadam, sive bonitate naturæ, sine parentium disciplina[3], rectam vitæ secuti sunt viam.

XXXIII. — 119. Illud autem maxime rarum genus est eorum qui, aut excellenti ingenii magnitudine aut præclara eruditione atque doctrina aut utraque re ornati, spatium etiam deliberandi habuerunt, quem potissimum vitæ cursum sequi vellent; in qua deliberatione ad suam cujusque naturam[1] consilium est omne revocandum. 121. Si igitur non

9. *Scænici*, les acteurs. — *Prudentiæ*, clairvoyance.
10. *Hoc*, ce qui lui convient.
11. *Decore*, avec honneur.
XXXII. — 1. *Est imbecillitas consilii*, la raison est faible. — *Ætatis degendæ*, le genre d'existence.

2. *Ad consuetudinem moremque*, à leurs habitudes et à leurs goûts.
3. *Sine parentium disciplina*, sans y être poussés par les parents.
XXXIII. — 1. *Naturam*, aptitudes naturelles.

poterit sive causas defensitare, sive populum contionibus tenere, sive bella gerere, illa tamen præstare debebit quæ erunt in ipsius potestate, justitiam, fidem, liberalitatem, modestiam, temperantiam, quo minus ab eo id quod desit requiratur. Optima autem hereditas a patribus traditur liberis omnique patrimonio præstantior gloria virtutis rerumque gestarum, cui dedecori esse[2] nefas judicandum est.

VIII

La tenue

XXXVI. — 130. Cum autem pulchritudinis duo genera sint, quorum in altero venustas[1] sit, in altero dignitas, venustatem muliebrem ducere debemus, dignitatem virilem. Ergo et a forma[2] removeatur omnis viro non dignus ornatus, et huic simile vitium in gestu motuque caveatur. Nam et palæstrici[3] motus sunt sæpe odiosiores, et histrionum non nulli gestus ineptiis non vacant, et in utroque genere quæ sunt recta et simplicia laudantur. Formæ[4] autem dignitas coloris bonitate tuenda est, color exercitationibus corporis. Adhibenda præterea munditia est, non odiosa[5] neque exquisita nimis, tantum quæ fugiat agrestem et inhumanam neglegentiam. Eadem ratio est habenda vestitus, in quo, sicut in plerisque rebus, mediocritas[6] optima est. 131. Cavendum autem est ne aut tarditatibus[7] utamur *in* ingressu mollioribus, ut pomparum ferculis similes esse videamur, aut in festinationibus suscipiamus nimias celeritates, quæ cum fiunt, anhelitus moventur, vultus mutantur, ora torquentur; ex quibus magna significatio

2. *Cui dedecori esse*, la déshonorer.

XXXVI. — 1. *Venustas*, la grâce. — *Dignitas*, la dignité, la noblesse.

2. *Forma*, l'extérieur. — *Huic simile*, du même genre.

3. *Palæstrici*, à la palestre (v. p. 37, n. 14), il est des mouvements. — *Ineptiis non vacant*, sont choquants.

4. *Formæ*, de la figure.

5. *Non odiosa*, sans affectation.

6. *Mediocritas*, un juste milieu.

7. *Tarditatibus*, lenteur processionnelle. — *Ferculis*, brancards sur lesquels on portait les images des dieux, et par suite, les porteurs eux-mêmes.

fit non adesse constantiam[8]. Sed multo etiam magis elaborandum est ne animi motus a natura recedant; quod assequemur, si cavebimus ne in perturbationes atque exanimationes[9] incidamus, et si attentos animos ad decoris conservationem tenebimus.

IX

Il faut veiller sur ses passions

XXXVIII. — 136. Sed quo modo[1] in omni vita rectissime præcipitur ut perturbationes fugiamus, id est motus animi nimios rationi non obtemperantes, sic ejus modi motibus sermo debet vacare, ne aut ira exsistat aut cupiditas aliqua aut pigritia aut ignavia aut tale aliquid appareat, maximeque curandum est ut eos, quibuscum sermonem conferemus, et vereri et diligere videamur. Objurgationes etiam non numquam incidunt necessariæ, in quibus utendum est fortasse et vocis contentione majore et verborum gravitate acriore, id agendum etiam, ut ea facere videamur irati. Sed, ut[2] ad urendum et secandum, sic ad hoc genus castigandi raro invitique veniemus, nec umquam nisi necessario, si nulla reperietur alia medicina; sed tamen ira procul absit, cum qua nihil recte fieri, nihil considerate potest. 137. Magnam autem partem[3] clementi castigatione licet uti, gravitate tamen adjuncta, ut severitas adhibeatur et contumelia repellatur. Atque etiam illud ipsum quod acerbitatis habet objurgatio, significandum est, ipsius id[4] causa qui objurgetur esse susceptum. Rectum est autem etiam in illis contentionibus quæ cum inimicissimis fiunt, etiamsi nobis indigna audiamus, tamen gravitatem retinere, iracundiam repellere. Quæ enim cum aliqua perturbatione fiunt, ea nec constanter[5] fieri possunt neque iis qui adsunt probari.

8. *Constantiam*, un caractère posé.

9. *Exanimationes*, saisissements.

XXXVIII. — 1. *Quo modo*, de même que. — *Sermo*, le langage.

2. *Ut...*, comme les chirurgiens n'ont recours que rarement et malgré eux au fer et au feu.

3. *Magnam partem* = *sæpe*.

4. *Id* reprend *id ipsum quod...*

5. *Constanter*, avec la mesure convenable.

X

Des professions

XLII. — 150. Jam de artificiis et quæstibus[1], qui liberales habendi, qui sordidi sint, hæc fere accepimus. Primum improbantur ii quæstus, qui in odia hominum incurrunt[2], ut portitorum, ut fæneratorum. Illiberales autem et sordidi quæstus mercennariorum[3] omnium, quorum operæ, non quorum artes emuntur; est enim in illis ipsa merces auctoramentum servitutis. Sordidi etiam putandi, qui mercantur a mercatoribus[4], quod statim vendant; nihil enim proficiant, nisi admodum mentiantur; nec vero est quicquam turpius vanitate. Opificesque[5] omnes in sordida arte versantur; nec enim quicquam ingenuum habere potest officina. Minimeque artes eæ probandæ, qui ministræ sunt voluptatum :

Cetarii[6], lanii, coqui, fartores, piscatores,

ut ait Terentius ; adde huc, si placet, unguentarios, saltatores totumque ludum talarium. 151. Quibus autem artibus aut prudentia[7] major inest, aut non mediocris utilitas quæritur, ut medicina, ut architectura, ut doctrina rerum honestarum, eæ sunt iis, quorum ordini conveniunt, hones-

XLII. — 1. *Artificiis et quæstibus*, les professions et les métiers. — *Sordidi*, serviles.

2. *In odia incurrunt*, qui vont au-devant de la haine. Les *portitores* étaient les employés subalternes de la ferme des douanes (*portitoria*).

3. *Mercennariorum*, salariés. — *Operæ*, le travail; *artes*, le talent. — *Merces*, le salaire. — — *Auctoramentum servitutis*, le prix de la servitude; vendre son travail, c'est se vendre soi-même et se mettre au rang des esclaves.

4. *Qui mercantur a mercatoribus*, ceux qui achètent aux gros marchands, les marchands au détail. — *Proficiant*, gagner. — *Vanitate*, le mensonge.

5. *Opifices*, les artisans. — *Ingenuum*, libre de naissance.

6. Tér., *Eun.*, II, II, 26. — *Cetarii*, marchands de poissons, — *Lanii*, bouchers. — *Fartores*, charcutiers. — *Totumque ludum talarium*, les tripots (où l'on joue aux dés) et leur personnel.

7. *Prudentia*, science. — *Doctrina*, enseignement. — *Quorum ordini conveniunt*, au rang de qui elles conviennent. Elles ne conviennent pas par exemple à un sénateur.

tæ. Mercatura[8] autem, si tenuis est, sordida putanda est; sin magna et copiosa, multa undique apportans multisque sine vanitate impertiens, non est admodum vituperanda; atque etiam, si satiata[9] quæstu vel contenta potius, ut sæpe ex alto in portum, ex ipso portu se in agros possessionesque contulit, videtur jure optimo posse laudari. Omnium autem rerum, ex quibus aliquid acquiritur, nihil est agri cultura[10] melius, nihil uberius, nihil dulcius, nihil homine libero dignius.

XI

Le devoir social

XLIII. — 154. Quis est tam cupidus in perspicienda cognoscendaque rerum natura ut, si ei tractanti contemplantique res cognitione dignissimas subito sit allatum periculum discrimenque patriæ, cui subvenire opitularique possit, non illa omnia relinquat atque abjiciat, etiamsi dinumerare se stellas aut metiri mundi magnitudinem posse arbitretur? Atque hoc idem in parentis, in amici re aut periculo fecerit[1]. 155. Quibus rebus intellegitur studiis officiisque scientiæ præponenda esse officia justitiæ, quæ pertinent ad hominum utilitatem, qua nihil homini esse debet antiquius[2].

XLIV. — Atque[1] illi quorum studia vitaque omnis in rerum cognitione versata est, tamen ab augendis hominum utilitatibus et commodis non recesserunt. Nam et erudiverunt multos, quo meliores cives utilioresque rebus suis publicis essent, ut Thebanum Epaminondam Lysis[2] Pythagoreus, Syracosium Dionem Plato multique multos, nosque

8. *Mercatura*, le commerce. — *Vanitate*, fraude, mensonge.
9. *Satiata*, satisfaits.
10. V. *De Sen.*, §§ 51 et suiv.
XLIII. — 1. *Fecerit*, il ferait.
2. *Antiquius*, préférable.
XLIV. — 1. *Atque*, d'ailleurs. — Sur Épaminondas, v. p. 124, n. 10.
2. Philosophe pythagoricien, né à Tarente, qui, réfugié à Thèbes, fut le maître d'Épaminondas. — Dion de Syracuse, gendre de Denys l'Ancien et successeur de Denys le Jeune, son beau-frère, qu'il renversa en 357, fit venir plusieurs fois Platon auprès de lui.

ipsi, quicquid ad rem publicam attulimus, si modo aliquid attulimus, a doctoribus atque doctrina instructi ad eam et ornati accessimus. 156. Neque solum vivi atque præsentes studiosos discendi erudiunt atque docent, sed hoc idem etiam post mortem monumentis litterarum [3] assequuntur. Nec enim locus ullus est prætermissus ab iis, qui ad leges, qui ad mores, qui ad disciplinam rei publicæ pertineret[4], ut otium suum ad nostrum negotium contulisse videantur. Ita illi ipsi doctrinæ studiis et sapientiæ dediti ad hominum utilitatem suam prudentiam intellegentiamque potissimum conferunt ; ob eamque etiam causam eloqui copiose, modo prudenter[5], melius est quam vel acutissime sine eloquentia cogitare, quod cogitatio in se ipsa vertitur, eloquentia complectitur eos quibuscum communitate juncti sumus.

LIVRE II

Après avoir indiqué dans un préambule pourquoi il s'est voué à la philosophie (2-5), Cicéron aborde le sujet du livre II : l'*Utile* et la comparaison des choses utiles entre elles. Il fait voir tout d'abord que l'utile ne peut être séparé de l'honnête, qu'ils ont tous deux pour fondement la sociabilité humaine. Le meilleur des moyens pour se concilier les autres hommes et s'en faire des auxiliaires, c'est encore la bienveillance (21-29) ; il faut gagner leur confiance par la prudence et la justice, leur admiration par des qualités éminentes (36-38), dès la jeunesse (44-46), et en particulier par l'éloquence (48-49). Cicéron distingue ensuite la générosité de la prodigalité (52-54) et parle des libéralités des magistrats : il ne faut pas imiter ceux qui ont recherché la popularité en dépouillant des possesseurs légitimes au profit de ceux à qui ils voulaient plaire (72-73) ; un magistrat doit avant tout être désintéressé (75-83).

3. *Monumentis litterarum*, les ouvrages qu'ils ont laissés.

4. Sur cet imparfait, v. p. 44, note 2. — Sur *otium* et *negotium*, v. p. 9, note 14.

5. *Modo prudenter*, mais d'une façon nourrie et pratique. — *Vel acutissime cogitare*, les pensées les plus ingénieuses. — *Complectitur*, va trouver.

I

Pourquoi Cicéron s'est voué à la philosophie

I. — 2. Ego, quamdiu res publica per eos gerebatur quibus se ipsa[1] commiserat, omnes meas curas cogitationesque in eam conferebam; cum autem dominatu únius omnia tenerentur, neque esset usquam consilio aut auctoritati[2] locus, socios denique tuendæ rei publicæ[3], summos viros, amisissem, nec me angoribus dedidi, quibus essem confectus, nisi iis restitissem, nec rursum[4] indignis homine docto voluptatibus. 3. Atque utinam res publica stetisset, quo cœperat statu[5], nec in homines non tam commutandarum quam evertendarum rerum cupidos incidisset ! Primum enim, ut stante re publica facere solebamus, in agendo plus quam in scribendo operæ poneremus[6], deinde ipsis scriptis non ea quæ nunc, sed actiones nostras mandaremus, ut sæpe fecimus. Cum autem res publica, in qua omnis mea cura, cogitatio, opera poni solebat, nulla esset omnino, illæ scilicet litteræ conticuerunt forenses et senatoriæ[7]. 4. Nihil agere[8] autem cum animus non posset, in his studiis ab initio versatus ætatis existimavi honestissime molestias posse deponi, si me ad philosophiam rettulissem. Cui cum multum adulescens discendi causa temporis tribuissem, posteaquam honoribus inservire cœpi, meque totum rei publicæ tradidi, tantum erat philosophiæ loci,

I. — 1. *Ipsa*, choisis par elle-même, et non pas s'imposant à elle par la force, comme César, comme Antoine.

2. *Auctoritati*, l'autorité morale, due aux talents et aux services rendus.

3. *Socios tuendæ rei publicæ*, qui avaient défendu avec moi la République. Allusion à Pompée, à Caton, etc.

4. *Nec rursum*, ni non plus.

5. *Quo cœperat statu*, dans son premier état.

6. *Plus operæ poneremus*, nous aurions mis nos soins plutôt... La philosophie n'est qu'un pis-aller pour Cicéron, qui partage les idées romaines, ou au moins veut s'excuser. — *Actiones*, discours.

7. *Litteræ forenses et senatoriæ*, discours prononcés au forum, devant les tribunaux et devant le peuple, et dans la curie, devant le sénat.

8. *Nihil agere*, être inactif.

quantum superfuerat amicorum et rei publicæ temporibus[9]; id autem omne consumebatur in legendo, scribendi otium non erat.

II. — 5. Maximis igitur in malis hoc tamen boni assecuti videmur ut ea litteris mandaremus, quæ nec erant satis nota nostris et erant cognitione dignissima. Quid enim est, per deos, optabilius sapientia, quid præstantius, quid homini melius, quid homine dignius?

II

La bienveillance est le meilleur moyen de se concilier les hommes

VI. — 21. Quæcumque homines homini tribuunt ad eum augendum atque honestandum[1], aut benevolentiæ gratia faciunt, cum aliqua de causa quempiam diligunt; aut honoris[2], si cujus virtutem suspiciunt, quemque dignum fortuna quam amplissima putant; aut cui fidem habent et bene rebus suis consulere arbitrantur; aut cujus opes[3] metuunt, aut contra, a quibus aliquid exspectant, ut cum reges popularesve homines largitiones aliquas proponunt, aut postremo pretio ac mercede ducuntur, quæ sordidissima est illa quidem ratio et inquinatissima et iis qui ea tenentur[4], et illis qui ad eam confugere conantur; 22. male enim se res habet, cum, quod virtute effici debet, id tentatur pecunia. Atque etiam subjiciunt se homines imperio alterius et potestati de causis pluribus. Ducuntur enim aut benevolentia aut beneficiorum magnitudine aut dignitatis præstantia aut spe sibi id utile futurum[5] aut metu ne vi parere cogan-

9. *Amicorum et rei publicæ temporibus*, le temps employé aux affaires de l'État et à celles de mes amis.

VI. — 1. *Ad eum augendum atque honestandum*, pour l'honorer et l'élever en dignité.

2. *Honoris* (*causa*), par respect. — *Suspiciunt*, admirent. — *Quemque* = *et quem*.

3. *Opes*, sa puissance.

4. *Iis qui ea* (*mercede*) *tenentur*, pour ceux qui sont gagnés ainsi.

5. *Id futurum* (*esse*) dépend de *spe*.

tur, aut spe largitionis promissisque capti aut postremo, ut sæpe in nostra re publica videmus, mercede conducti.

VII.—23. Omnium autem rerum nec aptius est quicquam ad opes tuendas ac tenendas[1] quam diligi, nec alienius quam timeri. Præclare enim Ennius[2] :

Quem metuunt, oderunt ; quem quisque odit, perisse expetit.

Multorum autem odiis[3] nullas opes posse obsistere, si antea fuit ignotum, nuper est cognitum. Nec vero hujus tyranni solum, quem armis oppressa pertulit civitas ac paret cum maxime mortuo[4], interitus declarat, quantum odium hominum valeat ad pestem[5], sed reliquorum similes exitus tyrannorum, quorum haud fere quisquam talem interitum effugit; malus enim est custos diuturnitatis[6] metus, contraque benevolentia fidelis vel ad perpetuitatem. 24. Sed iis qui[7] vi oppressos imperio coercent, sit sane adhibenda sævitia, ut eris in famulos, si aliter teneri non possunt; qui vero in libera civitate ita se instruunt ut metuantur, iis nihil potest esse dementius. Quamvis enim sint demersæ[8] leges alicujus opibus, quamvis timefacta libertas, emergunt tamen hæc aliquando aut judiciis tacitis aut occultis de honore suffragiis. Acriores autem morsus sunt intermissæ[9]

VIII. — 1. *Ad opes tuendas ac tenendas*, pour soutenir et maintenir notre pouvoir.

2. Dans *Thyeste*.

3. *Multorum odiis*, la haine de la multitude. — *Nuper*. Allusion à la mort de César (*hujus tyranni*).

4. *Ac paret cum maxime mortuo*, et qui la tient encore en servitude, tout mort qu'il est. Antoine avait fait valider un prétendu testament de César, dont les dernières volontés avaient ainsi force de loi.

5. *Ad pestem*, pour perdre celui qu'on hait.

6. *Custos diuturnitatis*, garant d'un établissement durable. — *Fidelis vel ad perpetuitatem*, est une fidèle gardienne qui assure même une durée éternelle.

7. *Iis qui*..., par ceux qui doivent contenir un peuple conquis par les armes. — *Sævitia*, rigueur. — *Eris*, maîtres de maison. — *Se instruunt*, prennent leurs mesures.

8. *Demersæ*, englouties. — *Timefacta*, intimidée. — *Judiciis tacitis*, protestations silencieuses; par exemple, l'absence d'applaudissements à l'entrée du chef du gouvernement au théâtre.

9. *Intermissæ*, lorsqu'elle a été suspendue. — *Retentæ*, lorsqu'elle est maintenue.

libertatis quam retentæ. Quod igitur latissime patet[10] neque ad incolumitatem solum, sed etiam ad opes et potentiam valet plurimum, id amplectamur, ut metus absit, caritas retineatur. Ita facillime, quæ volemus, et privatis in rebus et in re publica consequemur. Etenim qui se metui volent, a quibus metuentur, eosdem metuant ipsi necesse est. 25. Quid enim censemus superiorem[11] illum Dionysium quo cruciatu timoris angi solitum, qui cultros metuens tonsorios candente carbone sibi adurebat capillum? Nec vero ulla vis imperii tanta est quæ, premente metu, possit esse diuturna. 26. Testis est Phalaris[12], cujus est præter ceteros nobilitata crudelitas, qui non ex insidiis interiit, non a paucis, sed in quem universa Agrigentinorum multitudo impetum fecit.

VIII. — Externa libentius in tali re quam domestica[1] recordor. Verum tamen, quam diu imperium populi Romani beneficiis tenebatur, non injuriis, bella aut pro sociis aut de imperio gerebantur, exitus erant bellorum aut mites aut necessarii[2], regum, populorum, nationum portus erat et refugium senatus; 27. nostri autem magistratus imperatoresque ex hac una re maximam laudem capere studebant, si provincias, si socios æquitate et fide[3] defendissent; itaque illud patrocinium[4] orbis terræ verius quam imperium poterat nominari. Sensim hanc consuetudinem et disciplinam jam antea minuebamus, post vero Sullæ victoriam[5] penitus amisimus; desitum est enim videri quicquam in[6] socios iniquum, cum exstitisset in cives tanta crudelitas. Ergo in illo[7] secuta est honestam causam non honesta victoria; est

10. *Quod latissime patet*, ce qui est la voie la plus large.

11. *Superiorem*, l'Ancien (v. p. 9, n. 11). — *Capillum*, la barbe.

12. Tyran d'Agrigente (VIe siècle), fameux par le taureau d'airain dans lequel il faisait brûler ses victimes. Il mourut lapidé par ses sujets révoltés.

VIII. — 1. *Domestica*, exemples pris dans l'histoire romaine.

2. *Mites aut necessarii*, sans cruauté, à moins qu'on n'y fût forcé, comme pour Corinthe et Carthage.

3. *Æquitate et fide*, avec justice et fidélité.

4. Nous étions les protecteurs plutôt que les maîtres.

5. En 82.

6. *In*, envers.

7. *In illo = in Sulla*. — *Ho-*

enim ausus dicere, hasta posita[8] cum bona in foro venderet et bonorum virorum et locupletium et certe civium, « prædam se suam vendere. » Secutus est, qui[9] in causa impia, victoria etiam fœdiore, non singulorum civium bona publicaret, sed universas provincias regionesque uno calamitatis jure comprehenderet. 28. Itaque vexatis ac perditis exteris nationibus, ad exemplum[10] amissi imperii, portari in triumpho Massiliam[11] vidimus et ex ea urbe triumphari, sine qua numquam nostri imperatores ex Transalpinis bellis triumpharunt. Multa præterea commemorarem nefaria in socios, si hoc uno quicquam sol vidisset indignius. Jure igitur plectimur. Nisi enim multorum impunita scelera tulissemus[12], numquam ad unum tanta pervenisset licentia; a quo quidem rei familiaris ad paucos, cupiditatum ad multos improbos venit hereditas. 29. Nec vero umquam bellorum civilium semen et causa deerit, dum homines perditi hastam illam[13] cruentam et meminerint et sperabunt.

III

De l'admiration

X. — 30. Admirantur communiter illi[1] quidem omnia, quæ magna et præter opinionem suam animadverterunt; separatim autem, in singulis si perspiciunt necopinata quædam bona. Itaque eos viros suspiciunt maximisque efferunt

nestam. Sylla défendait les droits du sénat : Cicéron ne pouvait que trouver juste une cause qui était la sienne.

8. *Hasta posita*, à l'encan : une pique, dressée devant celui qui présidait la vente, représentait le droit du vainqueur. — *Certe*, tout au moins.

9. César. — *Publicaret*, confisquer. — *Uno jure calamitatis*, dans une même loi de calamité.

10. *Ad exemplum*..., pour marque de l'anéantissement de la République.

11. Marseille, ayant refusé d'ouvrir ses portes à César, allant en Espagne combattre les lieutenants de Pompée, fut prise par le dictateur à son retour.

12. *Tulissemus*, supporter, souffrir. — *Ad unum*, César.

13. V. *supra*, note 8.

X. — 1. *Illi*, les hommes. — *Præter opinionem suam*, qui passe leurs idées — *Separatim* (opposé à *communiter*), dans chaque individu.

laudibus, in quibus existimant se excellentes quasdam[2] et singulares perspicere virtutes; despiciunt autem eos et contemnunt, in quibus nihil virtutis, nihil animi, nihil nervorum putant. Non enim omnes eos contemnunt, de quibus male existimant. Nam quos improbos, maledicos, fraudulentos putant et ad faciendam injuriam instructos, eos haud contemnunt quidem, sed de iis male existimant. Quam ob rem, ut ante dixi, contemnuntur ii qui « nec sibi nec alteri[3], » ut dicitur, in quibus nullus labor, nulla industria, nulla cura est. 37. Admiratione autem afficiuntur ii qui anteire ceteris virtute putantur et cum[4] omni carere dedecore, tum vero iis vitiis quibus alii non facile possunt obsistere. Nam et voluptates, blandissimæ dominæ, majoris partis[5] animos a virtute detorquent et, dolorum cum admoventur faces, præter modum plerique exterrentur; vita, mors, divitiæ, paupertas omnes homines vehementissime permovent. Quæ qui in utramque partem[6] excelso animo magnoque despiciunt, cumque aliqua iis ampla et honesta res objecta est, totos ad se convertit et rapit, tum quis non admiretur splendorem pulchritudinemque virtutis?

XI. — 38. Ergo et hæc animi despicientia[1] admirabilitatem magnam facit et maxime justitia, ex qua una virtute viri boni appellantur, mirifica quædam[2] multitudini videtur, nec injuria; nemo enim justus esse potest, qui mortem, qui dolorem, qui exsilium, qui egestatem timet, aut qui ea quæ sunt his contraria, æquitati anteponit. Maximeque admirantur eum qui pecunia non movetur; quod in quo viro perspectum sit, hunc igni spectatum[3] arbitrantur.

2. V. p. 17, n. 3. — *Despiciunt*, dédaigner, litt. : voir d'en haut, opposé à *suspicere*, voir d'en bas, admirer. — *Animi*, courage. — *Nervorum*, vigueur.

3. S.-e. *prosunt*.

4. *Cum... tum* : v. p. 12, n. 3. — *Obsistere*, résister.

5. *Majoris partis*, du plus grand nombre. — *Præter modum*, au-delà de toute mesure.

6. *Quæ... in utramque partem*, ce qu'il y a de fâcheux et d'agréable dans la vie.

XI. — 1. *Hæc despicientia*, ce mépris de la douleur et de la volupté.

2. V. p. 17, n. 3. — *Nec injuria*, et non à tort.

3. *Igni spectatum*, éprouvé par le feu, aussi pur que l'or qui a passé par le feu.

IV

Comment les jeunes gens doivent acquérir la gloire

XIII. — 44. Si quis ab ineunte ætate habet causam[1] celebritatis et nominis aut a patre acceptam, quod tibi, mi Cicero, arbitror contigisse, aut aliquo casu atque fortuna, in hunc oculi omnium conjiciuntur atque in eum, quid agat, quem ad modum vivat, inquiritur et, tamquam[2] in clarissima luce versetur, ita nullum obscurum potest nec dictum ejus esse nec factum. 45. Quorum autem prima ætas propter humilitatem et obscuritatem in hominum ignoratione versatur, ii, simul ac juvenes esse cœperunt, magna spectare et ad ea rectis studiis[3] debent contendere; quod eo firmiore animo facient, quia non modo non invidetur illi ætati, verum etiam favetur. Prima igitur est adulescenti commendatio ad gloriam, si qua ex bellicis rebus comparari potest, in qua multi apud majores nostros exstiterunt; semper enim fere bella gerebantur. Tua autem ætas incidit in id bellum[4], cujus altera pars[5] sceleris nimium habuit, altera felicitatis parum. Quo tamen in bello cum te Pompeius alæ[6] præfecisset, magnam laudem et a summo viro et ab exercitu consequebare equitando, jaculando, omni militari labore tolerando. Atque ea quidem tua laus pariter cum re publica cecidit. Mihi autem hæc oratio suscepta non de te est, sed de genere toto[7]; quam ob rem pergamus ad ea quæ restant. 46. Ut igitur[8] in reliquis rebus multo majora opera sunt animi quam corporis, sic eæ res quas ingenio ac ratione persequimur, gratiores sunt quam illæ,

XIII. — 1. *Habet causam*, a des titres à...
2. *Tamquam*, comme si.
3. *Rectis studiis*, en suivant avec ardeur les meilleures voies. — *Quod*, chose que. — *Eo firmiore animo*, avec d'autant plus de confiance.
4. La guerre entre Pompée et César.
5. *Altera pars*, le parti de César. — *Habuit nimium sceleris*, a été trop criminel.
6. *Alæ*, d'un corps de cavalerie. Marcus avait alors 16 ans.
7. *De genere toto*, de tous les hommes.
8. *Igitur* ramène au sujet du morceau.

quas viribus. Prima igitur commendatio proficiscitur a[9] modestia cum pietate in parentes, in suos benevolentia. Facillime autem et in optimam partem[10] cognoscuntur adulescentes, qui se ad claros et sapientes viros bene consulentes rei publicæ contulerunt[11]; quibuscum si frequentes sunt, opinionem afferunt populo eorum fore se similes, quos sibi ipsi delegerint ad imitandum.

XIV. — 48. Cum duplex ratio[1] sit orationis, quarum in altera sermo sit, in altera contentio, non est id quidem dubium quin contentio [orationis] majorem vim habeat ad gloriam (ea est enim, quam eloquentiam dicimus); sed tamen difficile dictu est, quantopere conciliet animos comitas[2] affabilitasque sermonis. Quæ autem in multitudine cum contentione habetur oratio, ea sæpe universam excitat [gloriam]; magna est enim admiratio copiose sapienterque dicentis; quem qui audiunt, intellegere etiam et sapere plus quam ceteros arbitrantur. Si vero inest in oratione mixta[3] modestia gravitas, nihil admirabilius fieri potest, eoque magis, si ea sunt in adulescente. 49. Sed cum sint plura causarum genera, quæ eloquentiam desiderent, multique in nostra re publica adulescentes et apud judices et apud populum et apud senatum dicendo laudem assecuti sint, maxima est admiratio in judiciis[4]; quorum ratio duplex est. Nam ex accusatione et ex defensione constat; quarum etsi laudabilior est defensio, tamen etiam accusatio probata persæpe est.

9. *Proficiscitur a*, a son point de départ dans.

10. *In optimam partem*, par le meilleur côté.

11. Les jeunes Romains qui voulaient faire leur chemin dans les honneurs, s'attachaient à des personnages en renom et les suivaient à la guerre et au forum.

XIV. — *Ratio*, sorte. — *Contentio*, le discours soutenu, par opposition à *sermo*, le discours familier, la conversation.

2. *Comitas*, la bonne grâce, la politesse.

3. *Mixta* est au nominatif, *modestia*, à l'ablatif.

4. Cicéron a toujours eu pour l'éloquence du barreau une préférence marquée. V. *De Or.*, II, §§ 72 et sq.

V

De la générosité

XV. — 52. De beneficentia ac de liberalitate dicendum est; cujus est ratio[1] duplex; nam aut opera benigne fit indigentibus aut pecunia. Facilior est hæc posterior, locupleti præsertim, sed illa lautior ac splendidior et viro forti claroque dignior. Quamquam enim in utroque inest gratificandi[2] liberalis voluntas, tamen altera ex arca, altera ex virtute depromitur; largitioque, quæ fit ex re familiari, fontem ipsum benignitatis exhaurit. Ita benignitate benignitas tollitur; qua[3] quo in plures usus sis, eo minus in multos uti possis. 53. At qui opera, id est virtute et industria, benefici et liberales erunt, primum, quo pluribus profuerint, eo plures ad benigne faciendum adjutores habebunt, dein consuetudine beneficentiæ paratiores erunt et tamquam exercitatiores ad bene de multis promerendum. Præclare in epistula quadam[4] Alexandrum filium Philippus accusat, quod largitione benevolentiam Macedonum consectetur : « Quæ te, malum ! » inquit, « ratio in istam spem induxit ut eos tibi fideles putares fore quos pecunia corrupisses ? An tu id agis ut Macedones non te regem suum, sed ministrum et præbitorem[5] sperent fore ? » Bene[6] « ministrum et præbitorem, » quia sordidum regi, melius etiam, quod largitionem « corruptelam » dixit esse ; fit enim deterior, qui accipit, atque ad idem semper exspectandum paratior. 54. Hoc ille[7] filio, sed præceptum putemus omnibus. Quam ob rem id quidem non dubium est quin illa benignitas, quæ constet ex opera et industria, et honestior sit et latius pateat et possit prodesse pluribus; non numquam tamen est largiendum, nec hoc benignitatis genus omnino

XV. — 1. *Ratio*, l'espèce.

2. *Gratificandi*, de faire du bien. — *Arca*, le coffre où l'on serre l'argent. — *Re familiari*, le patrimoine.

3. *Qua* = *ut* (de sorte que) *ea*.

4. Cette lettre est apocryphe. — *Malum* est une exclamation : malheureux !

5. *Præbitorem*, pourvoyeur.

6. S.-e. *dixit*.

7. S.-e. *dedit*.

repudiandum est, et sæpe idoneis[8] hominibus indigentibus de re familiari impertiendum, sed diligenter atque moderate; multi enim patrimonia effuderunt inconsulte largiendo. Quid autem est stultius quam, quod libenter facias, curare ut id diutius facere non possis? Atque etiam sequuntur largitionem rapinæ; cum enim dando egere cœperunt, alienis bonis manus afferre coguntur.

VI

Dans les largesses publiques il ne faut pas être généreux pour les uns aux dépens des autres

XXI — 72. Sed, quoniam de eo genere beneficiorum dictum est quæ ad singulos[1] spectant, deinceps de iis quæ ad universos quæque ad rem publicam pertinent, disputandum est. Eorum autem ipsorum partim[2] ejus modi sunt ut ad universos cives pertineant, partim, singulos ut attingant; quæ sunt etiam gratiora. Danda opera est omnino, si possit, utrisque, nec minus, ut etiam singulis consulatur, sed ita ut ea res aut prosit aut certe ne obsit rei publicæ. C. Gracchi[3] frumentaria magna largitio; exhauriebat igitur ærarium[4], modica M. Octavi[5] et rei publicæ tolerabilis et plebi necessaria; ergo et civibus et rei publicæ salutaris. 73. In primis autem videndum erit ei, qui rem publicam administrabit, ut suum quisque teneat[6] neque de bonis privatorum publice deminutio flat. Perniciose enim Philippus[7], in tribunatu cum legem agrariam ferret, quam tamen anti-

8. *Idoneis*, dignes. — *Diligenter*, avec choix.

XX. — 1. *Singulos*, les particuliers. — *Universos*, au peuple tout entier.

2. *Partim... partim*, les uns..., les autres. — *Universos cives*, la masse des citoyens. — *Singulos*, chaque citoyen en particulier.

3. Par une loi (123) C. Gracchus (v. p. 54, n. 6) fit vendre 1 as (8 centimes alors) le boisseau de blé (8 lit. 63) que le trésor public achetait 3 as.

4. *Ærarium*, le trésor public (v. p. 58, n. 5).

5. M. Octavius (v. p. 55, n. 2), 3 ans après releva le prix du boisseau.

6. *Suum teneat*, conserve son bien. — *Publice*, par le fait de l'État.

7. Tribun en 104. — *Antiquari*, être rejetée.

quari facile passus est et in eo vehementer se moderatum præbuit, sed cum in agendo multa populariter[8], tum illud male, « non esse in civitate duo milia hominum, qui rem haberent. » Capitalis[9] oratio est, ad æquationem bonorum pertinens : qua peste quæ potest esse major? Hanc enim ob causam maxime, ut sua tenerentur, res publicæ civitatesque constitutæ sunt. Nam, etsi duce natura congregabantur homines, tamen spe custodiæ rerum suarum urbium præsidia quærebant.

VII

Du désintéressement des magistrats

XXI. — 75. Caput[1] est in omni procuratione negotii et muneris publici, ut avaritiæ pellatur etiam minima suspicio. « Utinam, » inquit C. Pontius Samnis[2], « ad illa tempora me fortuna reservavisset et tum essem natus, quando Romani accipere dona cœpissent! non essem passus diutius eos imperare. »

XXII. — 76. Laudat Africanum[1] Panætius, quod fuerit abstinens. Quidni laudet? Sed in illo alia majora; laus abstinentiæ non hominis est solum, sed etiam temporum illorum. Omni Macedonum gaza, quæ fuit maxima, potitus Paulus[2] tantum in ærarium pecuniæ invexit, ut unius imperatoris præda finem attulerit tributorum. At hic nihil domum suam intulit præter memoriam nominis sempiternam. Imitatus patrem Africanus[3] nihilo locupletior, Carthagine eversa. 77. Nullum igitur vitium tætrius est, ut eo unde egressa est, referat se oratio, quam avaritia, præsertim in principibus et rem publicam gubernantibus. Habere

8. *Populariter*, pour plaire au peuple. — *Rem*, un patrimoine.
9. *Capitalis*, digne de la peine capitale. — *Æquationem*, partage égal.
XXI. — 1. *Caput*, le point capital. — *Avaritiæ*, cupidité.
2. Le Samnite qui vainquit les Romains à Caudium (321).
XXII. — 1. V. p. 9, n. 9. — Sur Panétius, v. p. 86, n. 10. — *Abstinens*, désintéressé.
2. V. p. 167, n. 12. — Les *tributa* étaient des impôts levés sur tous les citoyens.
3. Voir page 29, note 1.

enim quæstui rem publicam[4] non modo turpe est, sed sceleratum etiam et nefarium. Itaque, quod Apollo Pythius oraclum edidit, Spartam nulla re alia nisi avaritia esse perituram, id videtur non solum Lacedæmoniis, sed etiam omnibus opulentis populis prædixisse. Nulla autem re conciliare facilius benevolentiam multitudinis possunt ii qui rei publicæ præsunt, quam abstinentia et continentia[5]. 78. Qui vero se populares volunt, ob eamque causam aut agrariam rem[6] tentant, ut possessores pellantur suis sedibus, aut pecunias creditas debitoribus condonandas putant, labefactant fundamenta rei publicæ, concordiam primum, quæ esse non potest, cum aliis adimuntur, aliis condonantur pecuniæ, deinde æquitatem, quæ tollitur omnis, si habere suum cuique non licet. Id enim est proprium, ut supra dixi, civitatis atque urbis, ut sit libera et non sollicita suæ rei cujusque custodia. 79. Atque in hac pernicie rei publicæ ne illam quidem consequuntur, quam putant, gratiam[7]; nam cui res erepta est, est inimicus; cui data est, etiam dissimulat se accipere voluisse et maxime in pecuniis creditis occultat suum gaudium, ne videatur non fuisse solvendo[8]; at vero ille, qui accepit injuriam, et meminit et præ se fert dolorem[9] suum; nec, si plures sunt ii quibus improbe datum est, quam illi quibus injuste ademptum est, idcirco plus etiam valent; non enim numero hæc judicantur, sed pondere.

XXIII. — 81. Aratus[1] Sicyonius jure laudatur, qui, cum ejus civitas quinquaginta annos a tyrannis teneretur, profec-

4. *Habere quæstui rem publicam*, vivre de la République.

5. *Abstinentia et continentia*, l'intégrité et le désintéressement.

6. Le partage des terres du domaine public entre tous les citoyens pauvres. Les Gracques voulaient aussi qu'on ne pût tenir à bail plus de 500 arpents de ces terres domaniales. — *Possessores*, les détenteurs. — *Pecunias creditas*, les dettes.

7. *Gratiam*, faveur.

8. *Non fuisse solvendo*, avoir été insolvable (*esse*, être capable de... v. RAGON, *G. lat.*, 389).

9. *Dolorem*, ressentiment.

XXIII. — 1. Aratus, né à Sicyone, ville du Péloponèse, située à l'ouest de Corinthe, dut se réfugier à Argos après la mort de son père; mais à peine âgé de 20 ans, il délivra sa patrie de la tyrannie de Nicoclès et la fit entrer dans la ligue achéenne dont il fut le chef le plus actif.

tus Argis[2] Sicyonem clandestino introitu urbe est potitus, cumque tyrannum Nicoclem improviso oppressisset, sexcentos exsules, qui locupletissimi fuerant ejus civitatis, restituit[3] remque publicam adventu suo liberavit. Sed cum magnam animadverteret in bonis et possessionibus difficultatem, quod et eos quos ipse restituerat, quorum bona alii possederant, egere[4] iniquissimum esse arbitrabatur et quinquaginta annorum possessiones moveri non nimis æquum putabat, propterea quod tam longo spatio multa hereditatibus, multa emptionibus, multa dotibus tenebantur sine injuria, judicavit neque illis adimi nec iis non satis fieri, quorum illa fuerant, oportere[5]. 82. Cum igitur statuisset opus esse ad eam rem constituendam pecunia, Alexandriam[6] se proficisci velle dixit, remque integram ad reditum suum jussit esse, isque celeriter ad Ptolomæum[7], suum hospitem, venit, qui tum regnabat alter post Alexandriam conditam. Cui cum exposuisset patriam se liberare velle causamque docuisset, a rege opulento vir summus facile impetravit, ut grandi pecunia[8] adjuvaretur. Quam cum Sicyonem attulisset, adhibuit sibi in consilium quindecim principes, cum quibus causas cognovit et eorum, qui aliena tenebant, et eorum, qui sua amiserant, perfecitque æstimandis possessionibus, ut persuaderet aliis ut pecuniam accipere mallent, possessionibus cederent, aliis, ut commodius[9] putarent numerari sibi, quod tanti esset, quam suum recuperare. Ita perfectum est, ut omnes concordia constituta sine querela discederent. 83. O virum magnum dignumque qui in re publica nostra natus esset!

Cicéron termine en faisant une comparaison entre certaines choses utiles, la santé, la force, la richesse, la gloire.

2. Capitale de l'Argolide, dans le Péloponèse.
3. *Restituit*, rétablit dans tous leurs droits.
4. *Egere*, être dans l'indigence. — *Sine injuria*, de bonne foi.
5. *Nec... non satisfieri oportere*, qu'on ne pouvait refuser une satisfaction.
6. Ville d'Égypte, fondée par Alexandre, où était la cour des Ptolémées.
7. Ptolémée Philadelphe, fils et successeur de Ptolémée Soter. — *Alter*, deuxième.
8. Il obtint 150 talents, plus de 780.000 francs.
9. *Commodius*, comme plus avantageux.

LIVRE III

Ce livre s'ouvre par un préambule, dans lequel Cicéron, après avoir exposé à son fils pourquoi il s'est donné à la philosophie (1-3), l'engage à profiter des leçons de Cratippe (5-6), et lui indique le sujet sur lequel il va l'entretenir : le conflit de l'honnête et de l'utile, conflit qui n'est dû qu'à de fausses apparences, car il n'est rien d'utile qui ne soit en même temps honnête, comme le montrent les suites funestes de l'injustice (21-23). Il ne faut donc jamais s'écarter de l'honnête, même quand on pourrait le faire impunément (37-38), ou lorsque nos propres intérêts ou ceux de l'Etat (46-49) semblent le demander. Il faut dans les ventes bannir toute dissimulation (58-60) et dans les promesses rester fidèle à sa parole (99-101 ; 112).

I

Cicéron cherche une occupation dans l'étude de la philosophie

I. — 1. P. Scipionem [1], M. fili [2], eum qui primus Africanus appellatus est, dicere solitum scripsit Cato, qui fuit ejus fere æqualis, numquam se minus otiosum [3] esse, quam cum otiosus, nec minus solum, quam cum solus esset. Magnifica vero vox et magno viro ac sapiente digna; quæ declarat illum et in otio de negotiis cogitare et in solitudine secum loqui solitum, ut neque cessaret umquam et interdum colloquio alterius non egeret. Ita duæ res, quæ languorem afferunt ceteris, illum acuebant, otium et solitudo. Vellem nobis hoc idem vere dicere liceret ; sed si minus imitatione tantam ingenii præstantiam consequi possumus, voluntate

I. — 1. V. p. 9, n. 9.
2. V. p. 235, n. 10. — Sur Caton l'Ancien, v. p. 9, n. 10. — *Fere æqualis*, presque du même âge. Caton était de quelques années plus jeune.

3. *Minus otiosum*.., n'avoir jamais plus d'affaires que lorsqu'il était sans affaires. Le premier *otiosus* signifie ici « oisif » ; le deuxième « étant sans fonctions publiques ».

certe proxime accedimus; nam et a re publica forensibusque negotiis armis impiis viquo prohibiti[4] otium persequimur et ob eam causam urbe relicta rura peragrantes sæpe soli sumus. 2. Sed nec hoc otium cum Africani otio, nec hæc solitudo cum illa comparanda est. Ille enim requiescens a rei publicæ pulcherrimis muneribus otium sibi sumebat aliquando et e cœtu hominum frequentiaque interdum tamquam in portum se in solitudinem recipiebat; nostrum autem otium negotii inopia, non requiescendi studio constitutum est. Exstincto[5] enim senatu deletisque judiciis quid est quod dignum nobis aut in curia aut in foro agere possimus? 3. Ita, qui in maxima celebritate[6] atque in oculis civium quondam vixerimus, nunc fugientes conspectum sceleratorum, quibus omnia redundant, abdimus nos, quantum licet, et sæpe soli sumus. Sed quia sic ab hominibus doctis accepimus, non solum ex malis eligere minima oportere, sed etiam excerpere ex his ipsis, si quid inesset boni, propterea et otio fruor, non illo quidem quo debebat[7] is qui quondam peperisset otium civitati[8], nec eam solitudinem languere patior, quam mihi affert necessitas, non voluntas.

II

Conseils de Cicéron à son fils

II. — 5. Sed cum[1] tota philosophia, mi Cicero[2], frugifera et fructuosa nec ulla pars ejus inculta ac deserta sit, tum nullus feracior in ea locus est nec uberior quam de officiis, a quibus constanter honesteque vivendi præcepta

4. *Prohibiti a*, éloignés de. — *Persequimur*, je cherche.

5. Le sénat subsistait, mais les délibérations ne pouvaient se faire librement; Antoine s'y rendait avec une escorte militaire (*armis impiis*); les tribunaux ne siégeaient pas, les préteurs, M. Brutus et Cassius, ayant été obligés de fuir après l'assassinat de César.

6. *In maxima celebritate*, au milieu de la foule.

7. *Quo debebat*, dont devrait jouir (v. RAGON. *G. lat.*, 422).

8. En délivrant Rome de Catilina.

II. — 1. *Cum... tum*: v. p. 224, n. 1.

2. V. p. 235, n. 10. *Constanter honesteque vivendi*, d'une vie régulière et honnête.

ducuntur. Quare, quamquam a Cratippo[3] nostro, principe hujus memoriæ philosophorum, hæc te assidue audire atque accipere confido, tamen conducere arbitror talibus aures tuas vocibus undique circumsonare, nec eas, si fieri possit, quicquam aliud audire. 6. Quod cum omnibus est faciendum, qui vitam honestam ingredi cogitant, tum haud scio an nemini[4] potius quam tibi; sustines[5] enim non parvam exspectationem imitandæ industriæ nostræ, magnam honorum, non nullam fortasse nominis. Suscepisti[6] onus præterea grave et Athenarum et Cratippi; ad quos cum tamquam[7] ad mercaturam bonarum artium sis profectus, inanem redire turpissimum est dedecorantem et urbis auctoritatem et magistri. Quare, quantum[8] coniti animo potes, quantum labore contendere, si discendi labor est potius quam voluptas, tantum fac ut efficias, neve committas ut, cum omnia suppeditata sint a nobis, tute[9] tibi defuisse videare.

III

Funestes effets de l'injustice

V. — 21. Detrahere igitur alteri aliquid et hominem[1] hominis incommodo suum commodum augere magis est contra naturam quam mors, quam paupertas, quam dolor, quam cetera quæ possunt aut corpori accidere aut rebus externis. Nam principio tollit[2] convictum humanum et so-

3. Le chef de l'école péripatéticienne (v. p. 64, n. 14) à cette époque. — *Hujus memoriæ*, de notre temps. — *Conducere*, être utile.

4. V. p. 72, n. 10.

5. *Sustines*, etc., vous avez à répondre à l'attente publique qui voit en vous le continuateur de mes travaux, ce qui n'est pas sans importance; de mes honneurs, ce qui est un grand engagement; de mon nom, ce qui est peut-être aussi quelque chose.

6. *Suscepisti* etc., Athènes et Cratippe vous ont imposé un fardeau : il consiste à se montrer digne d'une ville aussi illustre et d'un maître aussi célèbre.

7. *Tamquam*, etc., comme pour y acheter la sagesse.

8. Constr. : *Fac ut efficias tantum quantum... neve committas*.

9. *Tute* = *tu*.

V. — 1. *Et hominem*, et quand on est homme. — *Rebus externis*, les biens extérieurs, comme la fortune.

2. *Tollit* a pour sujet *detrahere* et *augere*.

...

cietatem. Si enim sic erimus affecti ut propter suum quisque emolumentum spoliet aut violet alterum, disrumpi necesse est eam quæ maxime est secundum naturam, humani generis societatem. 22. Ut, si unum quodque membrum sensum[3] hunc haberet ut posse putaret se valere, si proximi membri valetudinem ad se traduxisset, debilitari et interire totum corpus necesse esset, sic, si unus quisque nostrum ad se rapiat commoda aliorum detrahatque, quod cuique possit[4], emolumenti sui gratia, societas hominum et communitas evertatur necesse est. Nam sibi ut[5] quisque malit, quod ad usum vitæ pertineat, quam alteri acquirere, concesssum est non repugnante natura, illud natura non patitur ut aliorum spoliis nostras facultates, copias, opes augeamus. 23. Neque vero hoc solum natura, id est jure gentium[6], sed etiam legibus populorum, quibus in singulis civitatibus res publica continetur, eodem modo constitutum est, ut non liceat sui commodi causa nocere alteri; hoc enim spectant leges, hoc volunt, incolumem esse civium conjunctionem; quam qui dirimunt, eos morte, exsilio, vinclis, damno coercent.

IV

L'anneau de Gygès

VIII. — 37. Ex omni deliberatione[1] celandi et occultandi spes opinioque removenda est. Satis enim nobis, si modo in philosophia aliquid profecimus, persuasum esse debet, si omnes deos hominesque celare possimus, nihil tamen avare, nihil injuste, nihil libidinose, nihil incontinenter esse faciendum.

IX. — 38. Hinc ille Gyges[1] inducitur a Platone[2], qui,

3. *Sensum*, pensée.
4. S.-e. *detrahere*.
5. *Ut*, si (v. Ragon, *G. lat.*, 509, Rem. 1).
6. V. p. 1, n. 4. — *Continetur*, se maintient. — *Damno*, amende.
VIII. — 1. Il s'agit de cette délibération que nous avons avec nous-mêmes dans tout acte volontaire. — *Opinio*, idée.
IX. — 1. Pasteur lydien, qui fut à Sardes le fondateur de la dynastie des Mermnades dont le dernier roi fut Crésus.
2. *Rép.*, II, p. 359.

cum terra discessisset magnis quibusdam imbribus, descendit in illum hiatum æneumque equum, ut ferunt fabulæ, animadvertit, cujus in lateribus fores essent; quibus apertis corpus hominis mortui vidit magnitudine invisitata[3] anulumque aureum in digito; quem ut detraxit, ipse induit[4] (erat autem regius pastor), tum in concilium se pastorum recepit. Ibi cum palam[5] ejus anuli ad palmam converterat, a nullo videbatur, ipse autem omnia videbat; idem rursus videbatur, cum in locum[6] anulum inverterat. Itaque hac oportunitate anuli usus regem dominum interemit, sustulit quos obstare arbitrabatur, nec in his eum facinoribus quisquam potuit videre. Sic repente anuli beneficio rex exortus est Lydiæ[7]. Hunc igitur ipsum anulum si habeat sapiens, nihilo plus sibi licere putet peccare, quam si non haberet; honesta enim bonis viris[8], non occulta quæruntur.

V

L'intérêt est souvent opposé à la justice

XI. — 46. Utilitatis specie in re publica sæpissime peccatur, ut in Corinthi[1] disturbatione nostri; durius etiam Athenienses, qui sciverunt ut Æginetis, qui classe valebant, pollices præciderentur. Hoc visum est utile; nimis enim imminebat propter propinquitatem Ægina Piræo. Sed nihil, quod crudele, utile; est enim hominum naturæ, quam sequi debemus, maxime inimica crudelitas. 47. Illa præclara, in quibus publicæ utilitatis species præ honestate contemnitur. Plena exemplorum est nostra res publica cum sæpe, tum maxime bello Punico secundo; quæ, Cannensi[2] calamitate accepta, majores animos habuit quam umquam rebus

3. *Invisitata*, extraordinaire.
4. *Induit*, le mit à son doigt.
5. *Palam*, le chaton. — *Palmam*, le dedans de la main.
6. *In locum*, dans sa position ordinaire.
7. Contrée d'Asie-Mineure, dont la capitale était Sardes.
8. *Viris* est au datif; construction rare surtout avec les formes simples du passif (V. RAGON, *G. lat.*, 293. R. I).

XI. — 1. V. p. 19, n. 6. — *Sciverunt*, décrétèrent (de *sciscere*). — Egine est une petite île du golfe Saronique, à 25 kilomètres au sud du Pirée, le port d'Athènes.
2. Cannes, où Hannibal défit complètement les Romains (216), était un petit village de l'Apulie.

secundis; nulla timoris significatio, nulla mentio pacis. Tanta vis est honesti ut speciem utilitatis obscuret. 48. Athenienses cum Persarum impetum[3] nullo modo possent sustinere statuerentque ut, urbe relicta, conjugibus et liberis Trœzene[4] depositis, naves conscenderent, libertatemque Græciæ classe defenderent, Cyrsilum quendam suadentem ut in urbe manerent, Xerxemque reciperent, lapidibus obruerunt. Atqui ille utilitatem sequi videbatur; sed ea nulla erat[5] repugnante honestate. 49. Themistocles[6] post victoriam ejus belli, quod cum Persis fuit, dixit in contione se habere consilium rei publicæ salutare, sed id sciri non opus esse; postulavit ut aliquem populus daret quicum communicaret; datus est Aristides[7], huic[8] ille, classem Lacedæmoniorum, quæ subducta esset ad Gytheum, clam incendi posse, quo facto frangi Lacedæmoniorum opes necesse esset. Quod Aristides cum audisset, in contionem magna exspectatione venit dixitque perutile esse consilium quod Themistocles afferret, sed minime honestum. Itaque Athenienses, quod honestum non esset, id ne utile quidem putaverunt, totamque eam rem, quam ne audierant quidem, auctore[9] Aristide repudiaverunt. Melius hi quam nos, qui piratas[10] immunes, socios vectigales[11] habemus.

IV

Une vente frauduleuse

XIV. — 58. C. Canius, eques[1] Romanus, nec infacetus

3. Deuxième guerre médique.
4. Ville de l'Argolide.
5. *Ea nulla erat*, elle ne comptait pas.
6. V. p. 124, n. 11, — *Non opus esse*, ne pas falloir.
7. Aristide, surnommé le Juste, banni par l'ostracisme en 482, rappelé après Salamine dans sa patrie à laquelle il rendit de très grands services.
8. S.-e. *dixit*. — *Gytheum*, port militaire de Sparte, situé au fond du golfe de Laconie.
9. *Auctore*, sur l'avis de.
10. Les pirates avaient profité de la guerre civile entre César et Pompée pour reprendre l'empire de la mer.
11. Les alliés, qui avaient été du parti de Pompée, s'étaient vus imposer un tribut. (*Vectigal*, tribut proportionné au rendement de la terre.)

XIV. — 1. V. p. 56, n. 4. — *Nec infacetus*, qui ne manquait

et satis litteratus, cum se Syracusas otiandi, ut ipse dicere solebat, non negotiandi causa contulisset, dictitabat se hortulos aliquos[2] emere velle, quo invitare amicos, et ubi se oblectare sine interpellatoribus posset. Quod cum percrebruisset, Pythius ei quidam, qui argentariam[3] faceret Syracusis, venales quidem se hortos non habere, sed licere uti Canio, si vellet, ut suis; et simul ad cenam hominem in hortos invitavit in posterum diem. Cum ille promisisset, tum Pythius, qui esset ut[4] argentarius apud omnes ordines gratiosus, piscatores ad se convocavit et ab iis petivit ut ante suos hortulos postridie piscarentur, dixitque quid eos facere vellet. Ad cenam tempori[5] venit Canius; opipare a Pythio apparatum convivium; cumbarum ante oculos multitudo; pro se quisque, quod ceperat, afferebat; ante pedes Pythi pisces abjiciebantur. 59. Tum Canius: « Quæso, » inquit, « quid est hoc, Pythi? tantumne piscium? tantumne cumbarum? » Et ille: « Quid mirum? » inquit, « hoc loco est, Syracusis quicquid est piscium, hic aquatio[6], hac villa isti carere non possunt. » Incensus Canius cupiditate contendit a Pythio, ut venderet; gravate[7] illo primo; quid multa? impetrat[8]. Emit homo cupidus et locuples tanti quanti Pythius voluit, et emit instructos[9]; nomina facit, negotium conficit. Invitat Canius postridie familiares suos, venit ipse mature; scalmum[10] nullum videt; quærit ex proximo vicino num feriæ quædam piscatorum essent, quod eos nullos videret. « Nullæ, quod sciam, » inquit; « sed hic piscari nulli solent; itaque heri mirabar, quid accidisset. » 60. Stomachari Canius: sed quid faceret? Et Pythius

pas d'esprit. — Sur Syracuse, v. p. 159, n. 1.

2. *Hortulos aliquos*, un jardin. — *Interpellatoribus*, fâcheux, importuns.

3. *Argentariam*, la banque.

4. *Ut*, en sa qualité de. — *Ordines*, rangs de la société.

5. *Tempori*, à l'heure dite. — *Opipare*, magnifiquement. — *Pro se quisque*, chacun des pêcheurs de son côté.

6. *Hic aquatio*, ici se fait la provision d'eau douce. — *Isti*, les pêcheurs.

7. *Gravate (fert)*, se fait prier.

8. S.-e. *Canius*.

9. *Instructos*, avec tout ce qui s'y trouvait. — *Nomina facit*, expression juridique qui signifie différer une dette par un billet payable à une date ultérieure : il fait un billet.

10. *Scalmum*, aviron.

et omnes aliud agentes, aliud simulantes perfidi, improbi, malitiosi.

VII

Atilius Régulus

XXVI. — 99. M. Atilius Regulus, cum consul iterum in Africa ex insidiis[1] captus esset, duce Xanthippo Lacedæmonio, imperatore autem patre Hannibalis Hamilcare[2], juratus missus est ad senatum, ut[3], nisi redditi essent Pœnis captivi nobiles quidam, rediret ipse Carthaginem. Is, cum Romam venisset, utilitatis speciem videbat[4], sed eam, ut res declarat, falsam judicavit; quæ erat talis : manere in patria, esse domui[5] suæ cum uxore, cum liberis, quam[6] calamitatem accepisset in bello, communem fortunæ bellicæ judicantem tenere consularis dignitatis gradum. Quis hæc negat esse utilia? quem[7] censes? Magnitudo animi et fortitudo negat.

XXVII. — 100. Num locupletiores quæris auctores[1]? Harum enim est virtutum proprium nihil extimescere, omnia humana despicere, nihil, quod homini accidere possit, intolerandum putare. Itaque quid fecit? In senatum venit, mandata exposuit, sententiam ne diceret[2] recusavit : quamdiu jure jurando hostium teneretur, non esse se senatorem. Atque illud etiam (« o stultum hominem, » dixerit[3]

XXVI. — 1. D'après Polybe, il n'y a pas eu d'embuscade : Xanthippe, habile capitaine, qui commandait les Lacédémoniens venus au secours des Carthaginois, avait appris à ces derniers à combattre en plaine, où éléphants et cavaliers avaient tous leurs avantages. C'est dans un combat de ce genre que Régulus (v. p. 94, n. 9) fut pris en 255 à Tunis.

2. Cet Hamilcar ne peut être le père d'Hannibal, trop jeune alors, et qui ne commanda qu'en 248.

3. *Ut*, à cette condition que.

4. *Utilitatis speciem videbat*, un parti d'une utilité apparente s'offrait à lui.

5. *Domui* = *domi*.

6. Constr. : *tenere... gradum, judicantem calamitatem quam accepisset...* (*esse calamitatem communem fortunæ bellicæ*).

7. S.-e. *negare*.

XXVII. — 1. *Locupletiores auctores*, des autorités dignes de foi.

2. S.-e. *Regulus*. — Après *recusavit*, s.-e. *dicens*.

3. V. page 80, note 4.

quispiam, « et repugnantem utilitati suæ! »), reddi captivos negavit esse utile : illos enim adulescentes esse et bonos duces, se jam confectum senectute. Cujus cum valuisset auctoritas, captivi retenti sunt, ipse Carthaginem rediit, neque eum caritas patriæ retinuit nec suorum. Neque vero tum ignorabat se ad crudelissimum hostem et ad exquisita supplicia proficisci ; sed jus jurandum conservandum putabat. Itaque tum cum vigilando[4] necabatur, erat in meliore causa quam si domi senex captivus[5], perjurus consularis remansisset. 101. At stulte[6], qui non modo non censuerit captivos remittendos, verum etiam dissuaserit. Quo modo stulte ? etiamne, si rei publicæ conducebat ? potest autem, quod inutile rei publicæ sit, id cuiquam civi utile esse ?

VIII

Titus Manlius

XXXI. — 112. L. Manlio A. f.[1], cum dictator fuisset, M. Pomponius tr. pl.[2] diem dixit, quod is paucos sibi dies ad dictaturam gerendam addidisset ; criminabatur etiam quod Titum[3] filium, qui postea est Torquatus appellatus, ab hominibus relegasset et ruri habitare jussisset. Quod cum audivisset adulescens filius, negotium exhiberi[4] patri,

4. *Vigilando*, par l'insomnie. On lui avait coupé les paupières, et il était enfermé dans un cachot étroit, garni de pointes de fer. Polybe ne dit pas un mot des tortures qu'aurait endurées Régulus. — *Necabatur* est à l'ind., à cause de *tum cum*, au moment même où (v. Ragon, *G. lat.*, 518).

5. *Captivus*, prisonnier de droit, puisque les conditions n'auraient pas été remplies.

6. S.-e. *fecit* (objection).

XXXI. — 1. Lucius Manlius, Auli Manlii filius, Imperiosus, nommé dictateur en 391 pour « l'enfoncement du clou » dans la paroi du temple de Minerve au Capitole, cérémonie qui avait pour but de marquer le commencement d'une année après quelque calamité publique, voulut user de cette magistrature comme s'il était revêtu de la véritable dictature et conduire la guerre contre les Herniques.

2. *Tr. pl.* = *tribunus plebis*. — *Diem dixit*, assigna devant le peuple.

3. V. p. 77, n. 2. — *Ab hominibus*, loin de la société des hommes.

4. *Negotium exhiberi*, qu'on suscitait des embarras à...

accurrisse Romam et cum primo luci[5] Pomponi domum venisse dicitur. Cui cum esset nuntiatum, qui illum iratum allaturum ad se aliquid contra patrem arbitraretur, surrexit e lectulo, remotisque arbitris ad se adulescentem jussit venire. At ille, ut ingressus est, confestim gladium destrinxit juravitque se illum statim interfecturum, nisi jus jurandum sibi dedisset se patrem missum[6] esse facturum. Juravit hoc terrore coactus Pomponius; rem ad populum detulit, docuit cur sibi causa desistere necesse esset, Manlium missum fecit. Tantum temporibus illis jus jurandum valebat. Atque hic T. Manlius is est qui ad Anienem[7] Galli, quem ab eo provocatus occiderat, torque detracto, cognomen invenit, cujus tertio consulatu Latini ad Veserim fusi et fugati, magnus vir in primis, et, qui perindulgens in patrem, idem acerbe severus in filium[8].

5. *Cum primo luci*, au point du jour. *Lux* est généralement du féminin et fait *luce* à l'ablatif.

6. *Missum*, libre de toute accusation.

7. L'Anio (auj. le *Téverone*) est une rivière qui passe à Tibur et se jette dans le Tibre en amont de Rome. — Sur Vésèris, v. p. 77, n. 2.

8. Voir page 77, note 2.

TABLE DES MATIÈRES

INTRODUCTION

PARADOXA

ACADÉMIQUES

LIVRE I

LIVRE II

DE FINIBUS

LIVRE I

LIVRE II

LIVRE III

LIVRE IV

LIVRE V

TUSCULANES

LIVRE I

DE FATO

CATO MAJOR DE SENECTUTE

LÆLIUS DE AMICITIA

DE OFFICIIS

LIVRE I

LIVRE II

LIVRE III

Paris. — Imp. Devalois, avenue du Maine, 144.

CLASSIQUES DE L'ALLIANCE DES MAISONS D'ÉDUCATI N CH

CLASSE DE RHÉTORIQUE

Morceaux choisis de poètes et de prosateurs français, par M. l'abbé E. RAGON.
COURS SUPÉRIEUR . . . . 4 »

Histoire de la littérature française, J. M. J. A. . . . . 4 »

Histoire de la littérature latine, par M. l'abbé MORLAIX. 2 50

Histoire des littératures, mises en tableaux synoptiques, par les RR. PP. BIZEUL et BOULAY.
LITTÉRATURE GRECQUE. . . . . . 2 »
LITTÉRATURE LATINE. 2 50
LITTÉRATURE FRANÇAISE. . . . .
1re partie 3 50
2e partie. 5 50

Nouveau recueil de compositions françaises, par M. l'abbé DELMONT.

La Composition française des classes supérieures, par M. l'abbé VERRET. 2 50

Boileau. — Œuvres choisies, par M. l'abbé J.-C. 1 50

Bossuet. — Oraisons funèbres, par M. l'abbé J. MARTIN. 1 60

Choix des moralistes français du XVIIe, du XVIIIe et du XIXe siècle, par M. L. DELSART 1 75

Corneille. — Théâtre choisi, par M. l'abbé MARGIVAL. 3 50

Fénelon. — Lettre à l'Académie, par M. l'abbé E. GAUMONT. . . . . » 80

La Bruyère. — Caractères, par M. l'abbé A. JULIEN 2 50

La Fontaine. — Fables, par M. l'abbé Q. MEURISSE. 1 60

Molière. — Théâtre choisi, par M. l'abbé BOUSQUET 3 50

Montaigne. — Extraits. 2 40

Montesquieu. — Grandeur et décadence des Romains, par M. l'abbé BLANCHET. 1 25

Pascal. — Pensées, par M. l'abbé MARGIVAL 3 50

Pascal. — Pensées sur la religion et divers sujets, par M. l'abbé A. VIALARD. . . . . 3 »

Pascal. — Les Provinciales : Lettres Ire, IVe, XIIIe, par M. l'abbé A. VIALARD. 1 50

Racine. — Théâtre choisi, par M. LE BIDOIS. 3 50

Rousseau (J.-J.). — Morceaux choisis (prose) par M. l'abbé MONTAGNON. 1 75

Rousseau (J.-J.). — Lettre à d'Alembert sur les spectacles, par M. l'abbé LAHARGOU 1 25

Cent vingt versions latines, publiées par M. l'abbé E. RAGON.
Broché. . . . . 1 »
En feuilles détachées. 1 20

Versions latines (Texte de) **et sujets de compositions latines et françaises** en 24 feuillets détachés (*Séries* A, B et C.) ; *chaque Série*. . . . . » 40

Anthologie des poètes latins, par M. l'abbé LE BEL. 1 60

Cicéron. — Lettres choisies, par M. l'abbé F. JUET 1 60

Cicéron. — Pro Murena, par M. l'abbé E. PIERRE. . . . . » 75

Cicéron. — Pro Milone, par M. l'abbé LECHATELLIER. . . . . » 40

Conciones, par M. l'abbé VAUCHELLE. 2 50

Horace. — Œuvres, par M. l'abbé LECHATELLIER. . . . . 2 »

Lucrèce. — Extraits, par M. l'abbé E. RAGON. . . . . 1 »

Sénèque. — Extraits des Lettres à Lucilius et des traités de morale, par M. L. OLIVIER . . . .

Tacite. — Annales : Livre XIII, par M. l'abbé A. VIALARD . . . . » 60

Tacite. — Annales : Livres XIV et XV, par M. l'abbé A. VIALARD . . . . . . » 90

Tacite. — Dialogue des orateurs, par M. l'abbé FOREST . . . . » 60

Tacite. — Histoire : Livres I et II, par M. l'abbé LECHATELLIER 1 60

Tite-Live. — Livre XXI, par M. l'abbé FAVRE . . . . » 80

Tite-Live. — Livres XXVI à XXX, par M. l'abbé VAUCHELLE 2 50

Virgile. Édition classique par M. l'abbé LECHATELLIER. . . . .

Virgilii opera. — Édition classique, par M. l'abbé LEJARD. . . . . 3 »

Versions grecques (Textes choisis de) disposées en 24 feuillets détachés. (*Série A*). . . . . » 50

Aristophane. — Extraits, par M. l'abbé QUENTIER 1 50

Démosthène. — De la couronne, par M. l'abbé BOXLER 1 25

Démosthène. — Sept Philippiques, par M. l'abbé E. RAGON 1 50

Homère. — Iliade, chants X, XVIII, XXII et XXIV. Chaque chant. . . . » 25
— CHANTS I, VI, IX. Chaque chant. » 30

Homère. — Odyssée : chants, I, II, IV, VI, XI, XII, XXII et XXIII. Chaque chant . . . . » 25

Sophocle. — Antigone, par M. l'abbé BOUSQUET. . . . . 1 »

Sophocle. — Œdipe à Colone, par MM. les abbés RAGON et BOUSQUET. 1 »

Sophocle. — Œdipe Roi, par M. l'abbé LEJARD . . . .

Théocrite. — Idylles et morceaux choisis, par M. l'abbé BOUSQUET.

Thucydide. — Extraits, par M. l'abbé PIERRE. . . . . 2 »

Xénophon. — Mémorables, livre Ier, par M. l'abbé E. RAGON. . . . . » 75

Xénophon. — Mémorables, livre Ier, par M. l'abbé E. RAGON, livres II, III et IV, par M. l'abbé QUENTIER. . . . 2 »

Paris. — Imp. DEVALOIS, avenue du Maine, 144.

www.ingramcontent.com/pod-product-compliance
Lightning Source LLC
LaVergne TN
LVHW020550230826
846091LV00002B/439

* 9 7 8 2 0 1 9 6 9 6 3 9 9 *